사회복지조사론

노 병 일

KNOWLEDGE COMMUNITY 공동체

이 책을 읽는 독자분께 참고가 될까 해서, 몇 가지를 미리 일러두고자 한다.

① 이 책에서 제시한 모든 국내 자료와 국외 자료는 본인이 원본을 직접 읽고 정리한 것이다. 독자분께서 이 책의 일부를 인용할 경우, 이 책을 출처로 제시해 주시기를 부탁드린다.

② 독자분께서 이 책의 본문에 더 잘 주목하게 하기 위해, 이 책에서는 사용한 자료의 페이지를 제시하지 않았다. 그리고 보기 편하게 하기 위해, 이 책에서 참고한 자료의 저자가 세 명 이하일 경우에는 저자의 이름을 모두 표시하였다.

머리말

사람이 사는 사회에는 여러 가지 문제가 존재하기 마련이다. 이런 문제를 해결하기 위해서는, 현황을 파악하고 적절한 방안(예컨대, 사회복지 프로그램이나 정책)을 실시하고 그 성과를 평가하여야 한다. 이런 모든 상황은 사회복지조사와 관련되고 있다. 그리고 장기적으로 볼 때, 사회복지조사는 이론을 형성하거나 보완하는 데 이바지하고 있다. 따라서 사회복지조사는 조사자뿐만 아니라, 클라이언트, 일반 사람, 국가와 사회에 영향을 미치고 있다. 이런 탓에, 사회복지와 관련된 사람은 사회복지조사에 관해 잘 알고 있을 필요가 있다. 이에 사회복지조사에 관해 더 잘 이해하기 위해, 이 책을 세상에 내보내게 되었다.

이 책은 크게 다섯 부분(part)으로 이루어져 있다. 각 부분에서는 사회복지조사의 여러 모습을 살펴보고 있다.

제1부에서는 사회복지조사의 기본적 측면을 다루고 있다. 구체적으로 여기에서는 사회복지조사의 정의와 중요성, 과학적 방법, 윤리, 개념과 변수, 가설과 이론, 조사의 형태, 조사의 단계, 자료수집 방법에 관해 살펴보고 있다.

제2부에서는 측정과 표집(표본추출)을 다루고 있다. 구체적으로 여기에서는 측정의 수준, 척도, 타당도와 신뢰도, 표집에 관해 살펴보고 있다.

제3부에서는 인과관계와 실험설계를 다루고 있다. 구체적으로 여기에서는 인과관계, 내적 타당도, 외적 타당도, 실험설계, 단일사례설계에 관해 살펴보고 있다.

제4부에서는 조사방법을 다루고 있다. 구체적으로 여기에서는 설문조사, 비반응성 조사, 2차 자료 분석, 내용 분석, 욕구조사, 평가조사, 질적 조사에 관해 살펴보고 있다.

제5부에서는 조사보고서를 다루고 있다. 구체적으로 여기에서는 조사보고서의 형태, 조사보고서의 구성, 조사보고서의 내용에 관해 살펴보고 있다.

사회복지조사에 관한 책은 이미 많이 나와 있다. 그러나 이 책에서는 사회복지조사에 관한 구체적 내용을 가능하면 쉽게 제시하려고 하였다. 그런데도 이 책의 마지막 정리를 서두르고 나니, 아쉬운 부분이 눈에 많이 들어온다. 부족한 부분은 나중에 개정판을 낼 때 보완하겠다는 변명을 하면서, 부끄러움을 슬그머니 감춰본다.

이 책이 세상의 빛을 보는 데에는 여러분의 도움이 있었다. 우선, 이 책을 편집하고 펴내 주신 공동체의 김동훈 사장님과 가족 여러분에게 고마움을 전한다. 더불어, 그래프 작업을 직접 해주신 노대겸 님, 옆에서 항상 지지해주시는 유재진 님에게 감사를 표한다.

그리고 곁에서 항상 힘을 불어넣어 주시는 아내 전영신과 노대겸·감윤경 부부에게 감사드린다. 마지막으로, 볼 때마다 활기찬 에너지를 부어주는 천사 노건후 님에게 고마움을 표한다.

2023년 8월

유섭(儒燮) 노병일

• 덧붙이는 말 •

'조사'에 해당하는 영어 용어는 research이다. 우리나라에서 조사방법과 관련된 책에서는 research를 조사, 연구, 연구조사, 조사연구 등으로 표현하고 있다. 심지어는 같은 책에서 여러 용어를 섞어 쓰는 경우도 적지 않다. 이것은 독자에게 혼란을 줄 수 있다. 따라서 이 책에서는 가능하면 '조사'라는 용어로 통일해 사용하였다.

차례

PART 02 측정과 표집

PART 03 인과관계와 실험설계

차례

PART

01

사회복지조사의 기본적 측면

제1장 사회복지조사와 과학적 방법 및 윤리

제2장 개념과 변수 및 가설과 이론

제3장 조사의 형태와 단계 및 분석 수준과 자료수집 방법

CHAPTER 01

사회복지조사와 과학적 방법 및 윤리

차례 CONTENTS

1. 사회복지조사의 정의와 목적

1) 사회복지조사의 정의

일반적으로 조사(research)는 어떤 현상을 체계적으로 살펴보는 것을 말한다. 따라서 사회복지조사는 사회복지와 관련된 현상을 체계적으로 살펴보는 것을 말한다. 그러나 학문적으로 볼 때, 사회복지조사는 과학적 방법에[1] 따라서 조사하는 것을 말한다(Rubin, 2017).

조사에서는 많은 방법을 사용하고 있다. 이와 관련되는 것이 조사방법(research method)이다. 일반적으로 조사방법은 이론과 관찰에 근거해 체계적이고 논리적으로 지식을 얻는 방법을 말한다(DeCarlo, 2018). 따라서 사회복지 조사방법은 사회복지 영역에서 이론과 관찰에 근거해 체계적이고 논리적으로 지식을 얻는 방법을 일컫는다.

1) 과학적 방법에 관해서는 뒤에서 자세히 설명한다.

2) 사회복지조사의 목적

사회복지조사에서는 여러 가지 목적을 추구하고 있다. 그러나 폭넓게 볼 때, 사회복지조사의 목적은 사회복지 현장에서 겪는 문제나 사회복지정책과 관련된 문제를 해결하기 위해서 사회복지에 관한 지식을 더 많이 확보하는 데 있다(Rubin, 2017).

POINT

* 사회복지조사는 과학적 방법에 따라서 조사하는 것이다.
* 사회복지조사의 목적은 사회복지 현장이나 정책과 관련된 문제를 해결하기 위해 사회복지 지식을 더 많이 확보하는 것이다.

2. 사회복지조사의 필요성과 중요성

1) 사회복지조사의 필요성

사회복지조사가 필요한 이유에는 여러 가지가 있을 수 있다. 그러나 사회복지조사가 필요한 이유는 학문적 측면 및 실천적 · 정책적 측면과 크게 관련되고 있다.

국가가 지역사회의 건강 상황을 조사하는 것을 알리는 안내문

사회복지조사는 학문적 · 실천적 · 정책적 측면에서 필요하다. [출처 : 저자 촬영]

(1) 학문적 측면에서의 필요성

사회복지 영역에서의 현상을 이해하거나 설명하기 위해서는 이와 관련된 지식이 필요하다. 그러나 사회복지 영역에서의 현상을 정확히 이해하거나 설명하기 위해서는, 이와 관련된 지식이 믿을 만하여야 한다. 그리고 사회복지 영역에서의 현상은 점점 더 복잡해지고 있고, 또한 사회의 여러 요소는 서로 영향을 주고받고 있다. 따라서 사회복지 영역에서의 현상을 이해하거나 설명하는 데 필요한 지식은 점점 더 복잡한 내용을 포함하는 방향으로 나아가고 있다. 이런 탓에, 사회복지 영역에서의 현상과 관련된 다양하고 복잡한 지식을 체계적으로 수집하기 위해서, 사회복지조사가 필요하다.

그리고 이렇게 수집한 여러 지식이 모여서 체계를 잡으면, 이런 지식 체계는 이론으로 발전하게 된다. 이런 이론은 사회복지 영역에서의 현상을 이해하는 데 있어 지침이 되고 있다. 이런 탓에, 사회복지 영역에서의 현상을 이해하거나 설명하는 커다란 이론을 형성하기 위해서, 사회복지조사가 필요하다.

(2) 실천적 · 정책적 측면에서의 필요성

사회복지 영역에서의 문제를 해결하기 위해 어떤 프로그램을 실시할 경우, 프로그램이 목표를 이룬 정도를 따져볼 필요가 있다. 이때에는, 사회복지 조사방법을 사용해서 프로그램이 해당 목표를 이룬 정도를 파악할 수 있다. 이런 상황은 사회복지정책에도 그대로 해당하고 있다(노병일, 2021a). 이런 탓에, 사회복지 프로그램이나 정책을 평가하기 위해서, 사회복지조사가 필요하다.[2)]

한편, 오늘날에 사회복지 영역에서는 여러 가지 사회문제가 나타나고 있다(노병일, 2022). 그러나 이런 사회문제를 해결하는 데 필요한 자금은 부족한 경우가 많다. 따라서 자금을 제공하는 정부나 기관에서는 이런 자금을 지원받는 사회복지 프로그램이 효과적이거나 효율적인지에 관해 크게 관심을 가지고 있다. 특히, 최근 들어서 사회복지 영역에서는 책임성을 더 강조하는 방향으로 나아가고 있다. 이에 따라서, 자금을 제공하는 정부나 기관은 자금을 지원받은 사회복지 프로그램이 효과적이고 효율적이라는 증거를 제시할 것을 요구하는 경우가 많다. 이때, 자금을 지원받은 사회복지 프로그램이 효과가 없거나 효율성이 낮은 것으로 나타날 경우, 이런 프로그램은 다음에 자금을 지원받기가 어려워지게 된다(노병일, 2021a; Yegidis, Weinbach & Myers, 2018; DeCarlo, 2018). 이런 탓에, 자금을 지원받는 사회복지 프로그램이 효과적이거나 효율적인 정도를 파악하기 위해서, 사회복지조사가 필요하다.[3)]

2) 사회복지조사의 중요성

사회복지조사는 사회복지사에게 여러 측면에서 유리하게 작용하고 있다. 사회복지조사에 관해 잘 아는 것이 사회복지사에게 유리하게 작용하는 측면을 몇 가지 제시하면 다음과 같다(Yegidis, Weinbach & Myers, 2018).

① 주어진 상황에서 결정을 내리는 데 필요한 지식을 확보할 수 있다.

2) 이와 관련된 조사를 평가조사라고 부르고 있다. 평가조사에 관해서는 평가조사를 다루는 장(제11장)에서 자세히 설명한다.

3) 물론, 이 부분은 앞에서 설명한 내용과도 관련되고 있다.

② 다른 사람의 조사방법을 비판적으로 평가할 수 있다. 그리고 이렇게 할 경우, 다른 사람이 조사한 결과와 제언이 믿을 만한 것인지를 평가할 수 있다.

결국, 사회복지조사는 사회복지사가 학문적으로 더 발전하고 서비스를 더 잘 제공하는 데 도움을 주고 있다. 따라서 미국의 사회복지교육 위원회(Council on Social Work Education)의 경우, 사회복지 교과 과정에서 조사가 중요하다고 보고 있다(DeCarlo, 2018; Yegidis, Weinbach & Myers, 2018). 이런 탓에, 사회복지조사는 사회복지사가 발전하고 능력을 키우는 데 긍정적으로 영향을 미치므로 중요하다.

그리고 알든 모르든 간에, 사회복지조사는 일반 사람의 일상생활에 영향을 미치고 있다(DeCarlo, 2018). 또한 사회복지조사는 사회복지와 관련된 정책이나 법에도 영향을 미치고 있다. 예를 들어, 아동학대에 관해 과학적으로 조사한 결과, 아동학대는 아동의 발달에 매우 부정적으로 영향을 미치는 것으로 나타날 수 있다. 이때, 이런 조사 결과를 알게 된 부모는 자신의 자녀를 학대하지 않으려고 더욱 노력할 가능성이 크다. 그리고 국가와 사회는 아동학대를 예방하는 프로그램이나 정책을 더 실시하는 방향으로 나아갈 가능성이 크다.

결국, 사회복지조사는 사회복지사에게뿐 아니라, 일반 사람과 국가 및 사회에게도 실제로 크게 영향을 미치므로 중요하다.

POINT

* 사회복지 현상과 관련된 다양하고 복잡한 지식을 체계적으로 수집하고, 사회복지 현상을 이해 · 설명하는 커다란 이론을 형성하기 위해서 사회복지조사가 필요하다.
* 사회복지 프로그램 · 정책을 평가하고, 사회복지 프로그램이 효과적 · 효율적인 정도를 파악하기 위해서 사회복지조사가 필요하다.
* 사회복지조사는 사회복지사가 발전하는 데 긍정적 영향을 미치고, 사회복지사 · 일반인 · 국가 · 사회에게 실제로 크게 영향을 미친다.

3. 사회복지와 관련된 지식의 출처

1) 지식의 필요성과 주요한 출처

사회복지사가 사회복지 프로그램이나 사회복지정책과 관련해 잘 결정하기 위해서는 지식이 필요하다. 또한 사회복지사가 사회복지 서비스를 잘 제공하기 위해서는, 여러 가지 구체적인 지식이 필요하다. 그리고 사회복지 영역에서는 새로운 지식이 필요할 수 있다. 예를 들어, 인공지능(artificial intelligence, AI)이 등장함에 따라서 사람의 일자리가 줄어드는 현상을 이해하기 위해서는, 이전에는 없던 새로운 지식이 필요하다. 결국, 사회복지사는 여러 가지 측면에서 기본적 지식과 구체적 지식이 필요하다.

일반적으로 지식은 어떤 출처(source)를 통해서 얻은 정보를 말한다. 사회복지사가 지식을 얻을 수 있는 출처에는 여러 가지가 있다. 사회복지와 관련된 지식을 얻는 주요한 출처로 전통(tradition), 권위(authority), 상식(common sense), 대중 매체(mass media), 과학적 방법(scientific method)이 있다. 이 중에서 전통, 권위, 상식, 대중 매체는 사회복지와 관련된 지식을 얻는 일반적 출처에 속한다고 볼 수 있다.

지식을 얻는 책을 전시한 공간

지식을 얻을 수 있는 출처에는 여러 가지가 있다. [출처 : 대만에서 저자 촬영]

2) 일반적 출처

(1) 전통

전통은 특정한 사회나 집단에서 오랫동안 이어온 믿음이나 원칙이나 행동방식을 말한다(Cambridge Dictionary, 2023). 오랜 과거부터 전통은 지식을 얻는 중요한 출처이었다. 특히, 과거에 전통은 지식을 얻는 데 있어 매우 큰 역할을 해왔다.

전통은 과거부터 계속 이어져 쌓이고 있다. 따라서 사람은 전통적인 생각을 계속 유지하려는 경향이 있다(Babbie, 2010; Yegidis, Weinbach & Myers, 2018). 그 결과, 오늘날에도 많은 사람은 전통에 근거한 지식에 따라서 현상을 이해하는 경우가 많다.

전통은 모든 사람이 아는 지식을 제공하고 있다. 따라서 전통은 사람이 처음에 어떤 유형을 찾고 어떤 것을 이해하고자 할 때 크게 도움을 주고 있다. 이런 탓에, 전통에 근거한 지식은 사람이 일상생활을 하는 데 지침이 되고 있다.

그러나 전통에 근거한 지식은 옳지 않을 수도 있다. 특히, 전통에 근거한 지식은 위험할 수도 있다. 예를 들어, 우리나라에서는 불에 데었을 때 된장을 바르라는 전통이 있지만, 오늘날의 과학에서 이것은 오히려 상처를 더 악화시키는 것으로 나타나고 있다.

그리고 전통에 근거한 지식은 부정적인 고정관념을 형성하게 할 수 있다. 그 결과, 전통에 근거한 지식은 사회의 일부 집단을 계속해서 더 억압하는 상황을 유발할 수 있다(Babbie, 2020; Yegidis, Weinbach & Myers, 2018). 이런 지식의 예로 노인은 지적 능력이 줄어든다고 보는 것이 있다. 이런 형태의 지식은 사회의 특정한 집단에 속한 사람들을 계속해서 차별하게 하는 상황을 유발할 수 있다.

(2) 권위

권위는 어떤 주제에 관한 전문가를 말한다(Cambridge Dictionary, 2023). 구체적으로 권위는 어떤 분야에서 지식을 많이 가지고 있는 사람을 말한다. 따라서 권위에 근거한 지식은 어떤 분야에서 전문가가 제시한 지식을 일컫는다.

사람은 권위를 통해 지식을 얻는 경우가 많다. 특히, 일반 사람에게 어려운 주제에 대해서는 권위에 근거한 지식에 의존하는 경우가 많다. 일반적으로 해당 분야의 전문가는 그 분야에서 오랫동안 깊이 있게 연구하거나 관여한 사람이기 때문에, 권위에 근거한 지식은 신뢰할 수 있다.

그러나 권위에 근거한 지식도 옳지 않거나 정확하지 않을 수도 있다. 왜냐하면 권위를 가진 사람도 일반 사람과 마찬가지로 편견을 가질 수 있고, 또한 많이 경험하지 않았을 수도 있기 때문이다. 그리고 해당 분야의 전문가가 지식을 계속 꾸준히 살펴보지 않는다면, 전문가의 지식도 오래된 지식이 될 수 있기 때문이다(Babbie, 2020, Yegidis, Weinbach & Myers, 2018).

(3) 상식

상식은 사람이 적절하고 안전하게 생활하기 위해 필요한 기본적인 실제 지식과 판단을 말한다(Cambridge Dictionary, 2023). 간단하게 볼 때, 상식은 사람이 사회에서 일반적으로 받아들이는 정보를 말한다.

대부분 사람은 행동하거나 생각할 때 상식에 근거한 지식에 의존하는 경우가 많다. 상식은 전통과 크게 관련될 수 있다. 왜냐하면 그동안 오랫동안 이어져 내려온 것을 일반 사람이 받아들여서 상식이 될 수 있기 때문이다. 상식에 근거한 지식은 일반 사람이 일상생활을 하는 데 지침이 되고 있다.

그러나 상식에 근거한 지식은 옳지 않을 수도 있다. 때에 따라서, 사람은 상식에 근거한 지식 때문에 완전히 잘못 생각하게 될 수도 있다. 예를 들어, 일반 사람은 종교기관(예컨대, 교회, 성당, 절)에 다니는 사람은 신앙심이 깊다고 생각할 수 있다. 그러나 어떤 사람은 부모의 명령 때문에 종교기관에 다닐 수도 있고, 어떤 사람은 애인이 있어서 종교기관에 다닐 수도 있다.

(4) 대중 매체

대중 매체(mass media)는 많은 사람에게 공적으로 전달하는 출처를 말한다. 과거에는 대중 매체는 신문과 방송을 주로 포함하였으나, 오늘날에는 인터넷과 같은 것도 포함하고 있다(American Psychological Association, 2023).

대중 매체는 다양한 통로를 사용해서 정보를 빠르게 전달하고 있다. 오늘날에는 여러 형태의 대중 매체가 매우 많은 정보를 제공하고 있다. 대중 매체에 근거한 지식은 최신 정보를 빠르고 쉽게 이해하는 데 도움을 주고 있다.

그러나 대중 매체에 근거한 지식은 옳지 않을 수도 있다. 특히, 대중 매체는 정보를 경쟁자보다 빠르게 제공하는 것에 주목하기 때문에, 자세히 확인하지 않은 정보를 제공할 수 있다.

(5) 정리 및 평가

일반 사람과 사회복지사는 앞에서 제시한 여러 가지 일반적 출처에 근거해 지식을 얻는 경우가 많다. 일반적 출처에 근거한 지식은 다양한 정보를 얻는 데 나름대로 도움을 주고 있다. 그러나 일반적 출처에 근거한 지식은 옳지 않을 수도 있다. 특히 이런 출처에 근거한 지식은 쓸모가 적을 수 있고, 때에 따라서는 잘못된 방향으로 이끌 수 있다(Babbie, 2020; Yegidis, Weinbach & Myers, 2018).

이런 상황에서는 체계적으로 지식을 얻는 출처가 필요한데, 이것이 바로 과학적 방법(scientific method)이다. 따라서 사회복지 영역에서 지식을 체계적으로 얻는 방법은 과학적 방법을 사용하는 것이다(DeCarlo, 2018).

2) 과학적 방법

(1) 과학적 방법의 정의

과학적 방법은 체계적이고 논리적으로 지식을 얻는 방법을 말한다. 구체적으로 볼 때, 과학적 방법은 아이디어를 검증하고 관련 주제에 대한 해결 방법을 찾기 위해서, 증거를 체계적으로 수집하고 평가하는 과정을 말한다. 과학적 방법은 '과학적 사고(scientific thinking)'라고 부르기도 하고, 또는 간단히 '과학(science)'이라고 부르기도 한다(Jhangiani, Chiang, Cuttler & Leighton, 2020; DeCarlo, 2018; American Psychological Association, 2023; Yegidis, Weinbach & Myers, 2018).

(2) 과학적 방법의 중요성

과학적 방법에 근거한 지식은 다른 출처에 근거한 지식보다 더 믿을 수 있다. 무엇보다도 과학적 방법에 근거한 지식은 다른 사람이 그대로 반복함으로써, 해당 지식이 믿을 만한지를 객관적으로 확인할 수 있다.[4] 과학적 방법에 근거한 지식은 현재까지 얻을 수 있는 지식 중에서 가장 이상적인 형태의 지식이라고 볼 수 있다.

물론, 과학적 방법도 나름의 단점을 지니고 있다. 예를 들어, 과학적 방법에 근거한 지식은 완전한 것도 아니고 윤리적으로 문제가 전혀 없는 것도 아니다. 그런데도 과학적 방법에 근거한 지식은 사회복지사가 자신의 업무를 효과적으로 하는 데 가장 크게 도움을 줄 가능성이 있다. 따라서 사회복지사가 과학적 방법을 무시하고 정확하지 않은 지식에 근거해 서비스를 제공할 경우, 클라이언트에게 크게 부정적으로 영향을 미칠 수 있다. 이런 탓에, 과학적 방법을 올바르게 사용하기 위해서, 사회복지사는 과학적 방법을 잘 이해하고 있을 필요가 있다(Jhangiani et al., 2020; Yegidis, Weinbach & Myers, 2018; DeCarlo, 2018).

• **경험적 지식과 합의적 지식**

지식의 형태는 직접 경험하느냐 또는 서로 어떻게 하기로 약속하는지에 따라서, 경험적 지식과 합의적 지식으로 구분할 수 있다.

경험적 지식은 직접 경험해서 얻은 지식을 말한다. 예를 들어, 사람이 나무의 가시를 만질 때 통증을 느낄 경우, 가시에 찔리면 아프다는 지식을 얻게 된다.

합의적 지식은 서로 합의한 지식을 말한다. 예를 들어, 자아존중감은 자신을 가치 있는 존재로 인식하는 것으로 여러 사람이 의견을 함께할 경우, 자아존중감의 의미에 관한 지식을 얻게 된다.

POINT

* 사회복지사는 여러 측면에서 기본적 지식과 구체적 지식이 필요하다.
* 전통, 권위, 상식, 대중 매체에 근거한 지식은 옳지 않을 수 있고 잘못된 방향으로 이끌 수 있다. 사회복지 영역에서 지식을 체계적으로 얻는 방법은 과학적 방법을 사용하는 것이다.
* 과학적 방법은 증거를 체계적으로 수집하고 평가하는 과정이다. 과학적 방법에 근거한 지식은 현재까지의 지식 중에서 가장 이상적인 지식이다.

4) 이에 관해서는 뒤에서 자세히 설명한다.

4. 일상생활에서 하는 실수

1) 일상생활에서 하는 실수의 형태

사람은 잘 관찰하고 자료를 잘 분석할 수 있는 능력을 지니고 있다. 그러나 사람이 생각하는 방식에는 문제가 있기 마련이다(DeCarlo, 2018). 따라서 사람은 살아가면서 여러 가지 실수를 하게 된다. 이것은 사람이 어떤 것을 살펴볼 때도 마찬가지이다.

사람이 일상생활에서 하는 실수의 형태에는 여러 가지가 있을 수 있다. 일부 학자의 경우, 사람이 어떤 것을 살펴볼 때 할 가능성이 큰 실수의 형태를 다음과 같이 제시하고 있다(Babbie, 2020; Rubin & Babbie, 2015; DeCarlo, 2018).

① 정확하지 않은 관찰(inaccurate observation)이 있다. 이것은 관찰을 정확하게 하지 못하는 것을 말한다. 실제로 사람은 제대로 관찰하지 못하는 경우가 많다.

② 과도한 일반화(overgeneralization)가 있다. 이것은 몇 가지 비슷한 사례를 일반적인 유형을 보여주는 증거로 제시하는 것을 말한다. 즉, 과도한 일반화는 몇 가지 관찰에 근거해서 다른 상황에도 적용하는 것을 말한다.

③ 선택적 관찰(selective observation)이 있다. 이것은 자신이 이미 생각한 것에 들어맞는 정보에만 주목하고, 들어맞지 않는 정보는 무시하는 것을 말한다. 과도한 일반화는 선택적 관찰을 유발할 수 있다.

④ 꾸며진 정보(made-up information)가 있다. 이것은 일반적으로 생각하는 것에 들어맞지 않는 사건이나 사례를 설명하기 위해 억지로 꾸며내는 것을 말한다.

⑤ 사후발생적 가설(ex post facto hypothesizing)이 있다. 이것은 경험 세계의 현실을 관찰한 후에 거꾸로 돌아와서 관찰에 일치하는 가설을 후에 정하는 것을 말한다.

⑥ 비논리적 추론(illogical reasoning)이 있다. 이것은 일반적으로 인정되는 것이나 결론에 맞지 않는 사건이나 사례를 논리적이지 않게 생각하는 것을 말

한다. 비논리적 추론을 보여주는 예가 '도박사의 오류(gambler's fallacy)'이다. 사람은 좋은 일이 계속되거나 나쁜 일이 계속되면 그다음에는 이와 반대되는 일이 생길 것이라고 예상하는 경우가 많다. 따라서 도박하는 사람은 이번 판에 운이 좋지 않으면 다음 판에는 운이 좋을 것이라고 믿을 수 있다. 이런 잘못된 믿음 때문에, 도박하는 사람은 계속 도박을 하게 된다.

⑦ 이해에의 자아 개입(ego involvement in understanding)이 있다. 이것은 개인이 관찰한 것이 맞지 않으면 자신이 똑똑하지 않거나 신뢰하기 어려운 사람으로 인식될 수 있기 때문에, 더는 조사하지 않으려는 것을 말한다.

⑧ 탐구의 섣부른 종료(premature closure of inquiry)가 있다. 이것은 앞에서 제시한 실수 때문에 조사나 관찰을 중단하는 것을 말한다.

⑨ 신비화(mystification)가 있다. 이것은 설명하기 어려운 것으로 보이는 모든 상황은 초자연적이거나 신비한 원인 때문에 나타난 것이라고 보는 것을 말한다.

복권이 당첨됨에 따라 또 당첨될 것처럼 홍보하는 안내문

비논리적 추론은 사례를 논리적이지 않게 생각하는 것이다. [출처 : 저자 촬영]

2) 일상생활에서 하는 실수와 과학적 방법

앞에서와 같은 여러 형태의 실수 때문에, 사회복지 영역에서 조사할 때는 과학적 방법을 사용할 필요가 있다. 과학적 방법은 사람이 일상생활에서 할 수 있는 실수를 줄이거나 없애는 데 도움을 주고 있다.

이런 예를 몇 가지 제시하면 다음과 같다(Babbie, 2010).

① 과도한 일반화의 경우, 과학적 방법에서는 대표성 있는 조사대상자를[5] 많이 선정하고 또한 조사를 반복함으로써, 과도한 일반화에 따른 문제를 줄이거나 없애려 한다.

② 비논리적 고찰의 경우, 과학적 방법에서는 의식적이고 분명하게 논리를 사용함으로써, 비논리적 고찰에 따른 문제를 줄이거나 없애려 한다.

POINT

* 일상생활에서 하는 실수로 정확하지 않은 관찰, 과도한 일반화, 선택적 관찰, 꾸며진 정보, 사후발생적 가설, 비논리적 추론, 이해에의 자아 개입, 탐구의 섣부른 종료, 신비화가 있다.
* 과학적 방법은 일상생활에서 할 수 있는 실수를 줄이거나 없애는 데 도움을 준다.

5. 과학적 방법의 특징

1) 일반적 특징

사회복지조사에서는 과학적 방법을 사용하고 있다.[6] 과학적 방법은 지식을 얻는 특별한 방법이다. 구체적으로, 과학적 방법은 사실이나 정보를 체계적으

5) 학문 세계에서는 조사를 위해 자료를 제공하는 사람을 여러 가지 용어로 부르고 있다. 이 중에서 일반적으로 부르는 용어는 조사대상자, 조사동반자, 조사참여자이다(Yegidis, Weinbach & Myers, 2018). 앞으로 이 책에서는 '조사대상자'라는 표현을 사용하기로 한다.

6) 사회복지조사에서는 과학적 방법을 체계적으로 사용하므로, 과학적 방법의 특징은 사회복지조사의 특징이라고 볼 수 있다.

로 수집하고 분류하려고 하는 특별한 방법이다. 이때 중요한 것은, 과학적 방법에서는 '체계적으로' 사실이나 정보를 수집하고 분류한다는 점이다. 특히, 과학적 방법에서는 미리 정한 여러 단계를 따르면서 체계적으로 정보를 수집하고 있다.

그리고 과학적 방법은 논리적이고 경험적인 특징을 지니고 있다. 논리와 관찰은 과학을 떠받치는 중요한 기둥이다. 이것은 세상의 일은 이치에 맞아야 하고 또한 실제로 관찰한 것과 일치하여야 하는 것을 의미한다. 이런 탓에, 논리와 관찰은 과학적 방법에서 매우 중요하다(Babbie, 2020).

한편, 과학적 방법에서는 유형을 찾아 설명하려 하고 있다. 서로 교류하지 않는 개인들 사이에도 오래 유지되는 유형이 나타날 수 있다(DeCarlo, 2018; Babbie, 2020).

2) 구체적 특징

과학적 방법에서는 누구나 받아들일 수 있는 과정을 사용해 현상을 체계적으로 살펴보고 있다. 이에 따라 과학적 방법은 나름의 특징을 지니고 있다. 과학적 방법의 이런 특징 때문에, 과학적 방법은 지식을 얻는 다른 방법과 차이가 나고 있다.

과학적 방법이 지니는 주요한 특징을 몇 가지 제시하면 다음과 같다(Babbie, 2020; Yegidis, Weinbach & Myers, 2018; DeCarlo, 2018).

① 경험성이 있다. 즉, 과학적 방법은 경험적인(empirical) 특징을 지닌다. 이 경우, 경험적이라는 것은 과학적 방법을 사용해 얻은 지식은 어떤 사람의 믿음이나 이론에 근거한 것이 아니라, 실제 세상을 직접 관찰한 것에 근거한다는 것을 의미한다.

② 객관성이 있다. 즉, 과학적 방법은 객관적인(objective) 특징을 지닌다. 이 경우, 객관적이라는 것은 한 사람에게만 진실인 것이 아니라 모든 사람에게 진실인 것을 의미한다. 객관성을 유지하기 위해서, 과학자는 자신이 바라는 것이나 믿는 것이 자신의 조사 결과에 영향을 미치지 않게 하려고 노력한다.

③ 재현성이 있다. 즉, 과학적 방법은 재현할 수 있는(reproducible) 특징을 지닌다. 이 경우, 재현할 수 있다는 것은 어느 조사자가 한 조사를 다른 조사자가 똑같은 방식으로 해서 결과가 같은지 확인할 수 있다는 것을 의미한다. 따라서 재현성은 조사 결과를 검증할 수 있는 가능성(즉, 검증 가능성)과 관련된다. 조사자가 조사한 결과를 다른 조사자가 증명할 수 있을 경우, 조사 결과에 대해 더 신뢰할 가능성이 크다.

④ 일시성이 있다. 즉, 과학적 방법은 일시적인(provisional) 특징을 지닌다. 이 경우, 일시적이라는 것은 조사의 결과와 결론이 옳지 않을 가능성은 항상 존재한다는 것을 의미한다.

이론의 일시성을 주장한 포퍼(Popper)

과학적 방법은 일시적인 특징을 지닌다.

[출처 : 위키피디어(No known copyright restrictions)]

⑤ 간주관성이 있다. 즉, 과학적 방법은 간주관적인(intersubjective) 특징을 지닌다. 이 경우, 간주관적이라는 것은 조사의 절차가 같으면 서로 다른 배경을 갖는 조사자가 조사한 결과가 같은 것을 말한다.[7)]

이 외에도, 과학적 방법은 여러 가지 특징을 지니고 있다.

POINT

* 과학적 방법에서는 체계적으로 사실이나 정보를 수집 · 분류한다.
* 과학적 방법에서는 유형을 찾아 설명하려 한다.
* 과학적 방법의 주요한 특징으로 경험성, 객관성, 재현성, 일시성, 간주관성이 있다.

6. 증거기반 실천과 사회복지사와 조사 관련 역할

1) 증거기반 실천

(1) 증거기반 실천의 배경과 정의

과거에는 사회복지사가 주관적으로 판단한 것에 근거해서 클라이언트에게 사회복지 서비스를 제공한 사례도 적지 않았다. 그러다 보니 제공한 사회복지 서비스가 효과가 없는 경우도 있고, 클라이언트에게 부정적으로 영향을 미치는 경우도 있었다. 따라서 오늘날에는 서비스와 관련된 결정을 내리는 데 있어, 과학적 방법에 근거한 조사의 결과를 사용하는 것을 강조하는 방향으로 나아가고 있다(Yegidis, Weinbach & Myers, 2018). 이런 상황과 관련되는 개념이 '증거기반 실천(evidence-based practice)'이다.

7) '간주관성'과 '주관성'은 서로 다른 용어이다. 과학적 방법에서는 '주관성'이 아니라 '객관성'을 추구하고 있다.

증거기반 실천은 클라이언트를 돕는 방법을 결정할 때, 이용할 수 있는 가장 좋은 증거를 근거로 삼는 것을 말한다(DeCarlo, 2018).[8)]

(2) 증거기반 실천의 특징과 중요성

증거기반 실천에서는 해당하는 주제에 관해 가장 좋은 조사는 어떤 것인지를 꼼꼼히 따져보고 있다. 따라서 증거기반 실천은 사회복지조사와 관련되고 있다.

조사에 관심이 없거나 관여하지 않는 사회복지사에 비해서, 조사에 관심이 있거나 관여하는 사회복지사는 자신이 관여하는 분야에 관해 정보를 더 가지고 있을 가능성이 크다. 이에 따라서, 증거기반 실천에 주목하는 사회복지사는 더 효과적이고 효율적으로 서비스를 제공할 가능성이 크다(Yegidis, Weinbach & Myers, 2018).

2) 사회복지사가 조사와 관련해 하는 역할

어떤 사회복지사는 자신은 조사와 같은 것은 살아있는 동안 한 번도 하지 않을 것이므로, 사회복지조사는 자신과 관련이 없다고 주장할 수 있다. 예를 들어, 어떤 사회복지사는 자신은 사회복지에 관한 논문(예컨대, 학부에서의 전공 보고서나 대학원에서의 학위 논문)을 쓸 것도 아니고 또한 사회복지기관에 근무해도 조사에 관여할 것이 아니므로, 자신은 사회복지조사와 전혀 관련이 없을 것이라고 주장할 수 있다.

그러나 사회복지사가 조사 활동에 직접 관여하지 않더라도, 사회복지사는 다른 방식으로 사회복지조사와 관련해 나름의 역할을 할 수 있다. 사회복지사가 사회복지조사와 관련해서 하는 역할을 몇 가지 제시하면 다음과 같다.

① 사회복지사는 조사를 실제로 할 수 있다. 예를 들어, 사회복지사는 아동학대에 관한 조사를 자신이 실제로 할 수 있다. 이렇게 할 경우, 사회복지

8) 단어 그대로 볼 때, 증거기반 실천은 증거에 바탕을 두어 서비스를 제공하는 것을 의미한다.

사는 사회복지 서비스나 사회복지정책과 관련된 새로운 지식을 쌓는 데 있어 중요한 역할을 할 수 있다.

② 사회복지사는 다른 사람이 조사한 자료를 이용할 수 있다. 예를 들어, 사회복지사는 다른 사람이 아동학대를 주제로 조사한 결과를 자신이 제공할 서비스를 계획하는 데 참고할 수 있다.

③ 사회복지사는 다른 사람이 하는 조사에 공동으로 참여하거나, 이런 조사를 도와줄 수 있다. 예를 들어, 사회복지사는 아동학대에 관한 조사의 팀원으로 참여할 수 있다. 또는 사회복지사는 다른 사람이 아동학대를 주제로 실시하는 설문조사에 참여할 수 있다.

결국, 사회복지사는 사회복지조사와 관련해서 직접 · 간접적으로 여러 가지 역할을 할 수 있다. 그리고 이런 역할은 서로 중복될 수 있다.

POINT

* 오늘날에는 과학적 방법에 근거한 조사의 결과를 사용하는 것을 강조한다.
* 증거기반 실천은 클라이언트를 돕는 방법을 결정할 때, 이용할 수 있는 가장 좋은 증거를 근거로 삼는 것이다. 증거기반 실천에 주목하는 사회복지사는 더 효과적 · 효율적으로 서비스를 제공할 가능성이 크다.
* 사회복지사는 사회복지조사와 관련해 직접 · 간접적으로 여러 역할을 할 수 있다.

7. 사회과학과 자연과학

1) 사회과학과 자연과학의 차이점

사회과학과 자연과학은 과학적 방법을 사용한다는 점에서 공통점이 있다. 그러나 사회과학에서는 사람, 사회, 사람들의 상호작용에 주로 주목하고 있고, 자연과학에서는 물체나 사물에 주로 주목하고 있다. 이에 따라서 사회과학과 자연과학은 여러 측면에서 차이가 나고 있다. 사회과학과 자연과학이 차이가 나는 측면의 예로 관계가 확률적인 정도와 관련된 측면, 의지와 관련된 측면이 있다.

(1) 관계가 확률적인 정도와 관련된 측면

자연과학에서의 개념은 사람이 생각하는 바와 상관없이 존재하고 있다(DeCarlo, 2018). 따라서 자연과학에서의 관계는 단정적인 경우가 많다. 즉, 자연과학에서는 관계가 항상 성립하는 경우가 많다. 예를 들어, 물체의 무게와 낙하 속도(위에서 떨어지는 속도) 사이의 관계는 거의 항상 성립하고 있다. 즉, 거의 모든 물체는 무게가 무거울수록 낙하 속도가 더 빠르다.

그러나 사회과학에서의 개념은 사람의 생각 속에서만 존재할 수도 있다(DeCarlo, 2018). 따라서 사회과학에서의 관계는 확률적인 경우가 많다. 즉, 사회과학에서 관계는 발생할 가능성이 크다는 것만을 의미하는 경우가 많다. 예를 들어, 어떤 조사에서 교육이 소득에 영향을 미치는 것으로 나타났을 경우, 교육 수준이 높으면 소득 수준이 높을 가능성이 크다. 그러나 이때, 교육 수준이 높아도 소득 수준이 낮을 가능성도 있다.

(2) 의지와 관련된 측면

자연과학의 대상은 물체나 사물이므로 어떤 의지를 지니고 있지 않다. 따라서 자연과학에서는 대상이 스스로 특성을 변하는 경우는 드물다. 예를 들어, 높은 곳에서 물체를 아래로 떨어뜨리면 물체는 항상 아래로 떨어진다.

그러나 사회과학의 주요한 대상인 사람은 의지를 지니고 있다. 따라서 사회과학에서는 상황에 따라서 조사대상자의 기분이 변할 수 있다. 더 나아가, 사회과학에서는 조사대상자가 조사자를 의식해서 자신의 실제 태도나 행동을 일부러 바꿀 수도 있다.[9)]

2) 자연과학의 방법을 사회과학에 적용하는 측면

사회과학과 자연과학이 여러 측면에서 차이가 있는데도, 일부 학자는 자연과학의 방법을 사회과학의 영역에 적용할 수 있다고 보고 있다. 꽁트(Comte)는 이런 주장을 펼치는 대표적인 학자이다. 이와 관련해서, 꽁트는 '실증주의(positivism)'이라는 용어를 처음으로 만든 바 있다. 일반적으로 실증주의는 과학을 통해 얻은 경험적 지식이 세상을 이해하기 위한 가장 좋은 방법이라고 인식하는 것을 말한다(Coser, 2012; Feigl, 2023; Bell, 2023).

한편, 사회과학에서는 양적 방법은 질적 방법보다 '더 과학적이고', 질적 방법은 양적 방법보다 '덜 과학적인' 것으로 보는 경우가 많다. 이런 상황은 사회과학이 역사적으로 발전해 온 과정과 일부 관련되어 있다. 사회과학이 발전하면서, 사회과학을 자연과학과 비교해 왔다. 이때 특히 물리학과 비교해 왔는데, 물리학에서는 수학과 통계를 많이 사용하고 있다(DeCarlo, 2018). 따라서 이런 상황은 사회과학의 조사방법에 영향을 미쳐왔다.

POINT

* 사회과학과 자연과학은 관계가 확률적인 정도, 의지와 관련해 차이가 있다.
* 실증주의에서는 과학을 통해 얻은 경험적 지식이 세상을 이해하기 위한 가장 좋은 방법이라고 본다.

9) 이에 관해서는 외적 타당도를 다루는 장(제7장)에서 자세히 설명한다.

8. 사회복지조사와 윤리

1) 윤리의 정의와 중요성

윤리(ethics)는 사회가 옳은 행동이나 그른 행동이라고 일반적으로 인식하는 것과 관련된 원칙을 말한다. 따라서 윤리는 옳고 그름과 관련되고 있다.

윤리는 어떤 상황에서 하지 말아야 하거나 또는 하여야 하는 것에 관한 지침을 제시하고 있다(Babbie, 2020; Yegidis, Weinbach & Myers, 2018). 따라서 이런 점에서 윤리는 사람의 삶에서 매우 중요한 역할을 하고 있다.

2) 사회복지조사와 윤리적 측면

윤리와 관련된 문제는 조사의 모든 측면에 영향을 미치고 있다. 따라서 사회복지조사를 하는 모든 단계에서 윤리와 관련된 문제가 나타날 수 있다.

특히, 일부 집단은 조사에 참여할 때 비윤리적으로 이용당할 가능성이 있다. 따라서 이런 집단의 권리를 보호해 줄 필요가 있다(Babbie, 2020; Yegidis, Weinbach & Myers, 2018). 이런 탓에, 사회복지조사는 윤리와 크게 관련되고 있다. 결국, 사회복지조사에서는 윤리적 측면을 매우 중요하게 고려할 필요가 있다.

3) 사회복지조사에서의 윤리적 지침

(1) 윤리적 지침이 등장한 배경과 진전

오늘날의 조사자가 다루어야 하는 윤리적 문제 중에는, 과거에는 조사자에게 문제가 되지 않은 것이 적지 않다. 그러다가 20세기 후반이 되어서야, 사람을 대상으로 조사할 때 적용할 윤리적 지침이 등장하였다. 이때 윤리적 지침이 등장한 이유는, 과학적 지식을 추구하는 데 있어 목적이 좋다고 해서 절차를 마음대로 해서는 안 된다고 점점 인식하였기 때문이다(Yegidis, Weinbach & Myers, 2018).

그리고 일부 유명한 연구에서는 조사에 참여한 사람에게 피해를 준 바 있다. 이런 연구는 오늘날의 윤리적 지침을 만드는 데 도움을 주었다.

(2) 일반적인 윤리적 지침

그동안 여러 학자와 기관은 사회복지조사에서 지켜야 하는 윤리적 지침을 제시해 왔다. 사회복지조사에서 지켜야 하는 구체적인 윤리적 지침은 학자와 기관마다 차이가 날 수 있다. 그러나 많은 학자와 기관은 사회복지조사에서 윤리와 관련된 지침으로 자발적 참여(voluntary participation), 조사대상자에게 피해 주지 않기(no harm to participants), 신분보호(anonymity and confidentiality), 속이기(deception), 보고(reporting)와 관련된 지침을 제시하는 경우가 많다.

(가) 자발적 참여

자발적 참여는 조사대상자가 조사에 강제로 요구받거나 보상 때문에 참여한 것이 아니라, 자신이 선택해서 참여하는 것을 말한다. 사회복지조사에서는 개인의 생활에 관여하는 경우가 많다. 예를 들어, 조사자가 조사하는 것은 조사대상자의 개인적 시간을 빼앗는 것일 수밖에 없다. 또한 사회복지조사에서는 조사대상자에게 개인 정보를 요구하는 경우가 많다. 따라서 조사에서 자발적 참여와 관련된 지침은 너무나 당연한 윤리적 지침이라고 볼 수 있다.

자발적 참여는 '고지된 동의(informed consent)'와 관련되고 있다.[10] 고지된 동의는 조사대상자는 조사에 참여할 때 겪을 수 있는 위험을 충분히 이해한 다음에, 조사에 참여할 것인지를 자발적으로 결정하는 것을 말한다. 고지된 동의에 따르면, 조사대상자가 조사에 참여하기를 더는 원하지 않을 경우, 조사대상자는 어느 때고 조사에 참여하는 것을 중단할 수 있다(Babbie, 2020; Yegidis, Weinbach & Myers, 2018).

그러나 조사에 자발적으로 참여한다고 할 경우, 이것이 진짜로 자발적인지에 대해서는 문제가 될 수 있다. 예를 들어, 교수는 자신의 강의 시간에 학생들에게 자신의 조사에서 하는 설문조사에 자발적으로 참여해 달라고 부탁할

---

10) 사실, 고지된 동의는 뒤에서 설명할 '조사대상자에게 피해 주지 않기'와도 관련되고 있다.

수 있다. 그러나 이때 일부 학생은 설문조사에 참여하기는 싫지만, 교수에게 좋지 않은 인상을 주어서 학점에서 불리할 것을 걱정하기 때문에 설문조사에 참여할 수 있다. 이 경우, 겉으로는 '자발적' 참여로 보이지만, 실제로는 '자발적' 참여라고 볼 수 없다.

그리고 자발적 참여는 조사 결과를 일반화하는 것과 관련해 문제가 될 수 있다(Babbie, 2020). 예를 들어, 조사에서 자발적으로 참여한 사람이 남성이 대다수이고 여성은 매우 드문 경우, 조사에서 얻은 결과를 전체 성별(남성과 여성)에 적용하는 것이 어려울 수 있다. 따라서 자발적 참여는 윤리적으로는 필요한 지침이지만, 때에 따라서는 조사 결과의 일반화와 관련해 문제가 될 수 있다.

(나) 피해 주지 않기

피해 주지 않기는 조사대상자에게 어떤 형태의 피해도 주지 않는 것을 말한다. 조사에서 피해 주지 않기와 관련된 지침은 누가 보아도 너무나 당연한 윤리적 지침이라고 볼 수 있다.

조사하는 것은 조사대상자에게 어떤 방식으로 피해를 줄 수 있다. 예를 들어, 사회복지 영역에서 하는 조사는 조사에 참여한 사람에게 고통과 어려움을 유발할 수 있다. 일반적으로 사회복지조사에서는 조사대상자에게 신체적 고통이나 어려움보다 정서적 고통이나 어려움을 유발할 가능성이 더 크다(Babbie, 2020; Yegidis, Weinbach & Myers, 2018). 예를 들어, 학교폭력을 겪은 청소년을 면접하는 조사에서 조사대상자는 떠올리고 싶지 않은 사건에 관해 생각하며 답하게 되어 있을 수 있다. 이런 상황은 조사대상자에게 매우 고통스러울 수 있다.

(다) 신분보호

신분보호는 조사에 참여한 사람의 신분과 이에 따른 개인 정보를 보호해 주는 것을 말한다. 오늘날과 같이 정보통신 기술이 발달한 사회에서는, 조사에서 신분보호와 관련된 지침은 매우 중요한 윤리적 지침이라고 볼 수 있다.

조사에서 조사대상자의 신분을 보호하는 주요한 형태에는 익명성(anonymity)과 비밀보장(confidentiality)이 있다. 익명성은 조사자나 보고서의 독자는 각 조사대상자가 어떤 답을 하였는지를 알 수 없게 하는 것을 말한다(Babbie, 2020). 따라서 익명성을 적용할 경우, 조사자는 제공된 자료가 누구의 자료인지 알 수 없다. 익명성을 보여주는 예로, 설문지와 반송용 봉투에 설문지 번호나 기타 표시를 하지 않고서 조사자에게 우편으로 설문지를 보내는 설문조사가 있다. 이런 설문조사의 경우, 조사자는 누가 설문지를 보냈는지를 알 수 없고, 따라서 설문지의 문항에 누가 어떤 응답을 하였는지를 알 수 없다.

비밀보장은 조사자는 각 조사대상자가 어떤 답을 하였는지 알 수 있지만, 이것을 외부에 밝히지 않는 것을 말한다(Babbie, 2020). 비밀보장을 적용하는 예로 대인 면접을 통해 자료를 수집하는 경우가 있다. 조사대상자와 직접 만나서 자료를 수집할 경우, 조사자는 설문지 문항에 대해 누가 어떻게 답하였는지를 알 수 있다. 그러나 이때 조사자는 자신이 안 정보를 외부에는 밝히지 않으므로, 다른 사람은 조사대상자의 신분을 알 수 없게 된다.

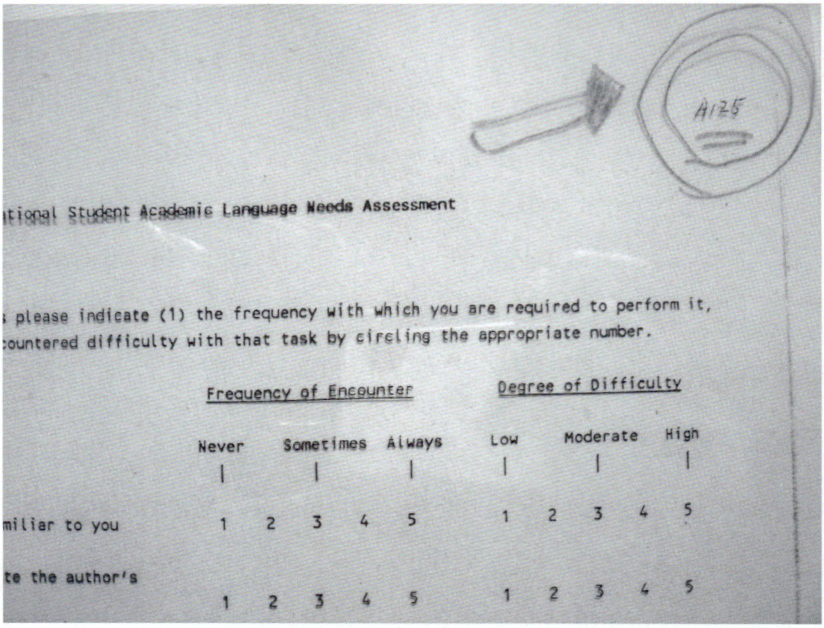

조사자가 미리 고유번호를 적어넣고 배포한 설문지

비밀보장은 조사자는 조사대상자가 어떤 답을 하였는지 알지만 외부에 밝히지 않는 것이다.
[출처 : 저자에게 발송된 설문지를 촬영]

(라) 속이기

속이기는 조사와 관련해 조사대상자를 속이는 것을 말한다. 조사에서 속이기와 관련된 지침은 너무 명백한 윤리적 지침이라고 볼 수 있다.

조사대상자가 조사의 목적을 완전히 이해하면 자신의 태도나 행동을 바꿀 가능성이 클 경우, 조사대상자를 속이는 것이 필요할 수도 있다. 그러나 어떤 이유이든 간에, 조사대상자를 속이는 것은 윤리적으로 옳은 일이 아니다. 따라서 조사대상자를 속이는 것에 관해서는 매우 조심스럽게 판단할 필요가 있다(Babbie, 2020; Yegidis, Weinbach & Myers, 2018).

일부 학자의 경우, 조사대상자를 속일 때는 이 때문에 발생할 수 있는 피해를 줄이기 위해 사용한 절차를 조사보고서에서 자세히 설명하여야 한다고 주장하고 있다(Pittenger, 2002).

(마) 보고

보고는 조사 결과를 있는 그대로 제시하는 것을 말한다. 조사에서 보고와 관련된 지침은 지나치기 쉬운 윤리적 지침이라고 볼 수 있다.

조사자는 조사대상자에게 윤리적 의무를 지켜야 할 뿐만 아니라, 해당 분야에서 연구하는 다른 조사자에게도 윤리적 의무를 지켜야 한다. 따라서 조사자는 예상한 것보다 결과가 다르게 나온 것은 그대로 정직하게 적어야 한다. 예를 들어, 조사자는 프로그램이 효과적으로 나온 결과뿐만 아니라, 프로그램이 효과가 없는 것으로 나온 결과도 보고하여야 한다. 그리고 조사자는 조사의 한계점도 알려주어야 한다(Babbie, 2020; Yegidis, Weinbach & Myers, 2018).

(3) 조사대상자에게 윤리적 문제를 유발한 사례

그동안 많은 조사를 하였지만, 일부 조사는 윤리적 측면에서 문제가 있었다. 이런 조사는 조사에서 윤리적 측면을 고려하여야 한다는 점을 인식하는 기회가 되기도 하였다. 그리고 이런 상황 때문에, 조사에서의 윤리적 지침에 관심을 가지는 방향으로 나아가게 되었다. 특히, 널리 알려진 일부 연구 때문에, 오늘날에 조사에서 윤리적 지침이 나타나게 되었다.

윤리적 문제와 관련해 잘 알려진 연구의 예로 나치(Nazi)와 일본군의 의학 실험, 터스키기(Tuskegee) 매독 연구, 밀그램(Milgram)의 권위 연구, 험프리즈(Humphreys)의 동성애자 연구가 있다.[11)]

(가) 터스키기 매독 연구

터스키기 매독 연구는 약 600명의 흑인 남성을 대상으로 실시하였다. 터스키기 매독 연구에서 많은 조사대상자는 매독에 걸린 것으로 진단되었다.

그런데 1937년에 페니실린(penicillin)을 발명하였다. 페니실린은 매독을 치료하는 데 효과가 있는 약이었다. 그러나 터스키기 매독 연구에 참여한 사람은 글을 모르는 사람이 많았는데, 조사자는 조사를 계속 하기 위해서 이들에게 페니실린에 관해 이야기해 주지 않았다. 그리고 이런 사람들이 페니실린에 관해 알게 되어 페니실린을 달라고 요구하지 않으면, 페니실린을 주지 않았다.

페니실린이 있다는 사실을 모르는 조사대상자들은, 매독과 관련된 고통스러운 검사를 계속 받아야만 하였다. 그러는 사이에, 이들은 매독 때문에 장기적으로 어려움을 겪게 되었다.

터스키기 매독 연구는 1957년까지 계속하였다. 그러다가 1957년에 여러 사람이 이 연구에 대해 항의함에 따라서 연구를 중단하였다. 그 후, 터스키기 매독 연구의 자세한 내용이 널리 알려짐에 따라서, 미국 정부는 공식적으로 조치를 취한 바 있다. 예를 들어, 대통령은 공식으로 사과하였고, 조사대상자의 가족에게는 금전적으로 보상하였다(Babbie, 2020; Centers for Disease Control and Prevention, 2022; Yegidis, Weinbach & Myers, 2018).

터스키기 매독 연구는 '조사대상자에게 피해 주지 않기'라는 윤리적 지침을 지키지 않은 대표적인 사례에 속하고 있다.

11) 이 책에서는 이 중에서 일부만 소개한다.

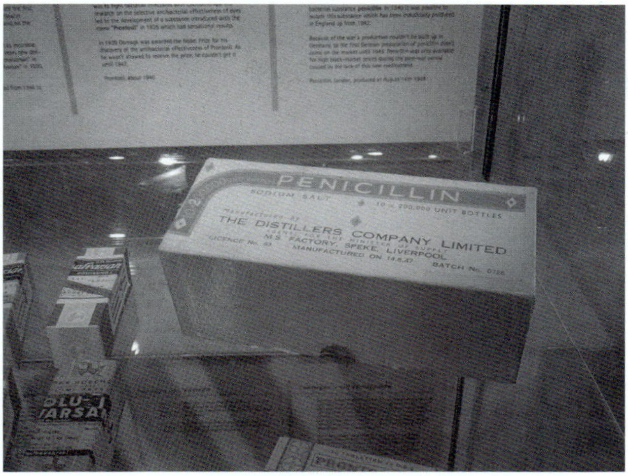

박물관에 전시된 페니실린 약

터스키기 매독 연구에서는 페니실린이 있다는 사실을 모르는 조사대상자는 고통스러운 검사를 계속 받아야만 하였다. [출처 : 독일에서 저자 촬영]

(나) 밀그램의 권위 연구

1963년에 밀그램은 권위에 복종하는 것에 관해 연구하였다. 이 연구의 목적은 권위를 가진 사람에게 인간이 복종하는 현상을 더 잘 이해하는 데 있었다.

밀그램이 실시한 연구의 대상자는 성인 남성이었다. 조사대상자에게는 학습과 기억에 관해 조사할 것이라고 알려주었다. 또한 조사대상자 각각에 대해 파트너가 배정될 것이라고 알려주었다.[12)]그러나 사실은, 파트너는 조사자와 함께 조사하는 사람이었다. 즉, 파트너는 또 다른 조사대상자가 아니었다.

조사대상자는 방에 앉아 있었지만, 파트너를 직접 볼 수는 없었다. 파트너는 조사대상자와 선으로 연결되어 전기충격을 받게 되어 있었다. 이 연구는 조사대상자가 단어를 제시하면 파트너가 그에 어울리는 단어를 답하는 식으로 진행하였다. 파트너가 제대로 답하지 못할 경우, 조사대상자는 자신의 앞에 있는 스위치로 파트너에게 전기충격을 주게 되어 있었다.

파트너가 제대로 답하지 못할수록, 조사대상자는 파트너에게 점점 더 강한 전기충격을 주게 하였다. 전기충격이 점점 더 강해짐에 따라서, 파트너는 실

12) 밀그램의 연구에서 조사대상자는 교사의 역할을 하고, 파트너는 학생의 역할을 하였다.

험을 중단하라고 애원하기 시작하였다. 그 후에 더 강한 전기충격을 계속 주었을 때, 파트너는 벽을 차고 비명을 지르기 시작하였다. 마침내 가장 강한 전기충격을 주었을 때, 파트너는 조용하였다. 따라서 파트너는 의식을 잃었을 수도 있었고, 심지어는 죽었을 수도 있었다.

이런 상황 때문에, 많은 조사대상자는 정서적으로 힘들게 되었다. 따라서 많은 조사대상자는 실험을 중단할 것을 요구하였다. 그러나 조사자가 실험을 계속하라고 요구하였을 때, 실험을 계속하기를 거부한 조사대상자는 약 3분의 1밖에 되지 않았다. 즉, 조사대상자의 약 3분의 2는 조사자가 지시한 대로 전기충격을 계속 주었다. 이들은 이런 전기충격이 다른 사람에게 커다란 피해를 줄 수 있다고 생각할 수 있는 상황에서도, 전기충격을 주었다(Yegidis, Weinbach & Myers, 2018; Eldridge, 2022; Greenwood, 2018).

그러나 조사자와 파트너는 한 패였기 때문에, 실제로 전기충격은 주어지지 않았다. 그러나 많은 조사대상자는 자신이 전기충격을 주었다는 사실 때문에 심리적으로 어려움을 겪었다.

4) 사회복지사 윤리강령

대부분의 전문조직에서는 조사하는 데 있어 기본적으로 지켜야 할 윤리에 관한 규정이나 지침을 제시하고 있다. 이런 것은 윤리강령(code of ethics)이라고[13] 부르고 있다.

사회복지사와 관련된 기관에서는 사회복지사 윤리강령을 제시하고 있다. 미국의 사회복지사협회에 따르면, 사회복지사 윤리강령은 사회복지사가 전문적으로 행동하는 데 지침이 되는 여러 가지 기준을 말한다(National Association of Social Workers, 2023).

13) 강령은 "일의 근본이 되는 큰 줄거리"를 말한다(국립국어원 표준국어대사전, 2023).

(1) 우리나라의 사회복지사 윤리강령

우리나라의 사회복지사협회에서는 사회복지사가 기본적으로 지켜야 할 윤리적 지침으로 '사회복지사 윤리강령'을 제시하고 있다(한국사회복지사협회, 2023). 우리나라의 사회복지사 윤리강령은 조사와 관련된 윤리적 측면도 포함하고 있다.

> **• 사회복지사의 조사 관련 지침**
>
> 우리나라의 사회복지사 윤리강령에 따르면, 사회복지사는 다음과 같이 하게 되어 있다(한국사회복지사협회, 2023).[14]
>
> 가. 사회복지 실천 과정에서 평가와 연구 조사를 함으로써, 사회복지 실천의 지식 기반 형성에 기여하고,[15] 궁극적으로[16] 사회복지 실천의 질적 향상을 위해 노력한다.
>
> 나. 사회복지사는 평가나 연구 조사를 할 때, 연구 참여자의 권리를 보장하기 위해, 연구 관련 사항을 충분히 안내하고 자발적인 동의를 얻어야 한다.
>
> 다. 사회복지사는 연구 과정에서 얻은 정보를 비밀 보장의 원칙에서 다루며, 비밀 보장의 한계, 비밀 보장을 위한 조치, 조사 자료 폐기 등을 연구 참여자에게 알려야 한다.
>
> 라. 사회복지사는 평가나 연구 조사를 할 때, 연구 참여자의 보호와 이익, 존엄성, 자기 결정권, 자발적 동의, 비밀 보장 등을 고려하며, 「생명윤리 및 안전에 관한 법률」 등 관련 법령과 규정에 따라 연구윤리를 준수한다.

(2) 미국의 사회복지사 윤리강령

미국의 사회복지사협회에서도 '사회복지사 윤리강령'을 제시하고 있다(National Association of Social Workers, 2023). 미국의 사회복지사 윤리강령은 사회복지 영역에서 전문적으로 서비스를 제공하고 조사하는 데 지침이 되고 있다.

미국의 사회복지사 윤리강령은 조사와 관련된 윤리적 측면을 많이 포함하고 있다. 미국의 사회복지사 윤리강령의 경우, 지식을 얻기 위한 목적으로 조사대상자를 윤리적이지 않게 이용하는 것을 금지하고 있다(National Association of Social Workers, 2023; Yegidis, Weinbach & Myers, 2018).

---

14) 아래의 내용은 원문을 그대로 옮긴 것이다.

15) "지식 기반 형성에 기여"하는 것은 지식의 바탕을 이루는 데 이바지하는 것을 말한다.

16) 궁극은 "어떤 과정의 마지막이나 끝"을 말한다(국립국어원 표준국어대사전, 2023).

5) 기관 심사 위원회(IRB)

오늘날에는 조사의 윤리적 문제에 대해서 제도적으로 관여하는 방향으로 나아가고 있다. 따라서 오늘날의 조직에서는, 조사를 제안하면 학자와 기타 관련된 사람들로 구성된 팀이 검토한 후에 승인하게 하는 경우가 많다. 이런 팀을 '기관 심사 위원회(institutional review board, IRB)'라고 부르고 있다.[17] 기관 심사 위원회는 사람을 대상으로 하는 모든 조사의 계획서를 검토하는 사람으로 이루어진 집단을 말한다(Babbie, 2020; Yegidis, Weinbach & Myers, 2018). 기관 심사 위원회의 경우, 조사대상자의 권리를 보장하고 또한 조사가 조사대상자에게 피해를 주지 않는지를 살펴보고 있다. 따라서 사람을 대상자로 하는 조사에 대해서, 기관 심사 위원회는 조사대상자를 모집하고 자료를 수집하기 전에 이런 조사를 미리 검토해서 승인하고 있다.

기관 심사 위원회(IRB)에 관해 교육하는 모습

기관 심사 위원회는 사람을 대상으로 하는 조사의 계획서를 검토하는 집단이다.
[출처 : 저자 촬영]

17) 다만, 기관 심사 위원회는 여러 이름으로 불리고 있다. 예를 들어, 우리나라에서 IRB을 담당하는 기관에서는 '기관생명윤리위원회'라고 부르고 있고, 서울대학교병원의 연구원에서는 '의학연구윤리심의위원회'라고 부르고 있다(국가생명윤리정책원, 2023; 서울대학교병원 의생명연구원, 2023).

POINT

* 사회복지조사에서 윤리와 관련된 주요한 지침으로 자발적 참여, 피해 주지 않기, 신분보호, 속이기, 보고와 관련된 지침이 있다.
* 고지된 동의는 조사에 참여할 때 겪을 수 있는 위험을 충분히 이해한 다음에, 조사에 참여할 것인지를 자발적으로 결정하는 것이다.
* 익명성은 조사자는 조사대상자가 어떤 답을 하였는지를 알 수 없게 하는 것이고, 비밀보장은 조사자는 조사대상자가 어떤 답을 하였는지 알지만 외부에 밝히지 않는 것이다.
* 사회복지사 윤리강령은 사회복지사가 전문적으로 행동하는 데 지침이 되는 여러 가지 기준이다. 우리나라의 사회복지사 윤리강령은 조사와 관련된 윤리적 측면도 포함한다.
* 오늘날에는 조사를 제안하면 기관 심사 위원회(IRB)가 검토한 후에 승인하게 하는 경우가 많다.

CHAPTER 02

개념과 변수 및 가설과 이론

차례 CONTENTS

1. 개 념

1) 개념의 정의

사회복지조사에서는 사회복지사에게 어렵게 보일 수 있는 여러 용어를 사용하고 있다. 이 중에서 사회복지조사에서 매우 중요한 용어는 '변수(variable)'이다. 그러나 변수를 이해하기에 앞서 '개념(concept)'에 관해 이해할 필요가 있다.

외국의 유명한 사전에 따르면, 개념은 특별한 상황에 관한 추상적 생각이나 일반적 생각을 말한다. 구체적으로 개념은 생각이나 사물이나 사건이나 사람을 상징하는 정신적 이미지를 말한다(Merriam-Webster Dictionary, 2023; Rubin & Babbie, 2015).

2) 개념의 중요성

사람은 개념으로 세상을 이해하고 이에 근거해 생활하는 경우가 많다. 따라서 개념은 중요하다. 예를 들어, 몸에 해로운 것이 들어 있는 생수통에 대해서, 인간은 '생수'라는 개념에 근거해서 의심하지 않고 그 물을 마실 가능성이 크다.

POINT

* 개념은 생각이나 사물이나 사건이나 사람을 상징하는 정신적 이미지이다.
* 사람은 개념으로 세상을 이해하고 생활하는 경우가 많으므로, 개념은 중요하다.

2. 개념화와 조작화

개념은 변수와 관련되고 있다. 따라서 개념이 분명해야 변수도 분명해진다. 그리고 개념을 구체적으로 측정할 수 있어야만, 개념이 변수로 바뀔 수 있다. 이와 관련되는 과정이 개념화(conceptualization)와 조작화(operationalization)이다. 결국, 개념을 변수로 바꾸는 것과 관련된 과정이 개념화와 조작화이다.

1) 개념화와 개념적 정의

개념은 분명하지 않을 수 있다. 이런 탓에, 개념을 분명하게 가다듬을 필요가 있다. 이와 관련되는 과정이 개념화이다. 개념화는 모호하고 분명하지 않을 수 있는 개념을 더 구체적으로 가다듬는 정신적 과정을 말한다(Rubin & Babbie, 2015).

개념화는 자료를 수집하기 전에 실시할 필요가 있다. 개념화 작업을 할 때는, 이미 나와 있는 문헌, 서비스를 제공하면서 알게 된 지식, 자신의 경험을 활용하는 경우가 많다(Yegidis, Weinbach & Myers, 2018).

개념화는 개념적 정의(conceptual definition)로 정리할 수 있다. 개념적 정의는 해당 개념에 대해 개념화를 거친 후에 나온 정의를 말한다. 구체적으로 볼 때, 개념적 정의는 해당 변수가 조사에서 의미하는 바를 말한다. 그러나 같은 변수라도, 조사자에 따라서 개념적 정의가 달라질 수 있다.

한편, 조사에서는 개념을 분명하게 제시하는 것이 중요하다. 왜냐하면 개념을 분명하게 제시하여야만 개념에 어울리는 변수를 분명하게 측정할 수 있기 때문이다. 예를 들어, 자아존중감에 관해 조사할 경우, 자아존중감이라는 개념에 관해 분명하게 제시하지 않으면, 자아존중감 변수를 정확하게 측정하기 어렵다. 결국, 개념화를 잘 진행하여야만 조작화도 잘 진행할 수 있다. 따라서 개념화는 조작화와 서로 밀접하게 관련되어 있다.

2) 조작화와 조작적 정의

개념적 정의는 추상적인 측면을 포함하므로 구체적이지 않을 수 있다. 따라서 개념적 정의를 구체적으로 드러나게 할 필요가 있다. 이와 관련되는 과정이 조작화이다.

조작화는 변수를 실제로 측정하거나 검증할 수 있게 하는 과정을 말한다. 따라서 조작화는 변수를 측정하는 정확한 방법과 관련되고 있다. 그리고 이런 탓에, 조작화는 측정과 관련해 마지막 단계에 속하고 있다.[18] 조작화를 하면 변수가 의미하는 것을 더 분명히 알게 된다(McLeod, 2021; Babbie, 2020; Yegidis, Weinbach & Myers, 2018).

조작화는 조작적 정의(operational definition)로 정리할 수 있다. 조작적 정의는 조작화를 거친 후에 나온 정의를 말한다. 따라서 조작적 정의는 어떤 것에 관해 구체적으로 내린 정의를 말한다. 변수에 대한 조작적 정의는 조사보고서에서 문헌을 검토하는 부분의 끝에서 제시하거나, 조사방법을 다루는 부분의 처음에서 제시하는 경우가 많다(Rubin & Babbie, 2015; Yegidis, Weinbach & Myers, 2018).

18) 측정에 관해서는 측정을 다루는 장(제4장)에서 자세히 설명한다.

하천과 행복의 관계를 조사하기 위해서는 행복에 대한 조작적 정의가 필요하다

조작적 정의는 어떤 것에 관해 구체적으로 내린 정의이다. [출처 : 저자 촬영]

• 개념적 정의와 조작적 정의의 예

아동학대에 관해 조사할 경우, 개념화와 조작화 과정을 거쳐서 개념적 정의와 조작적 정의를 제시할 수 있다. 이때, 조사자는 여러 문헌과 자신의 경험에 근거해서, 아동학대에 대한 개념적 정의는 "아동에게 신체적 · 정서적 · 성적 피해를 주는 행위"라고 제시할 수 있다.[19]

이런 개념적 정의에 근거해, 조작화를 거친 후에 조작적 정의를 할 수 있다. 예를 들어, 조사자는 신체적 학대에 대한 조작적 정의는 "아동의 신체를 때리는 횟수"라고 제시할 수 있다. 이때, 정서적 학대, 성적 학대에 관해서도 조작적 정의를 제시할 수 있다.

POINT

* 개념화는 모호하고 분명하지 않을 수 있는 개념을 더 구체적으로 가다듬는 정신적 과정이다. 개념적 정의는 해당 변수가 조사에서 의미하는 바이다.
* 조작화는 변수를 실제로 측정하거나 검증할 수 있게 하는 과정이다. 조작적 정의는 관찰한 것을 범주로 구분하는 방법을 고려하면서, 어떤 것에 관해 구체적으로 내린 정의이다.

19) 이것은 노병일(2020b)을 참고해 제시하였다.

3. 변수[20)]

1) 변수의 정의

변수라는 용어는 조사에서 자주 등장하는 용어이다. 사회과학의 조사에서는 변수에 주목하고 있고 또한 변수들 사이의 관계에 주목하고 있다.

변수라는 용어는 변한다는 의미를 담고 있다.[21)] 일반적으로 변수는 속성(attribute)을 논리적으로 모아놓은 것을 말한다. 예를 들어, '성별'이라는 변수는 '남성'과 '여성'이라는 속성을 모아놓은 것이다(Yegidis, Weinbach & Myers, 2018; Rubin & Babbie, 2015; Members of the Research Methods Seminar, 2023; Mathers, Fox & Hunn, 2009; Babbie, 2020).

2) 변수의 특징

변수는 양이나 질에서 서로 차이가 나는 특성을 지니므로, 변수는 변하는 특성을 지니고 있다. 따라서 변수는 두 개 이상의 값(value)을 가지고 있다. 이것을 일반적으로 속성이라고 부르고 있다. 속성은 변수가 가질 수 있는 범주를 말한다. 따라서 속성은 '변수값'이나 '범주'라고도 부르고 있다.[22)] 구체적으로 속성은 변수를 측정할 때 변수가 포함하는 이름이나 수를 말한다(Babbie, 2020; Yegidis, Weinbach & Myers, 2018).

사회복지조사에서 다루는 많은 용어는 개념이다. 그러나 모든 개념이 변수가 되는 것은 아니다. 예를 들어, '성별'은 개념이면서 변수이다. 왜냐하면 성별은 '남성'과 '여성'이라는 속성을 가지기 때문이다. 그러나 '남성'이나 '여성'은 개념이지만 변수는 아니다.[23)] 왜냐하면 남성이나 여성은 별도의 값(즉,

---

20) 우리나라에서는 변수를 '변인'이라고도 부르고 있다.

21) 변수와 대조되는 용어는 상수(constant)이다. 상수는 조사와 관련된 대상자나 사례들 사이에 양이나 질에서 차이가 나지 않는 특성을 지니는 개념을 말한다.

22) 이 책에서는 이런 용어들(속성, 변수값, 범주)을 섞어서 사용하기로 한다.

23) 여기에서 알 수 있듯이, 모든 변수는 개념이다.

속성)을 가지지 않기 때문이다. 즉, '성별'과 '남성'과 '여성'은 모두 개념이지만, '성별'만 변수에 속하고 있다.

사회복지조사에서는 변수 사이의 관계에 주목하는 경우가 매우 많다. 따라서 사회복지조사에서 변수는 매우 중요하다.

3) 변수의 형태

(1) 변수의 역할에 따른 형태

(가) 독립변수와 종속변수

사회복지조사에서 가장 기본적인 역할을 하는 변수는 독립변수(independent variable)와 종속변수(dependent variable)이다. 실제로 많은 사회복지조사에서는 독립변수와 종속변수 사이의 관계를 기본적으로 살펴보고 있다. 사회복지조사에서는 종속변수를 먼저 제시하고 나서 독립변수를 제시하는 경우가 많다.[24]

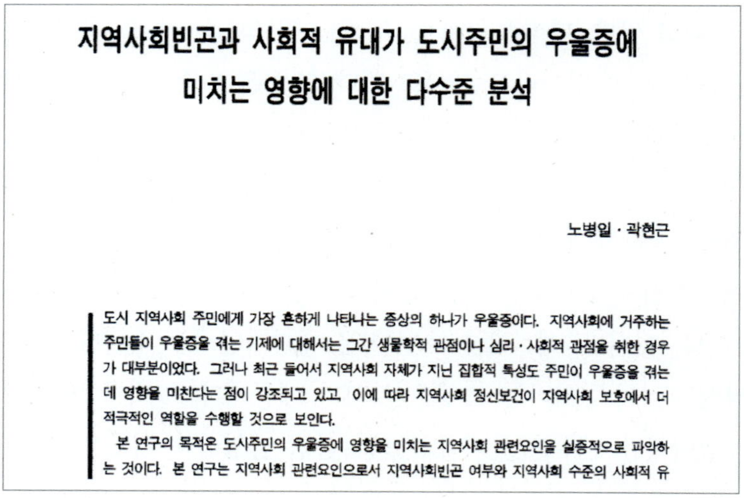

지역사회빈곤과 사회적 유대가 도시주민의 우울증에 미치는 영향에 대한 다수준 분석

노병일 · 곽현근

도시 지역사회 주민에게 가장 흔하게 나타나는 증상의 하나가 우울증이다. 지역사회에 거주하는 주민들이 우울증을 겪는 기제에 대해서는 그간 생물학적 관점이나 심리 · 사회적 관점을 취한 경우가 대부분이었다. 그러나 최근 들어서 지역사회 자체가 지닌 집합적 특성도 주민이 우울증을 겪는데 영향을 미친다는 점이 강조되고 있고, 이에 따라 지역사회 정신보건이 지역사회 보호에서 더 적극적인 역할을 수행할 것으로 보인다.

본 연구의 목적은 도시주민의 우울증에 영향을 미치는 지역사회 관련요인을 실증적으로 파악하는 것이다. 본 연구는 지역사회 관련요인으로서 지역사회빈곤 여부와 지역사회 수준의 사회적 유

두 개의 독립변수(지역사회빈곤과 사회적 유대)와
한 개의 종속변수(우울증) 사이의 관계를 살펴보는 논문(표지)

사회복지조사에서 가장 기본적인 역할을 하는 변수는 독립변수와 종속변수이다. [출처 : 표지를 캡처]

24) 따라서 여기에서도 종속변수를 먼저 설명한다.

(a) 종속변수

종속변수는 조사자가 어떤 상황이나 현상을 이해하고 설명하고자 할 때 가장 관심을 가지는 변수를 말한다. 일반적으로 종속변수는 다른 변수에 좌우되거나 다른 변수 때문에 변하는 변수를 말한다(Yegidis, Weinbach & Myers, 2018; Rubin & Babbie, 2015). 이때, 다른 변수를 독립변수라고 부르고 있다.[25)]

결국, 종속변수는 독립변수의 영향을 받는 변수이다. 따라서 종속변수를 결과변수라고도 부르고 있다.

(b) 독립변수

독립변수는 종속변수에 영향을 미치거나 종속변수를 설명하는 변수를 말한다(Rubin & Babbie, 2015; Yegidis, Weinbach & Myers, 2018). 따라서 독립변수는 종속변수의 원인이 되는 변수이다. 이런 탓에, 독립변수를 원인변수라고도 부르고 있다.

(c) 예

소득이 교육을 받은 정도에 따라 차이가 날 경우, 교육은 독립변수가 되고 소득은 종속변수가 된다. 또한 성별에 따라 삶에 만족하는 정도에서 차이가 날 경우, 성별은 독립변수가 되고 삶에 만족하는 정도(생활만족도)는 종속변수가 된다.

(d) 고려할 점

변수가 독립변수의 역할을 하는지 또는 종속변수의 역할을 하는지는 미리 정해져 있는 것이 아니다. 변수는 어느 때는 독립변수가 될 수 있고, 어느 때는 종속변수가 될 수도 있다. 예를 들어, 교육 수준이 높으면 소득 수준이 높을 가능성이 크므로, 교육 수준은 소득 수준에 대해 독립변수가 될 수 있다. 그러나 소득 수준이 높아야 대학교나 대학원을 다닐 가능성이 크므로, 교육 수준은 소득 수준에 대해 종속변수가 될 수 있다.

25) 독립변수에 관해서는 뒤에서 설명한다.

한편, 조사에서는 일반적으로 독립변수는 X, 종속변수는 Y로 표시하고 있다. 독립변수와 종속변수를 그림으로 제시하면 **|그림 2-1|**과 같다.

X → Y

* X = 독립변수, Y = 종속변수

|그림 2-1| 독립변수와 종속변수

|그림 2-1|에서 독립변수(X)는 종속변수(Y)에 대해서 원인이 되는 역할을 하고 있고, 종속변수(Y)는 독립변수(X)에 대해서 결과가 되는 역할을 하고 있다.

(나) 독립변수와 종속변수 이외의 변수

변수들 사이의 단계는 단순하지 않을 수도 있다. 이때에는 새로운 형태의 변수가 필요할 수 있다. 따라서 변수의 형태에는 독립변수와 종속변수 이외에도 여러 가지가 있다. 이런 변수의 예로 매개변수(intervening variable 또는 mediating variable), 조절변수(moderating variable), 외생변수(extraneous variable), 통제변수(control variable)가 있다.

(a) 매개변수

매개변수는 독립변수와 종속변수 사이의 관계를 매개하는 변수를 말한다. 즉, 매개변수는 독립변수가 종속변수에 영향을 미치는 것을 연결시켜 주는 변수를 말한다(Rubin & Babbie, 2015).

예를 들어, 근로자의 급여는 생산성에 영향을 미칠 수 있다(노병일, 2021b). 이 경우, 급여는 독립변수가 되고 생산성은 종속변수가 된다. 이때, 근로자의 급여는 생산성에 '직접' 영향을 미칠 수 있다. 그러나 근로자의 급여가 많으면 근로자가 업무에 더 만족하게 되고, 근로자가 업무에 더 만족하기 때문에 생산성이 높아질 수도 있다. 이 경우, 근로자의 직무만족(업무에 만족하는 것)은 급여와 생산성을 연결하고 있다. 따라서 이때 직무만족은 급여와 생산성 사이의 관계에서 매개변수의 역할을 하고 있다.

매개변수를 그림으로 제시하면 ❙그림 2−2❙와 같다.

X → Z → Y

* X=독립변수, Y=종속변수, Z=매개변수

❙그림 2-2❙ **독립변수와 종속변수와 매개변수**

❙그림 2−2❙에서 매개변수(Z)는 독립변수(X)와 종속변수(Y)를 연결하는 역할을 하고 있다. 따라서 ❙그림 2−2❙에서 매개변수(Z)는 앞부분(즉, X → Z)에서는 종속변수의 역할을 하고 있고, 뒷부분(즉, Z → Y)에서는 독립변수의 역할을 하고 있다.

(b) 조절변수

조절변수는 독립변수가 종속변수에 미치는 영향을 조절하는 변수를 말한다. 구체적으로 조절변수는 독립변수와 종속변수 사이에 나타나는 관계의 크기와 방향에 영향을 미치는 변수를 말한다(Rubin & Babbie, 2015).

예를 들어, 노인이 겪는 스트레스는 우울을 유발할 수 있다(노병일, 2020a). 이 경우, 스트레스는 독립변수가 되고, 우울은 종속변수가 된다. 그러나 노인이 사회적으로 더 교류할 경우, 스트레스가 우울에 미치는 영향이 줄어들 수 있다. 하지만 노인이 사회적으로 교류하지 않을 경우, 스트레스는 우울에 그대로 영향을 미칠 수 있다. 따라서 이때 사회적 지지(사회적으로 교류하는 것)는 스트레스와 우울 사이의 관계에서 조절변수의 역할을 하고 있다.

조절변수를 그림으로 제시하면 ❙그림 2−3❙과 같다.

Z
↓
X → Y

* X=독립변수, Y=종속변수, Z=조절변수

❙그림 2-3❙ **조절변수**

┃그림 2-3┃에서 조절변수(Z)는 독립변수(X)와 종속변수(Y) 사이의 관계를 조절하는 역할을 하고 있다.

(c) **외생변수**

외생변수는 조사자가 독립변수와 종속변수 사이의 진짜 관계를 잘못 파악하게 할 수 있는 변수를 말한다(Yegidis, Weinbach & Myers, 2018).[26] 겉으로 볼 때는 독립변수가 종속변수에 영향을 미치는 것으로 보이지만, 사실은 제3의 변수 때문에 이렇게 보이는 것이고 실제로는 독립변수와 종속변수 사이에 관계가 없을 수 있다. 이때 제3의 변수를 외생변수라고 부르고 있다.[27]

예를 들어, 흡연(담배를 피우는 것)은 신체적 건강을 크게 해칠 수 있다. 이 경우, 흡연은 독립변수가 되고 신체적 건강은 종속변수가 된다. 그러나 자세히 살펴본 결과, 흡연과 신체적 건강은 서로 크게 관련이 없고, 제3의 요인이 흡연과 신체적 건강에 모두 영향을 미칠 수 있다. 즉, 흡연이 신체적 건강에 영향을 미치는 것은 겉으로 보기에 그럴 뿐이고, 실제로는 스트레스가 흡연과 신체적 건강 모두에 영향을 미칠 수 있다. 예컨대, 스트레스를 많이 받기 때문에 흡연을 많이 하게 되고, 또한 스트레스를 많이 받기 때문에 신체적 건강이 나빠질 수 있다. 따라서 이때 스트레스는 흡연과 신체적 건강 사이의 관계에서 외생변수의 역할을 하고 있다.

외생변수를 그림으로 제시하면 ┃그림 2-4┃와 같다.

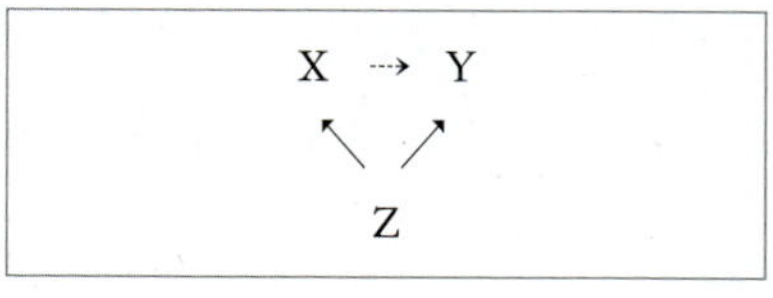

* X=독립변수, Y=종속변수, Z=외생변수
⇢는 겉으로는 관계가 있어 보이나, 실제로는 큰 관계가 없음을 나타냄.

┃그림 2-4┃ **외생변수**

26) '외생'은 밖에 있다는 의미를 지니고 있다.

27) 외생변수는 실험과 관련되고 있다. 실험에 관해서는 실험을 다루는 장(제8장)에서 자세히 설명한다.

(d) 통제변수

통제변수는 변수들 사이의 관계를 더 분명하게 살펴보기 위해서 통제하는 변수를 말한다(Rubin & Babbie, 2011). 예를 들어, 소득과 교육 사이에 관계가 있는 것으로 나타날 경우, 성별을 통제할 수 있다. 이때, 남성들만을 대상으로 소득과 교육 사이의 관계를 살펴보고, 또한 여성들만을 대상으로 소득과 교육 사이의 관계를 살펴볼 수 있다. 이 경우, 성별은 통제변수의 역할을 한다고 볼 수 있다.

(다) 변수의 연속성에 따른 형태

변수는 속성이 연속적인지에 따라 분류할 수 있다. 이 경우, 변수를 이산변수(discrete variable)와 연속변수(continuous variable)로 분류할 수 있다.

(a) 이산변수

이산변수는[28] 속성이 연속적이지 않은 변수를 말한다(Babbie, 2020). 따라서 이산변수는 불연속변수라고 부르기도 한다. 이산변수의 예로 성별이 있다.

(b) 연속변수

연속변수는 속성이 연속적으로 있는 변수를 말한다(Babbie, 2020). 연속변수의 예로 소득이 있다. 소득은 100만 원, 101만 원, 102만 원 식으로 연속되는 속성을 지니고 있다.

POINT

* 변수는 속성을 논리적으로 모아놓은 것이다. 변수는 두 개 이상의 값을 가진다.
* 종속변수는 다른 변수에 좌우되거나 다른 변수 때문에 변하는 변수이다. 독립변수는 종속변수에 영향을 미치거나 종속변수를 설명하는 변수이다.
* 매개변수는 독립변수와 종속변수 사이를 매개하는 변수이다. 조절변수는 독립변수가 종속변수에 미치는 영향을 조절하는 변수이다. 외생변수는 독립변수와 종속변수 사이의 진짜 관계를 잘못 파악하게 할 수 있는 변수이다. 통제변수는 변수들 사이의 관계를 더 분명하게 살펴보기 위해서 통제하는 변수이다.
* 이산변수는 속성이 연속적이지 않은 변수이다. 연속변수는 속성이 연속적으로 있는 변수이다.

28) 이산(discrete)은 별개이면서 서로 구분되는 것이나 연속되지 않은 것을 말한다(Collins Dictionary, 2023).

4. 가 설

1) 가설의 정의

가설(hypothesis)은 변수들 사이의 인과관계를 예측하기 위해서 이론에 근거해 일시적으로 설명한 것을 말한다. 구체적으로 가설은 조사자가 조사 결과가 어떻게 될 것인가를 예측한 내용을 담은 검증할 수 있는 진술을 말한다. 따라서 가설은 조사자가 변수들 사이의 관계를 예측한 것을 제시한 것이라고 볼 수 있다.

그리고 가설은 연구문제에 대해 일시적으로 답한 것을 말한다(McLeod, 2021; Yegidis, Weinbach & Myers, 2018; Rubin & Babbie, 2015; Members of the Research Methods Seminar, 2023).

2) 가설의 특징

가설의 정의에서 알 수 있듯이, 가설에서는 변수들 사이에 가능한 관계를 제시하고 있다. 특히 가설에서는 독립변수와 종속변수 사이의 관계를 제시하는 경우가 많다.

그리고 가설에서는 변수들 사이에 나타날 관계의 형태도 제시하고 있다(McLeod, 2021; Yegidis, Weinbach & Myers, 2018).

3) 가설의 출처

가설은 여러 가지 출처에서 얻은 정보나 지식에 근거해 제시하고 있다. 예를 들어, 가설은 다른 사람들이 그동안 연구한 결과에 근거할 수도 있고, 조사자가 사회복지 서비스를 제공하면서 경험한 것에 근거할 수도 있다(Yegidis, Weinbach & Myers, 2018).

4) 가설의 시제와 문장 형태

일반적으로 가설은 미래 시제로 제시하고 있다. 그리고 가설은 의문문이 아닌 일반 문장의 형태로 제시하고 있다(Yegidis, Weinbach & Myers, 2018).

5) 가설의 형태

(1) 가설의 일반적 형태

일반적으로 가설의 형태는 연구가설(research hypothesis)과 영가설(null hypothesis)로 분류할 수 있다.

(가) 연구가설

연구가설은 조사자가 조사하고 있는 변수들 사이에 관계가 있다고 가정하는 가설을 말한다. 따라서 연구가설에서는 한 변수가 다른 변수에 영향을 미친다고 보고 있다. 연구가설은 대립가설(alternative hypothesis)이라고 부르기도 한다.

(나) 영가설

가설을 검증하기 위해서, 처음에 조사자는 조사하는 변수들 사이에 관계가 없다고 가정하고 있다. 이와 관련된 가설을 영가설이라고 부르고 있다.

영가설은 조사자가 조사하고 있는 변수들 사이에 관계가 없다고 가정하는 가설을 말한다. 따라서 영가설을 통계적으로 받아들이지 않을 경우, 변수들은 서로 관련된다고 주장할 수 있다(McLeod, 2021; Rubin & Babbie, 2015; Mathers, Fox & Hunn, 2009).

(2) 관계의 방향을 고려한 가설 형태

변수들 사이에 나타나는 관계의 방향을 고려할 경우, 가설의 형태는 방향(directional) 가설과 비방향(nondirectional) 가설로 분류할 수 있다. 어느 형태의 가설로 표현하는지는 문헌 검토에서 얻은 지식에 근거하고 있다(Yegidis, Weinbach & Myers, 2018).

(가) 방향 가설

방향 가설은 변수들 사이의 관계의 방향을 고려한 가설을 말한다. 따라서 방향 가설은 단측(one-tailed) 가설이라고도 부르고 있다.

방향 가설의 경우, 변수들이 서로 관련되어 있음을 제시하고 있고 또한 이런 관계의 방향도 제시하고 있다(McLeod, 2021; Yegidis, Weinbach & Myers, 2018). 방향 가설의 예로 "미술치료 프로그램에 참여한 아동은 참여하지 않은 아동보다 자아존중감이 더 높을 것이다"가 있다.

(나) 비방향 가설

비방향 가설은 변수들 사이의 관계의 방향을 고려하지 않은 가설을 말한다. 따라서 비방향 가설은 양측(two-tailed) 가설이라고도 부르고 있다.

비방향 가설의 경우, 변수들이 서로 관련되어 있음을 제시하고 있지만, 이런 관계의 방향은 제시하지 않고 있다(McLeod, 2021; Yegidis, Weinbach & Myers, 2018). 비방향 가설의 예로 "미술치료 프로그램에 참여한 아동과 참여하지 않은 아동 사이에는 자아존중감에서 차이가 있을 것이다"가 있다.

6) 좋은 가설의 조건

좋은 가설이 되기 위해서는 여러 측면을 고려할 필요가 있다. 좋은 가설이 되기 위해 고려할 측면을 몇 가지 제시하면 다음과 같다(Yegidis, Weinbach & Myers, 2018; McLeod, 2021).

① 가설은 분명하게 제시하여야 한다. 그리고 이와 관련해, 가설은 구체적이어야 한다. 따라서 독자가 가설을 잘못 이해하지 않도록 단어를 구체적으로 표현하여야 한다.

② 가설은 간단하게 제시하여야 한다. 가설을 복잡하게 제시하면, 가설의 내용이 헷갈릴 수 있다. 따라서 가설은 짧게 제시하여야 한다. 이와 관련해, 독립변수가 두 가지 이상일 경우에는 각각의 독립변수에 대해 가설을 별도로 제시하는 것이 좋다.

③ 가설은 실제 상황에 대해 검증할 수 있어야 한다. 왜냐하면 검증할 수 있어야만, 가설을 받아들이거나 받아들이지 않을 수 있기 때문이다. 이런 탓에, 검증할 수 없는 가설은 가설이라고 볼 수 없다. 예를 들어, "하얀 날개를 가진 천사는 노란 날개를 가진 천사보다 더 가벼울 것이다"와 같은 것은 검증할 수 없으므로, 가설이 될 수 없다.

세이어(Thayer)의 『천사』(유명한 천사 그림의 하나로 꼽힘)

천사와 관련된 특성처럼, 검증할 수 없는 특성으로는 가설을 만들 수 없다.

[출처 : 스미스소니언 미국미술 박물관(public domain)]

④ 가설은 조사의 주제와 관련되어야 한다. 왜냐하면 가설을 검증하는 것은 조사의 주제와 관련된 문제를 줄이는 데 이바지할 수 있는 지식을 얻는 데 있기 때문이다.

7) 가설을 만드는 단계

가설을 만들기 위해서는 어떤 단계를 거칠 필요가 있다. 가설을 만드는 일반적인 단계를 제시하면 다음과 같다(McLeod, 2021).

① 조사에서 주요한 변수를 파악한다. 이때, 우선적으로 독립변수와 종속변수를 파악한다.

② 조사하는 변수를 조작화한다.[29]

③ 변수들 사이의 관계에서 예상되는 방향을 결정한다. 이때, 독립변수가 종속변수에 미치는 영향을 구체적으로 제시하는 문헌이 있는 경우, 방향이 있는 형태로 가설(즉, 방향 가설)을 제시한다. 그러나 독립변수가 종속변수에 미치는 영향에 관해 문헌에 자세한 내용이 없거나 내용이 모호할 경우, 방향이 없는 형태로 가설(즉, 비방향 가설)을 제시한다.

④ 가설을 최종적으로 만든다.

POINT

* 가설은 조사 결과가 어떻게 될 것인가를 예측한 내용을 담은 검증할 수 있는 진술이다.
* 가설에서는 변수들 사이에 가능한 관계를 제시한다.
* 연구가설은 조사하는 변수들 사이에 관계가 있다고 가정하는 가설이다. 영가설은 조사하는 변수들 사이에 관계가 없다고 가정하는 가설이다.
* 방향 가설은 관계의 방향을 고려한 가설이다. 비방향 가설은 관계의 방향을 고려하지 않은 가설이다.

29) 조작화에 관해서는 앞에서 이미 설명한 바 있다.

5. 이 론

1) 이론의 정의와 중요성

이론(theory)은 해당 분야의 관련 지식을 체계적으로 정리해 놓은 것을 말한다. 구체적으로 이론은 사회생활의 측면, 인간의 행동방식, 인간이 일상생활에서 의미를 찾는 방식을 더 잘 이해하기 위한 설명을 체계적으로 모아 놓은 것을 말한다(Babbie, 2020; Rubin & Babbie, 2015).

이론은 조사 과정의 여러 단계와 관련되고 있다. 무엇보다도 이론은 조사의 주제를 선정하고 조사할 변수를 선정하고 정의하는 데 있어 지침이 되고 있다.

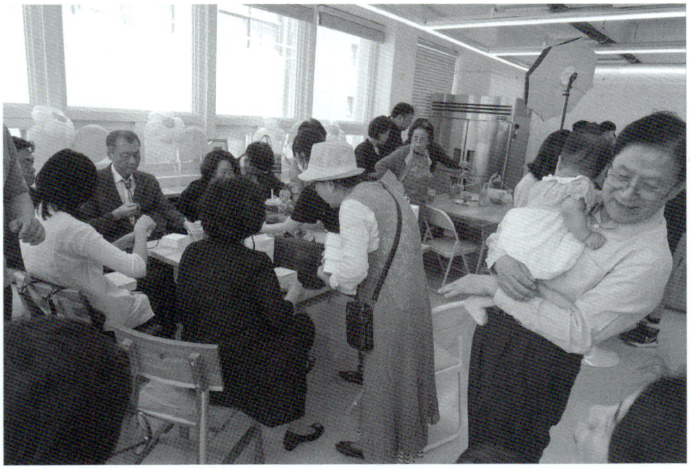

어느 행사에 모인 사람들

이론은 사람의 행동을 설명하고, 조사 주제를 정하는 데 도움을 준다. [출처 : 저자 촬영]

2) 이론의 특성

이론은 개념으로 구성되어 있고, 이론에서는 개념들 사이의 관계를 제시하고 있다. 예를 들어, 교육과 소득에 관한 이론은 '교육'이라는 개념과 '소득'이라는 개념으로 구성되어 있다. 그리고 이 이론에서는 교육과 소득 사이의 관계를 설명하고 있다.

이론은 실제 현실을 관찰해서 검증하고 있다. 그 결과, 이론은 옳지 않거나 완전하지 않은 것으로 나타날 수도 있다(DeCarlo, 2018).

> • **패러다임**
>
> 주위에서는 패러다임(paradigm)이라는 용어를 자주 사용하고 있다. 패러다임은 일반적으로 어떤 것에 관한 철학적 틀이나 이론적 틀을 말한다. 과학적 방법과 관련시켜 볼 경우, 패러다임은 관찰하고 이해하는 데 영향을 미치는 모델이나 틀을 말한다(Merriam-Webster Dictionary, 2023; Rubin & Babbie, 2015).
>
> 사실, 패러다임의 정확한 의미는 통일되어 있지 않다. 그러나 패러다임은 큰 이론적 관점이나 생각하는 관점을 의미하는 경우가 많다. 예를 들어, 천동설(태양이 움직인다는 주장)이나 지동설(지구가 움직인다는 주장)과 같은 것은 큰 이론적 관점이기 때문에, 패러다임이 될 수 있다.

3) 이론을 위한 지식을 얻는 방법

이론은 해당 분야의 지식 체계를 말한다. 따라서 이론을 만들거나 가다듬기 위해서는 많은 양의 지식이 필요하다. 이 경우, 지식을 얻는 대표적인 방법으로 연역법(deduction)과 귀납법(induction)이 있다.

(1) 연역법

연역법은 일반적이거나 보편적인 것으로부터 특별한 것에 관한 결론을 끄집어내는 접근방식을 말한다. 따라서 연역법은 일반적 원리에 근거해 구체적 가설을 만드는 접근방식을 말한다(Rubin & Babbie, 2015; Members of the Research Methods Seminar, 2023).

연역법의 예로 삼단논법이 있다. 삼단논법은 다음과 같은 논리를 따르고 있다.

사람은 모두 죽는다.
소크라테스는 사람이다.
따라서 소크라테스는 죽는다.

연역법을 따르는 조사의 경우, 이론에서 가설을 만들고 이런 가설을 관찰해서 검증하는 식으로 진행하고 있다(Miessler, 2020). 따라서 연역법의 과정을 간단히 제시하면 **|그림 2-5|** 와 같다.

이론 → 가설 → 관찰 → 검증

|그림 2-5| 연역법의 과정

(2) 귀납법

귀납법은 특정한 관찰로부터 일반적 원리를 끄집어내는 접근방식을 말한다. 따라서 귀납법은 특별한 사례로부터 일반적인 결론을 제시하는 접근방식을 말한다(Rubin & Babbie, 2015; Members of the Research Methods Seminar, 2023).

귀납법은 다음과 같은 식으로 진행하고 있다.

○○○은 죽는다.
△△△은 죽는다.
◇◇◇은 죽는다.
따라서 모든 사람은 죽는다.

귀납법을 따르는 조사의 경우, 사례를 관찰해 공통의 유형을 찾고, 이에 근거해 일시적으로 가설을 제시하고 나중에 이론을 제시하는 식으로 진행하고

있다(Miessler, 2020). 따라서 귀납법의 과정을 간단히 제시하면 **|그림 2-6|**과 같다.

관찰 → 유형 → 일시적 가설 → 이론

|그림 2-6| 귀납법의 과정

(3) 고려할 점

연역법과 귀납법은 서로 관련되고 있다. 예를 들어, 귀납법을 적용해 얻은 일시적 결론을 체계적으로 가다듬으면 이론이 된다. 그리고 이 이론은 연역법을 적용할 때 가설을 만드는 토대가 될 수 있다.

POINT

* 이론은 해당 분야의 관련 지식을 체계적으로 정리해 놓은 것이다.
* 패러다임은 관찰하고 이해하는 데 영향을 미치는 큰 모델이나 틀이다.
* 연역법은 일반적 원리에 근거해 구체적 가설을 만드는 접근방식이다. 귀납법은 특별한 사례로부터 일반적인 결론을 제시하는 접근방식이다.

CHAPTER 03

조사의 형태와 단계 및 분석 수준과 자료수집 방법

차례 CONTENTS

1. 조사의 형태

1) 분류의 기준

조사의 형태에는 여러 가지가 있다. 그리고 한 가지 연구에 한 개 이상의 조사 형태를 적용할 수도 있다.

조사의 형태를 분류하는 방법에는 여러 가지가 있다. 따라서 조사의 형태는 분류하는 기준에 따라 다양하게 분류할 수 있다. 조사의 형태를 분류하는 기준으로 조사의 일반적 목적, 조사의 구체적 목적, 사용하는 조사방법, 시간 차원이 있다.

2) 조사의 일반적 목적에 따른 분류

조사의 형태는 조사의 일반적 목적에 따라 기초(basic) 조사와 응용(applied) 조사로 분류할 수 있다. 조사의 형태를 기초 조사와 응용 조사로 분류하는 것은 조사에서 얻은 지식을 어떻게 언제 사용하려고 하는지와 관련되고 있다(DeCarlo, 2018; Yegidis, Weinbach & Myers, 2018).

(1) 기초 조사

기초 조사는 일반적인 전문적 지식을 얻고자 하는 조사를 말한다. 구체적으로 기초 조사는 전문적 지식 수준을 높이는 데 이바지하고자 하는 조사를 말한다. 기초 조사는 순수(pure) 조사라고도 부르고 있다.

기초 조사의 목적은 인간의 지식을 확대하는 데 있다. 특히, 기초 조사의 주요한 목적은 미래에 사용할 폭넓고 일반적인 지식을 얻는 데 있다. 기초 조사는 응용 조사의 토대가 되고 있다(DeCarlo, 2018; Lawrence Berkeley National Laboratory, 2023; Yegidis, Weinbach & Myers, 2018).

• 사회복지와 기초 조사

모든 학문 분야와 마찬가지로, 사회복지 분야도 기초 조사와 관련되고 있다. 예를 들어, 사회복지사는 다음과 같이 기초 조사와 관련되고 있다(Yegidis, Weinbach & Myers, 2018).

① 사회복지사는 기초 조사를 직접 할 수 있다.

② 사회복지사는 기초 조사에서 얻어진 결과를 현장에 바로 적용할 수 있다.

(2) 응용 조사

응용 조사는 지식 자체를 얻는 것보다는 세상의 현실적 문제를 해결하고자 하는 조사를 말한다. 구체적으로 응용 조사는 문제나 상황에 바로 적용할 수 있는 지식을 얻고자 하는 조사를 말한다.

응용 조사의 목적은 인간의 상황을 개선하는 데 있다. 특히 응용 조사의 목적은 결정을 내리는 데 즉시 사용할 수 있는 지식을 얻는 데 있다(DeCarlo, 2018; Lawrence Berkeley National Laboratory, 2023; Yegidis, Weinbach & Myers, 2018).

사회복지에서는 현실적 문제를 해결하는 데 관심을 가지는 경우가 많다. 따라서 사회복지 분야의 많은 조사는 응용 조사에 속하고 있다.

유레카(eureka, 알았다(찾았다)는 의미)라는 유명한 말을 남긴 아르키메데스(Archimedes)의 고향에 있는 동상(아르키메데스는 순수 과학과 응용 과학 모두에 관심을 가짐)

기초 조사에서는 전문적 지식 수준을 높이려 하고, 응용 조사에서는 현실적 문제를 해결하려고 한다.

[출처 : 이탈리아(시칠리아의 시라쿠사)에서 저자 촬영]

(3) 고려할 점

기초 조사 및 응용 조사와 관련해서는 다음과 같은 측면을 고려할 필요가 있다(Yegidis, Weinbach & Myers, 2018).

① 언뜻 보기에 응용 조사가 더 의미가 있을 수 있다. 예를 들어, 응용 조사의 결과가 더 실제로 사용할 수 있는 것처럼 보일 수 있고, 또한 사회복지 서비스를 제대로 제공하는 것과 더 관련이 있는 것처럼 보일 수 있다. 그러나 응용 조사가 기초 조사보다 원래부터 더 가치가 있거나 더 쓸모가 있는 것은 아니다. 왜냐하면 기초 조사를 통해서 얻어진 지식을 사용할 때에만, 과학적 사실에 근거한 사회복지 서비스를 더 성공적으

로 제공할 수 있기 때문이다. 따라서 기초 조사의 결과는 사회복지 서비스를 제공하는 데 직접·간접적으로 도움을 줄 수 있다.

② 어떤 조사는 응용 조사와 기초 조사 중에서 어디에 속하는지를 깔끔하게 구분하기 어려울 수 있다. 이런 상황을 몇 가지 예로 들면 다음과 같다.

㉠ 일부 기초 조사에서는 사회복지 서비스와 관련된 결정을 내리는 데 즉시 사용할 수 있는 결과를 제시한다.

㉡ 일부 응용 조사에서는 전문적 지식을 쌓는 데 크게 도움을 주는 지식을 제시한다.

㉢ 일부 조사는 기초 조사의 측면과 응용 조사의 측면을 모두 지닌다.

이런 탓에, 모든 조사가 기초 조사나 응용 조사의 하나에만 속한다고 볼 수는 없다.

3) 조사의 구체적 목적에 따른 분류

조사의 목적은 다양하다. 그러나 조사의 형태는 조사의 구체적 목적에 따라 크게 탐색적(exploratory) 조사, 기술적(descriptive) 조사, 설명적(explanatory) 조사로 분류할 수 있다.

(1) 탐색적 조사

'탐색한다(explore)'는 것은 어떤 것을 더 알기 위해서 연구하거나 경험한다는 의미를 담고 있다(Merriam-Webster Dictionary, 2023). 따라서 탐색적 조사는 어떤 것을 더 알기 위해서 새롭게 살펴보는 조사를 말한다.

탐색적 조사는 주제에 관해 알려진 것이 매우 적을 때 하고 있다. 조사하려는 주제에 관해 많이 알지 못하는 상황은 질적 조사에서 자주 나타나고 있다. 하지만 탐색적 조사에서는 양적 방법을 사용할 수도 있고, 질적 방법을 사용할 수도 있다(Yegidis, Weinbach & Myers, 2018; DeCarlo, 2018).

사회적 지지와 지역사회 사회자본이 미취학 아동의 자기효능감에 미치는 영향에 관한 탐색적 연구

노병일 · 심희숙*

어린 아동의 자기효능감을 탐색적으로 조사한 논문

탐색적 조사는 주제에 관해 알려진 것이 매우 적을 때 한다. [출처 : 논문을 캡쳐]

(2) 기술적 조사

'기술한다(describe)'는 것은 사람이나 사물이 어떤지에 관해 제시한다는 의미를 담고 있다(Cambridge Dictionary, 2023). 따라서 기술적 조사는 어떤 현상이나 사례를 자세히 제시하는 조사를 말한다. 이런 탓에, 기술적 조사에서는 상황이나 사건을 자세히 보여주려고 하고 있다.

양적 접근방식을 취하는 기술적 조사에서는[30] 변수가 분포된 것을 더 잘 파악하는 데 주목하고 있다. 그러나 양적 접근방식을 취하는 기술적 조사에서는 변수가 다른 변수에 영향을 미치는 측면에 관해서는 주목하지 않고 있다. 따라서 기술적 조사에서는 변수들 사이의 인과관계를[31] 따져볼 수 없다(DeCarlo, 2018; Yegidis, Weinbach & Myers, 2018).

30) 양적 접근방식을 취하는 조사(양적 조사)에 관해서는 뒤에서 설명한다.

31) 인과관계는 원인과 결과 사이의 관계를 말한다. 인과관계에 관해서는 인과관계를 다루는 장(제7장)에서 자세히 설명한다.

(3) 설명적 조사

'설명한다(explain)'는 것은 어떤 것의 원인을 제시한다는 의미를 담고 있다(Merriam-Webster Dictionary, 2023). 따라서 설명적 조사는 어떤 것의 원인과 결과를 제시하는 조사를 말한다.

설명적 조사에서는 변수들 사이의 인과관계를 밝히려 하고 있다. 따라서 양적 접근방식을 취하는 설명적 조사에서는 변수들 사이의 가능한 관계를 증명하기 위해서 가설을 검증하고 있다.

설명적 조사를 할 경우, 문제의 원인이 될 수 있는 것에 관해 더 확실하게 알 수 있다. 그리고 설명적 조사를 할 경우, 해당 문제를 줄이거나 예방하는 데 어떤 개입방법이 효과적인지에 관해 더 확실하게 알 수 있다(DeCarlo, 2018; Yegidis, Weinbach & Myers, 2018).

(4) 고려할 점

조사할 때는 한 가지 형태의 조사만 하는 것은 아니다. 따라서 조사가 두 가지 이상의 형태를 지니는 경우도 많다.

실제로, 많은 조사에서는 기술적 목적을 지니는 조사와 설명적 목적을 지니는 조사를 함께 하고 있다. 예를 들어, '정신장애인의 삶의 만족도에 영향을 미치는 개인 · 가족 · 기관 요인'을 다루는 조사는 제목으로 보면 '설명적' 조사의 성격을 지니고 있다(김소영 · 노병일, 2018). 그러나 이런 조사에서는 정신장애인의 삶과 어려움에 관한 실태 등도 조사하고 있다. 따라서 이런 조사는 '기술적' 조사의 성격도 지니고 있다.

4) 사용하는 조사방법에 따른 분류

조사의 형태는 사용하는 조사방법에 따라 양적(quantitative) 조사와 질적(qualitative) 조사로 분류할 수 있다. 양적 조사와 질적 조사는 조사방법뿐만 아니라, 수집하는 자료의 특성, 사용하는 분석방법 등에서도 서로 차이가 나고 있다(Yegidis, Weinbach & Myers, 2018; DeCarlo, 2018).

(1) 양적 조사

양적 조사는 수와 관련된 자료를 사용하는 조사를 말한다. 구체적으로 양적 조사는 정확하고 객관적이고 일반화할 수 있는 결과를 얻는 측면을 강조하는 조사를 말한다. 또한 양적 조사에서는 결론을 이끌기 위해서 연역법을 사용하는 경우가 많다. 그리고 양적 조사에서는 통계 분석한 결과에 근거해서 일반화하는 데 관심을 가지는 경우가 많다(DeCarlo, 2018; Members of the Research Methods Seminar, 2023; Rubin & Babbie, 2015; Mathers, Fox & Hunn, 2009; Institute of Education Sciences, 2023; Yegidis, Weinbach & Myers, 2018).

일반적 특성과 개인 · 가족 · 기관 요인을 독립변수로 한 다중회귀분석

		비표준화 계수		표준화 계수	t	VIF
		B	표준오차	β		
상수		.089	.225	-	.398	-
성(남성=1)		.000	.050	.000	-.006	1.112
연령		.002	.002	.030	.834	1.203
학력		-.031	.025	-.046	-1.264	1.228
결혼상태(배우자 없음=1)		.014	.066	.008	.212	1.285
월수입		.022	.015	.054	1.460	1.256
유병기간		.005	.020	.009	.237	1.362
입원횟수		-.004	.015	-.009	-.250	1.219
개인 요인	자아존중감	.063	.055	.046	1.146	1.492
	자기효능감	.007	.037	.008	.191	1.611
가족 요인	가족관계	.169	.044	.167	3.841***	1.727
기관 요인	여가활동	.465	.030	.620	15.594***	1.435
	사회적 지지	.222	.032	.285	6.839***	1.578
R		.891				
R^2		.794				
F		60.121***				

*** p<.001

회귀분석이라는 고급 통계기법을 사용한 조사 결과(일부)

양적 조사에서는 통계 분석 결과에 근거해서 일반화하는 데 관심을 가진다.

[출처 : 김소영 · 노병일(2018)]

양적 조사는 어떤 형태의 지식을 얻는 데 매우 쓸모가 있다. 그러나 양적 조사는 주관적 현상을 연구하는 데에는 적합하지 않을 수 있다. 예를 들어, 양적 조사를 통해서, 아동이 학대를 겪는 실태에 관해 비교적 정확한 정보를 얻을 수 있다. 그러나 양적 조사를 통해서는, 학대를 겪는 아동이 자신의 학대 경험을 어떻게 인식하고 있는지를 자세히 알 수 없다.

한편, 때에 따라서는 양적 조사를 ‘경험적(empirical) 조사’라고도 부르고 있다. 그러나 양적 조사만이 과학적 방법을 사용하거나, 경험주의의 측면을 지니는 것은 아니다. 양적 조사에서 사용하는 주요한 방법으로 설문조사와 실험이 있다(Yegidis, Weinbach & Myers, 2018; DeCarlo, 2018).[32)]

(2) 질적 조사[33)]

질적 조사는 수와 관련된 자료보다는 상황을 고려한 자료를 사용하는 조사를 말한다. 따라서 질적 조사에서는 자연스러운 상황에서의 사례에 주목하고 있다. 이렇게 함으로써, 질적 조사에서는 실제로 경험하는 사람의 관점에서 경험을 이해하려 하고 있다(DeCarlo, 2018; Members of the Research Methods Seminar, 2023; Institute of Education Sciences, 2023; Yegidis, Weinbach & Myers, 2018).

예를 들어, 질적 조사에서는 개인이 사건을 어떻게 경험하거나 어떻게 인식하는지를 살펴보고 있다. 이렇게 함으로써, 질적 조사에서는 사례의 바탕에 깔린 의미를 깊이 있게 이해하는 데 관심을 가지고 있다. 이런 탓에, 질적 조사에서는 ‘주관적(subjective)’ 측면, ‘상대적(relative)’ 측면, ‘맥락적(contextual)’ 측면을 강조하고 있다(Institute of Education Sciences, 2023; Yegidis, Weinbach & Myers, 2018).

질적 조사에서는 많은 양의 자료를 수집하고 분류하고 해석하는 경우가 많다. 그리고 질적 조사에서는 귀납법을 사용하는 경우가 많다(Yegidis, Weinbach & Myers, 2018).

(3) 고려할 점

양적 조사와 질적 조사는 분명히 서로 차이가 나고 있다. 그러나 양적 조사와 질적 조사는 목적과 장점과 단점에서 서로 차이가 날 뿐이다. 따라서 사회과학에서는 양적 조사와 질적 조사를 모두 사용하고 있다. 양적 조사와 질적 조사는 서로를 보완하는 경우가 많다(DeCarlo, 2018).

32) 설문조사와 실험에 관해서는 설문조사를 다루는 장(제9장)과 실험을 다루는 장(제8장)에서 자세히 설명한다.

33) 질적 조사에 관해서는 질적 조사를 다루는 장(제12장)에서 자세히 설명한다.

• **혼합방법**

조사에서는 양적 조사방법과 질적 조사방법을 함께 사용하기도 한다. 이런 방법을 혼합방법(mixed method)이라고 부르고 있다. 일반적으로 혼합방법은 한 연구에서 조사자가 양적 자료와 질적 자료를 모두 수집하고 분석하는 접근방식을 말한다(Shorten & Smith, 2017).[34]

5) 시간 차원에 따른 분류

조사의 형태는 시간 차원에 따라 횡단적(cross-sectional) 조사와 종단적(longitudinal) 조사로 분류할 수 있다. 즉, 조사의 형태는 조사하는 시간의 길이에 따라서 분류할 수 있다.

(1) 횡단적 조사

횡단적 조사는 시간상의 한 시점에서 살펴보는 조사를 말한다. 즉, 횡단적 조사는 시간에 걸쳐 한 차례만 자료를 수집하는 조사를 말한다(Rubin, 2020; Yegidis, Weinbach & Myers, 2018; Rubin & Babbie, 2015).

횡단적 조사에서는 특정한 변수가 분포된 것을 제시할 수 있다. 예를 들어, 횡단적 조사에서는 아동학대의 현황에 관해 제시할 수 있다. 또한 횡단적 조사에서는 변수들 사이의 관계에 관한 가설을 검증할 수 있다. 예를 들어, 횡단적 조사에서는 성별과 아동학대를 하는 횟수 사이에 관련이 있는지를 조사할 수 있다.

(2) 종단적 조사

(가) 종단적 조사의 정의와 특징

종단적 조사는 주요한 변수를 시간에 걸쳐서 두 차례 이상 살펴보는 조사를 말한다. 즉, 종단적 조사는 시간에 걸쳐서 여러 차례 자료를 수집하는 조사를 말한다.

34) 혼합방법에 관해서는 질적 조사를 다루는 장(제12장)에서 자세히 설명한다.

대부분의 종단적 조사에서는 변화하는 것을 오랜 시간에 걸쳐서 파악하려 하고 있다. 특히, 종단적 조사에서는 언제 변화하였는지를 파악하려 하고 있고, 또한 어떤 현상이 이런 변화와 관련이 있는지를 파악하려 하고 있다(Rubin, 2020; Rubin & Babbie, 2015; Yegidis, Weinbach & Myers, 2018).

종단적 조사는 며칠 동안 할 수도 있고, 몇 주 동안 할 수도 있다. 그러나 종단적 조사는 몇 년에 걸쳐서 하는 경우가 더 많다(Yegidis, Weinbach & Myers, 2018).

종단적 조사는 인과관계를 파악하는 데 유리하다는 장점을 지니고 있다. 그러나 종단적 조사는 비용이 많이 든다는 단점을 지니고 있다.

(나) 종단적 조사의 형태

종단적 조사의 형태는 경향(추이, trend) 조사, 코호트(cohort) 조사, 패널(panel) 조사로 더 분류할 수 있다. 각각의 형태는 조사대상자를 선정하는 방식에서 서로 차이가 나고 있다.

(a) 경향 조사

경향 조사는 어떤 집단의 특정한 특성을 시간에 걸쳐서 살펴보는 조사를 말한다. 따라서 경향 조사의 경우, 시간에 따라 변하는 경향이 있는 조사대상자들을 시간상 서로 다른 시점에서 표본으로 선정하고 있다(Rubin & Babbie, 2015; Yegidis, Weinbach & Myers, 2018).

경향 조사의 예로, 고등학교 학생을 매년 무작위로 추출해서 학교만족도를 조사하는 것이 있다. 이때 일부 학생은 2년 이상 표본으로 선정될 수도 있지만, 표본의 구성은 매년 달라진다. 이 경우, 학교만족도에 대한 전체적인 경향을 파악할 수 있게 된다.

(b) 코호트 조사

코호트 조사는 코호트를 대상으로 오랜 기간에 걸쳐 조사하는 것을 말한다. 코호트는 인구적 특성이 같거나 비슷한 사람들의 집단을 말한다. 따라서 구체적으로 코호트 조사는 일부 특정한 집단을 시간에 걸쳐서 살펴보는 조사를 말한다. 코호트 조사의 경우, 조사대상자 집단은 변하지 않지만, 조사대상자로 선정된 구체적 사례는 자료를 수집하는 단계에 따라 차이가 나고 있다(Rubin, 2020; Rubin & Babbie, 2015; Bell, 2023; Yegidis, Weinbach & Myers, 2018).

코호트 조사의 예로, 특정한 해에 입학한 학생들(예컨대, ○○학번 학생들)의 직업 상태를 살펴보기 위해서 5년마다 이들을 대상으로 설문조사를 하는 것이 있다.

코호트 조사 안내문

코호트 조사는 코호트를 대상으로 오랜 기간에 걸쳐 조사하는 것이다. [출처 : 안내문을 저자 촬영]

(c) 패널 조사

패널 조사는 동일한 대상자를 시간에 걸쳐서 살펴보는 조사를 말한다. 즉, 패널 조사는 동일한 표본에 대해서 시간상 여러 차례에 걸쳐서 자료를 수집하는 조사를 말한다(Rubin, 2020; Rubin & Babbie, 2015; Yegidis, Weinbach & Myers, 2018).

패널 조사의 예로, 동일한 청소년들을 대상으로 시간에 걸쳐서 학교만족도에 관해 살펴보는 것이 있다.

• 종단적 조사의 예

종단적 조사의 좋은 예로 큐블러 로스(Kübler-Ross)와 그의 제자들이 수십 년에 걸쳐서 많은 말기 환자들을 조사한 것이 있다. 이 학자들은 죽음의 과정에서 나타날 수 있는 다섯 단계를 파악해 자세히 설명한 바 있다.

이에 따라서, 말기 환자를 대상으로 활동하는 전문가는 말기 환자의 행동에 관해 더 잘 알 수 있게 되었다. 그 결과, 이런 전문가는 말기 환자를 더 잘 도울 수 있게 되었다(Yegidis, Weinbach & Myers, 2018).

POINT

* 기초 조사는 전문적 지식을 얻고자 하는 조사이다. 응용 조사는 현실적 문제를 해결하고자 하는 조사이다.
* 탐색적 조사는 어떤 것을 새롭게 살펴보는 조사이다. 기술적 조사는 어떤 현상이나 사례를 자세히 제시하는 조사이다. 설명적 조사는 어떤 것의 원인과 결과를 제시하는 조사이다.
* 양적 조사는 수와 관련된 자료를 사용하는 조사이다. 질적 조사는 상황을 고려한 자료를 사용하는 조사이다. 혼합방법은 한 연구에서 양적 자료와 질적 자료를 모두 수집하고 분석하는 접근방식이다.
* 횡단적 조사는 시간상의 한 시점에서 측정하는 조사이다. 종단적 조사는 시간에 걸쳐서 여러 차례 자료를 수집하는 조사이다. 경향 조사는 어떤 집단의 특정한 특성을 시간에 걸쳐서 살펴보는 조사이다. 코호트 조사는 일부 특정한 집단을 시간에 걸쳐서 살펴보는 조사이다. 패널 조사는 동일한 대상자를 시간에 걸쳐서 살펴보는 조사이다.

2. 조사의 단계[35)]

1) 조사의 일반적 단계

조사하는 과정에서는 여러 단계를 거치고 있다. 일반적으로 양적 조사에서는 연구문제의 제시, 조사설계, 자료의 수집, 자료의 분석, 조사 결과의 해석 순으로 진행하는 경우가 많다.

35) 양적 조사를 하는 경우가 질적 조사를 하는 경우보다 훨씬 더 많으므로, 여기에서는 양적 조사를 중심으로 설명한다.

(1) 연구문제의 제시

조사의 첫 번째 단계는 조사하려는 주제를 파악하고 연구문제를 제시하는 단계이다. 이 단계에서는 조사하려는 주제를 파악하고,[36] 이에 근거해 연구문제를 제시하고 있다.

구체적으로 이 단계에서는 조사하려는 주제와 관련된 문제가 심각한 정도, 문제가 미치는 결과, 문제의 상황을 구체적으로 분명히 제시하고 있다. 그러고 나서 조사에서 주목할 연구문제를 제시하고 있다(Yegidis, Weinbach & Myers, 2018).

> • **연구문제**
>
> 조사 주제를 간단하고 잘 제시하는 것은 중요하다. 그러나 조사 주제는 너무 범위가 넓어서, 조사할 주제를 더 좁힐 필요가 있다. 따라서 조사 주제를 정한 다음에, 조사자는 한 연구에서 다룰 수 있게끔 조사 주제와 관련된 '연구문제(research question)'를 정하는 경우가 많다.
>
> 최종적으로 정한 연구문제는 조사자가 조사를 잘 진행하는 데 도움을 주고 있다. 연구문제는 의문문으로 표현하고 있다(Yegidis, Weinbach & Myers, 2018; Rubin & Babbie, 2015).

(2) 조사설계

조사의 두 번째 단계는 조사를 설계(design)하는 단계이다. 이 단계에서는 조사에 대한 전체적인 계획을 짜고 있다.

일반적으로 조사설계(research design)는 연구문제에 관한 답을 찾고 가설을 검증하기 위한 계획을 말한다. 따라서 이 단계에서는, 연구문제에 어떻게 답하고 가설을 어떻게 검증할 것인가에 관해 여러 가지를 결정하고 있다. 이 단계에서 하는 활동을 구체적으로 제시하면 다음과 같다(Yegidis, Weinbach & Myers, 2018).

① 주요한 용어를 선정하거나, 주요한 용어에 대해 구체적으로 정의한다.

② 조사할 대상자나 사례를 구체적으로 정한다.

③ 대상자나 사례 전체를 조사하는 것이 아닌 경우, 표본을 선정하는 방법을 정한다.

36) 조사 주제에 관해서는 뒤에서 자세히 설명한다.

④ 측정할 변수를 파악하고 정의한다.
⑤ 변수를 어떻게 측정할 것인지를 정한다.
⑥ 변수를 측정할 도구를 정한다.
⑦ 자료를 수집하는 방법을 정한다.
⑧ 자료를 분석하는 방법을 정한다.

• **문헌 검토**

조사설계 단계는 문헌을 검토한 결과에 근거하는 경우가 많다. 문헌을 검토하는 과정에서는, 관련 지식의 현황을 살펴보고 이것을 논리적으로 정리하고 있다.

문헌을 검토하는 목적은 다음과 관련된 정보를 얻는 데 있다(Yegidis, Weinbach & Myers, 2018).

① 조사하는 주제와 관련해 그동안 알려진 것을 파악한다.
② 연구문제를 더 자세하게 제시한다.
③ 현재의 조사를 하는 데 적절한 조사방법을 정한다.

(3) 자료의 수집

조사의 세 번째 단계는 자료를 수집하는 단계이다. 이 단계에서는 미리 결정한 방법에 따라서 자료를 수집하고 있다.

(4) 자료의 분석

조사의 네 번째 단계는 자료를 분석하는 단계이다. 이 단계에서는 자료를 정리하고, 적절한 통계 방법을 사용해 분석하고 있다. 그리고 가설을 제시하였을 경우, 가설을 받아들일 수 있는지를 알기 위해서 통계 방법을 사용해 살펴보고 있다.

(5) 조사 결과의 해석

조사의 다섯 번째 단계는 조사 결과를 해석하는 단계이다. 이 단계에서는 연구문제 및 가설과 관련해 결론을 내리기 위해서, 자료를 분석한 결과를 살펴보고 있다. 이 경우, 조사 결과를 다른 관련된 연구의 결과와 관련시키면서 살펴보고 있다.

2) 고려할 점

조사할 때 거치는 단계가 몇 단계인지는 학자에 따라 크게 차이가 나고 있다. 어떤 학자는 조사의 단계로 10개가 넘는 단계를 제시하기도 한다.

그러나 조사의 단계를 매우 많은 단계로 제시하거나 매우 복잡하게 제시하는 경우에도, 조사를 진행하는 전체적인 흐름은 기본적으로 같거나 거의 비슷하다. 따라서 조사하는 과정에서 중요한 것은, 조사의 전체적인 흐름을 따라서 조사를 진행하는 것이다.

다만, 양적 조사의 단계와 질적 조사의 단계는 서로 차이가 나고 있다.

POINT

* 일반적으로 양적 조사에서는 연구문제의 제시, 조사설계, 자료의 수집, 자료의 분석, 조사 결과의 해석 순으로 진행한다.
* 조사하는 과정에서 중요한 것은 전체적 흐름을 따라 조사를 진행하는 것이다.

3. 조사 주제[37)]

1) 조사 주제 제시의 중요성

조사하는 단계에서 처음에 하는 작업은 조사 주제를 구체적으로 제시하는 것이다. 조사 주제는 조사하는 과정 전체에 영향을 미치고 있다. 예를 들어, 조사 주제에 따라서 조사방법이 달라질 수 있다.

37) 조사에서는 조사 주제를 '조사문제(research problem)'라고 부르는 경우가 많다. 그러나 쉽게 이해하기 위해서, 여기에서는 '조사 주제'라는 표현을 사용한다.

2) 조사 주제의 출처

조사 주제를 정하는 데 도움을 줄 수 있는 출처에는 여러 가지가 있다. 조사 주제를 정하는 데 도움을 줄 수 있는 출처를 몇 가지 제시하면 다음과 같다(Yegidis, Weinbach & Myers, 2018).

① 조사자의 경험을 통해서 조사 주제를 정할 수 있다. 조사 주제는 조사자가 전문적으로 활동하면서 경험하는 문제와 관련될 수 있다. 예를 들어, 조사자는 발달장애인의 어떤 문제를 해결하기 위해 가장 잘 개입하는 방법에 관해 찾아보았으나, 이에 관한 지식이 없다는 사실을 알게 될 수 있다. 이때, 해당 지식이 없는 분야는 조사자에게 조사 주제가 될 수 있다.
② 다른 사람과 교류하는 과정에서 조사 주제를 정할 수 있다. 예를 들어, 어떤 클라이언트가 조사자에게 클라이언트 자신에게 새롭게 나타난 현상이나 행동에 관해 이야기할 수 있다. 이때, 이런 새로운 현상이나 행동에 관한 것은 조사자에게 조사 주제가 될 수 있다.
③ 일상적인 대화를 하다가 조사 주제를 정할 수 있다. 예를 들어, 동료들은 서로 편하게 이야기하다가, 어떤 서비스를 효과적으로 제공할 수 있는 정보를 찾을 수 없으므로 똑같은 어려움을 겪고 있음을 알게 될 수 있다. 이때, 이런 정보가 없는 주제는 조사자에게 조사 주제가 될 수 있다.

3) 조사 주제가 중요한 정도

지식이 부족한 모든 주제가 사회복지조사에 똑같이 중요한 것도 아니고, 또한 똑같이 적절한 것도 아니다. 그러나 지식이 부족한 어떤 주제는 관심을 더 가져야 하는 주제가 될 수 있다(Yegidis, Weinbach & Myers, 2018). 따라서 조사자는 자신이 관심을 가지는 여러 가지 주제 중에서, 어떤 주제를 먼저 다루어야 하는지를 따져볼 필요가 있다.

어떤 주제를 먼저 다루어야 하는지를 판단하기 위한 기준에는 여러 가지가 있을 수 있다. 해당 조사 주제가 우선적으로 더 관심을 가져야 주제인지를 판단하는 데 도움을 주는 지침을 몇 가지 제시하면 다음과 같다(Yegidis, Weinbach & Myers, 2018).

① 조사하려는 주제가 진짜로 중요한 주제인지를 따져본다. 조사하려는 주제가 진짜로 중요한지를 따져보는 것은, 조사를 후원하는 기관에 정식으로 제안서를 만들어서 제출할 때 특히 중요하다.

② 조사하려는 주제에 관한 지식이 충분히 이미 존재하는지를 따져본다. 어떤 주제는 사회복지가 아닌 분야의 사람들이 체계적으로 연구해 왔다. 따라서 조사 주제가 될 수 있는지를 알기 위해서는, 사회복지 분야와 기타 관련된 분야에서 그동안 연구한 것을 체계적으로 검토할 필요가 있다.

③ 조사하려는 주제에 관한 조사를 사회복지 분야보다는 다른 분야에서 하는 것이 더 적절한지를 따져본다. 어떤 주제는 조사 주제가 될 수 있지만, 사회복지가 아닌 다른 분야에서 조사하는 것이 더 나을 수도 있다. 예를 들어, 자살이 장기적으로 미치는 심리적 영향에 관한 조사는 사회복지 분야보다는 심리학 분야에서 하는 것이 더 나을 수도 있다.

④ 조사 결과와 조사에서 제언한 것을 실제로 사용할 수 있는지를 따져본다. 조사 결과나 제언을 실제로 적용할 가능성이 적은 주제는 크게 쓸모가 없다고 볼 수 있다.

⑤ 조사하려는 주제에 조사자가 충분히 흥미를 느끼고 있는지를 따져본다. 조사하는 과정은 힘들고, 어떤 작업은 매우 지루할 수도 있다. 따라서 조사자가 조사 주제에 흥미를 느끼는 것은 중요하다.

⑥ 조사에 필요한 자원과 관련해 어려움은 없는지를 따져본다. 일부 주제에 관해 조사할 때는 많은 자원이 필요할 수 있다. 따라서 이런 주제에 관해서 조사하지 못할 수도 있다. 자원과 관련해 실질적으로 조사할 수 있는지를 결정할 경우, 다음과 같은 측면을 고려할 필요가 있다.

㉠ 조사하려는 주제의 범위가 너무 넓지 않은지를 따져본다. 일부 주제는 범위가 너무 넓어서 하나의 조사에서 관리하기가 매우 어려울 수 있다. 이때에는 이런 주제의 일부만 조사하는 것이 나을 수 있다.

㉡ 필요한 측정을 제대로 할 수 있는지를 따져본다. 예를 들어, 태도나 가치에 관한 것은 행동에 관한 것보다 측정하기가 더 어려울 수 있다.

㉢ 조사자가 해당 주제를 조사하는 데 필요한 기법과 전문 지식을 지니고 있는지를 따져본다. 조사자가 해당 주제를 조사하는 데 필요한 기법과 전문 지식을 지니고 있지 않을 때는 조사하지 못할 수도 있다.

㉣ 필요한 자료를 실제로 이용할 수 있는지를 따져본다. 어떤 주제는 조사하기 좋은 주제이지만, 자료를 구할 수 없으므로 조사하지 못할 수도 있다. 예를 들어, 어떤 자료는 공개하는 것이 법으로 금지되어 있을 수 있다. 이 경우에는, 해당 주제를 조사하고 싶어도 조사할 수 없다.

POINT

* 조사 주제는 조사하는 과정 전체에 영향을 미친다.
* 조사 주제를 정하는 데 도움을 줄 수 있는 출처에는 여러 가지가 있다.
* 조사자는 어떤 주제를 먼저 다루어야 하는지를 따져볼 필요가 있다.

4. 분석의 수준

조사에서는 분석하는 수준을 고려하여야 한다. 분석 수준과 관련되는 것으로 분석단위(unit of analysis), 생태학적 오류(ecological fallacy), 환원주의(reductionism)가 있다.

1) 분석단위

(1) 분석단위의 중요성과 정의

조사하는 대상의 단위를 정하는 것은, 조사자가 처음에 하여야 하는 작업에 속하고 있다. 따라서 분석의 수준과 우선적으로 관련되는 것은 조사에서 분석하는 단위인데, 이것을 분석단위라고 부르고 있다. 분석단위는 조사자가 자료를 수집하기 위한 사람이나 대상을 말한다(Kumar, 2018; Yegidis, Weinbach & Myers, 2018; Rubin & Babbie, 2015).

(2) 분석단위의 형태

(가) 일반적 형태

분석단위에는 여러 가지가 있다. 사회복지조사에서는 사실상 모든 대상이 분석단위가 될 수 있다.

사회복지조사에서는 개인이 분석단위가 되는 경우가 많다(Kumar, 2018; Rubin & Babbie, 2015). 예를 들어, 청소년을 대상으로 학교폭력 실태를 조사할 경우, 분석단위는 개인(청소년)이 된다.

그러나 개인 이외의 대상도 분석단위가 될 수 있다. 예를 들어, 동네의 소득 수준이 주민의 정신건강에 미치는 영향을 조사할 경우, 분석단위는 동네가 된다. 실제로 일부 연구에서는 동네 단위의 소득이 주민의 정신건강에 영향을 미치는 것으로 나타난 바 있다(노병일 · 곽현근, 2003; 노병일 · 곽현근, 2005).

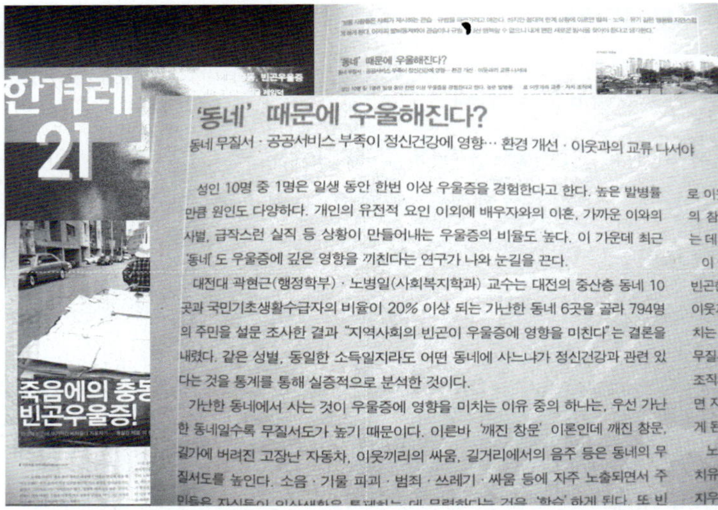

동네의 빈곤이 정신건강에 미치는 영향을 소개한 기사

개인 이외의 대상도 분석단위가 될 수 있다. [출처 : 『한겨레21』의 표지와 기사를 캡처]

이외에 가족, 집단, 조직, 도시, 국가 등 대부분 대상이 조사에서 분석단위가 될 수 있다.

(나) 사회적 산물

사회적 산물(social artifact)도 분석단위가 될 수 있다. 사회적 산물은 인간이 사회에서 만든 것이나 인간의 행동을 말한다. 구체적으로 사회적 산물은 특별하게 표현하거나 해석하거나 목표를 달성하기 위해서 사용하는 물건, 표현, 모임, 제도, 지식 등과 같은 것을 말한다(Babbie, 2020; IGI Global, 2023). 따라서 사회적 산물은 매우 다양하다. 사회적 산물의 예로 책, 소설, 시, 사진, 영화, 건물, 장식물, 사람들의 대화, 마을 축제, 결혼식이 있다.

2) 생태학적 오류

집단을 분석단위로 하는 조사에서 나타난 결과를 개인에게 적용하지 말아야 한다. 이와 관련된 잘못을 생태학적 오류라고 부르고 있다.

생태학적 오류는 집단을 조사한 것에만 근거해 개인에 관해 결론을 내리는 잘못을 말한다(Rubin & Babbie, 2015; Yegidis, Weinbach & Myers, 2018; Kumar, 2018).

3) 환원주의

조사자가 복잡한 현실을 단순하게 설명하고자 할 때 환원주의가 나타날 수 있다. 환원주의는 복잡한 현상을 하나의 좁은 개념이나 몇 가지 개념의 측면에서만 파악하고 설명하는 것을 말한다. 즉, 환원주의는 조사하고 있는 현상과 관련된다고 생각되는 개념의 종류를 크게 제약하는 것을 말한다(Kumar, 2018; Rubin & Babbie, 2015).

조사자는 자신의 전문 분야와 관련된 요인에만 주목할 가능성이 크다. 예를 들어, 빈곤문제를 조사하는 데 있어 심리학자는 심리학적 요인에만 주목하고, 사회학자는 사회학적 요인에만 주목하고, 경제학자는 경제학적 요인에만 주목할 가능성이 크다. 이렇게 될 경우, 각 조사자는 빈곤문제의 전체적 모습을 보기가 어렵게 된다. 이런 탓에, 각각을 심리적 환원주의, 사회적 환원주의, 경제적 환원주의라고 부를 수 있다.[38]

POINT

* 분석단위는 자료를 수집하기 위한 사람이나 대상이다. 대부분의 대상은 분석단위가 될 수 있다.
* 사회적 산물은 특별하게 표현하거나 해석하거나 목표를 달성하기 위해서 사용하는 물건, 표현, 모임, 제도, 지식 등이다.
* 생태학적 오류는 집단을 조사한 것에만 근거해 개인에 관해 결론을 내리는 것이다. 환원주의는 조사하는 현상과 관련된다고 생각되는 개념의 종류를 크게 제약하는 것이다.

38) 환원주의의 영어 표현은 reductionism이고, 이와 관련된 동사는 reduce이다. reduce는 줄인다는 의미를 지니고 있다. 따라서 환원주의는 여러 가지 요인을 몇 가지 요인으로 줄인다는 의미를 담고 있다.

5. 자료수집 방법

1) 조사와 자료수집 방법

조사는 관련되는 분야에서 자료를 수집하는 과정이라고 볼 수 있다. 따라서 사회복지조사는 사회복지와 관련된 자료를 수집하는 과정이라고 볼 수 있다.

조사를 통해 자료를 수집하는 방법에는 여러 가지가 있다. 어떤 조사에서는 자료를 수집하기 위해 한 가지 방법만 필요할 수 있다. 그러나 어떤 조사에서는 자료를 수집하기 위해 여러 가지 방법이 필요할 수 있다. 따라서 자료를 수집하기 위해서, 한 가지 방법만 사용할 수도 있고 여러 가지 방법을 함께 사용할 수도 있다.

자료를 수집하는 각 방법은 나름의 장점과 단점을 지니고 있다. 이런 탓에, 특정한 방법이 자료를 수집하는 데 가장 좋은 방법이라고 주장할 수는 없다. 하지만 자료를 수집하는 일부 방법은 일부 형태의 조사에 더 적절할 수 있다(Yegidis, Weinbach & Myers, 2018; DeCarlo, 2018). 예를 들어, 어떤 자료수집 방법은 질적 조사보다는 양적 조사에 더 적절하고, 설명적 조사보다는 탐색적 조사에 더 적절할 수 있다.

2) 자료를 수집하는 일반적 방법

자료를 수집하는 방법에는 여러 가지가 있다. 그러나 일부 방법은 자료를 수집하기 위해 더 자주 사용하고 있다. 조사를 통해 자료를 수집하는 일반적 방법을 몇 가지 제시하면 다음과 같다(Yegidis, Weinbach & Myers, 2018).[39]

① 조사자는 자료를 직접 수집할 수 있다. 조사자가 자료를 직접 수집하는 예로 면접을 통해 자료를 수집하는 것, 설문조사를 통해 자료를 수집하는 것이 있다. 면접을 통한 자료수집은 조사대상자와 직접 만나서 질문하고 답하는 것을 말한다. 그리고 설문조사는 설문지를[40] 사용하는 것

39) 각 자료수집 방법에 관해서는 이 책의 여러 곳에서 자세히 설명한다.

40) 설문지에 관해서는 설문조사를 다루는 장(제9장)에서 자세히 설명한다.

을 말한다. 설문조사는 조사대상자와 직접 만나서 할 수도 있고, 우편이나 전화나 인터넷과 같은 것을 통해서 할 수도 있다.

② 조사자는 조사대상자를 체계적으로 관찰함으로써 자료를 수집할 수 있다.

③ 조사자는 2차 자료를 분석함으로써 자료를 수집할 수 있다.[41] 2차 자료는 다른 목적을 위해 이전에 수집한 자료를 말한다. 2차 자료의 예로 전체 국민을 대상으로 실시한 인구조사의 자료가 있다.

자료수집 방법에는 위에서 제시한 방법 이외에도 여러 가지가 있다.

POINT

* 각 자료수집 방법은 장점과 단점이 있다.
* 일부 방법은 자료수집을 위해 더 자주 사용한다.

41) 2차 자료 분석에 관해서는 2차 자료 분석을 다루는 장(제10장)에서 자세히 설명한다.

PART

02

측정과 표집

제4장 측 정

제5장 측정의 타당도와 신뢰도

제6장 표집(표본추출)

CHAPTER 04

측 정

차례 CONTENTS

1. 측정의 정의와 특징 및 중요성

1) 측정의 정의와 특징

사회복지조사를 하기 위해서는 추상적 개념을 실제로 관찰할 수 있는 것으로 바꾸는 작업이 필요한데, 이와 관련된 작업이 측정(measurement)이다. 일반적으로 조사에서 측정은 정보를 일관성 있고 체계적인 방식으로 분류하고, 가능하다면 정보를 계량화하는[42] 과정을 말한다. 구체적으로, 사회복지조사에서 측정은 규칙에 따라서 조사대상자나 사례에 수치(numeral)나 수(number)를 배정하는 것을 말한다(Yegidis, Weinbach & Myers, 2018).

측정은 '수치나 수'와 '배정'이라는 두 가지 요소를 포함하고 있다. 여기서 수는 양적 의미를 지니고 있으나, 수치는 양적 의미를 지니고 있지 않다. 예를 들어, 성별(남성과 여성)에서 남성은 1이고 여성은 2로 답하게 할 경우, 이때

42) 계량화(quantification)는 어떤 것의 크기나 양을 측정하거나 판단하는 것을 말한다(Cambridge Dictionary, 2023). 그러나 조사에서 계량화는 수치나 수로 표현하는 것을 말한다. 수치와 수에 관해서는 뒤에서 자세히 설명한다.

의 1과 2는 양적 의미를 지니고 있지 않다. 따라서 이때의 1과 2는 수치에 해당한다.

측정에는 규칙이 필요하다. 예를 들어 성별을 측정할 경우, "'남성'으로 답한 사람에게는 1을 배정하고, '여성'으로 답한 사람에게는 2를 배정한다"는 식으로 규칙을 정할 수 있다. 따라서 좋은 측정을 위해서는 수치나 수를 배정하는 규칙이 정확하여야 한다.

일부 변수는 측정과 관련된 규칙이 단순하기 때문에 측정하기가 쉽다. 이런 변수의 예로 나이, 소득이 있다. 그러나 사회복지 영역에서 관심을 가지는 변수들 중에는 복잡한 변수가 많다. 예를 들어, 자아존중감, 우울, 클라이언트의 만족도와 같은 변수를 측정하는 것과 관련된 규칙을 파악하고 적용하는 것은 간단하지 않다(Mark, 1996). 하지만 이 경우에도 규칙을 정확하게 잘 정할 필요가 있다.

무게를 측정하기 위해 손저울을 사용하고 있는 상인

무게와 같은 변수는 측정하기 쉬우나, 사회복지에서 관심을 가지는 변수는 복잡한 변수가 많다.
[출처 : 중국에서 저자 촬영]

2) 측정의 중요성

측정은 추상적 세계와 경험적 세계를 이어주는 역할을 하고 있다. 따라서 측정을 통해서 조사자는 실제 세계를 잴 수 있다. 그리고 과학적 방법은 조사자가 한 조사를 다른 사람이 그대로 반복해서 증명할 수 있다는 특징을 지니고 있다.[43] 측정방법을 구체적으로 제시할 경우, 서로 다른 조사자는 동일한 방식으로 변수를 측정할 수 있다. 그 결과, 각 조사자가 조사해서 얻은 결과를 비교할 수 있다(Mark, 1996).

• 측정과 양적 · 질적 조사

변수를 측정하는 것은 주로 양적 조사와 관련되는 것처럼 보일 수 있다. 그러나 변수를 측정하는 것은 질적 조사와도 관련되고 있다. 이것을 구체적으로 살펴보면 다음과 같다(Yegidis, Weinbach & Myers, 2018).

① 양적 조사에서는 변수를 정확하게 측정하는 것이 매우 중요하다. 조사의 목적이 무엇인지에 상관없이, 주요한 변수를 정확하게 측정하지 못하면 조사 결과가 잘못될 가능성이 크다. 예를 들어, 아동학대를 측정하는 방법이 매우 주관적일 경우, 아동학대의 상황을 정확하게 파악할 수 없다.

② 질적 조사에서도 측정은 중요하다. 다만, 질적 조사에서는 조사자가 존재하는 것 자체나 기타 요인 때문에 측정이 정확하지 않을 수도 있다. 따라서 질적 조사는 측정과 관련해 어느 정도의 주관적 측면을 지니고 있다.

POINT

* 측정은 규칙에 따라서 조사대상자나 사례에 수치나 수를 배정하는 것이다.
* 측정을 통해서 조사자는 실제 세계를 잴 수 있다.

---

43) 이것을 '재현'이라고 부르고 있다. 재현에 관해서는 과학적 방법의 특징을 다루는 장(제1장)에서 이미 설명한 바 있다.

2. 측정의 수준

1) 측정 수준의 필요성과 형태

앞에서 설명한 바와 같이, 측정 과정에서 어떤 변수에는 수치를 배정하고 있고, 어떤 변수에는 수를 배정하고 있다. 우선, 일부 변수를 측정할 때는 수치를 배정하고 있다. 이런 변수의 예로 성별이 있다. 성별에서 '남성'에는 1을 배정하고 '여성'에는 2를 배정할 경우, 1과 2는 양적 의미를 지니고 있지 않다. 따라서 1과 2는 '수치'이다.[44)]

그리고 일부 변수를 측정할 때는 수를 배정하고 있다. 이런 변수의 예로 가족구성원의 수가 있다. 가족구성원의 수에서 '1명'에는 1을 배정하고, '2명'에는 2을 배정하고, '3명'에는 3을 배정하고, '4명'에는 4을 배정할 경우, 1과 2와 3과 4는 양적 의미를 지니고 있다. 따라서 1과 2와 3과 4는 '수'이다.

조사에서 이런 상황은 측정의 '수준(level)'과 관련되고 있다. 사회과학에서는 측정과 관련해 명목(nominal) 수준, 서열(ordinal) 수준, 등간(interval) 수준, 비율(ratio) 수준을 제시하고 있다.[45)]

2) 측정 수준의 중요성

측정의 수준은 변수를 얼마나 정확하게 측정하는지와 관련되고 있다. 또한 각 변수에 대해 측정의 수준을 결정하는 것은, 자료를 통계적으로 분석하는 방법을 결정하는 데 영향을 미치고 있다(Yegidis, Weinbach & Myers, 2018). 즉, 측정의 수준은 사용하는 통계방법과 크게 관련되고 있다. 이런 탓에, 측정의 수준은 조사에서 중요하다.

---

44) 이에 관해서는 앞에서 이미 설명한 바 있다.

45) 측정의 수준과 관련해서는, '측정'이라는 용어 대신에 '변수'나 '척도'라는 용어를 사용해 설명하는 경우도 많다. 예를 들어, 명목 수준에서 측정한 변수를 명목변수라고 부르는 경우도 많다.

3) 각 측정 수준의 특성

(1) 명목 수준의 측정

명목 수준의 측정에서는 양적 의미가 없는 수치를 대상에게 배정하고 있다. 이런 수치는 변수의 범주(속성)를 구분하는 표시일 뿐이다(Babbie, 2020). 따라서 명목 수준의 측정을 통해서, 조사자는 조사대상자나 사례가 어느 범주에 해당하는지 알 수 있다.

명목 수준의 측정은 다음과 같은 특성을 지니고 있다.

① 범주들의 서열(순서)을 알 수 없다. 즉, 변수의 범주들이 서로 크거나 작은지를 알 수 없다.[46]

② 범주들 사이의 간격이 얼마나 되는지를 알 수 없다. 즉, 변수의 범주들 사이의 간격이 같은지를 알 수 없다.

명목 수준의 측정에서 응답 범주를 정할 경우, 다음과 같은 두 가지 원칙을 따라야 한다.[47]

① 포괄성(exhaustiveness)의[48] 원칙이 있다. 포괄성의 원칙은 모든 사례가 어느 범주에 속할 수 있도록, 응답 범주의 수가 충분한 것을 말한다.

② 상호배타성(mutual exclusiveness)의 원칙이 있다. 상호배타성의 원칙은 응답이 응답 범주의 하나에만 속하는 것을 말한다.

46) 이에 관해서는 아래에서 예를 들어 자세히 설명한다.

47) 물론, 이런 두 가지 원칙은 측정의 모든 수준에 해당한다.

48) 포괄은 모든 것을 포함하는 것을 말한다(Cambridge Dictionary, 2023).

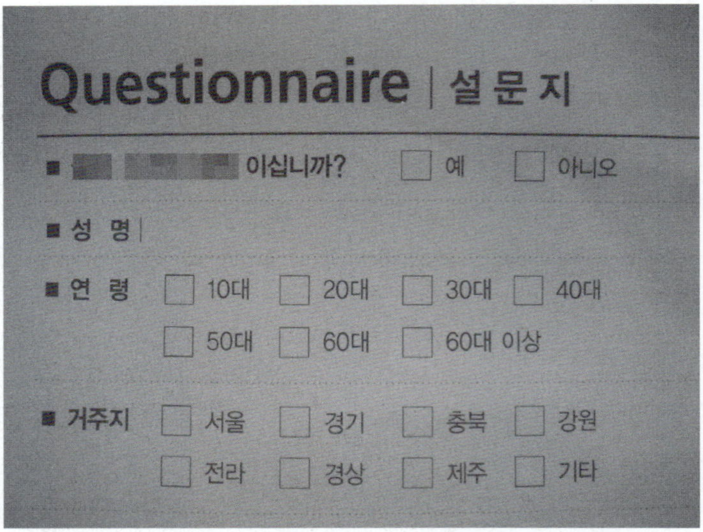

상호배타성의 원칙을 따르지 않았고, 포괄성의 원칙도 엉성하게 따른 설문지

모든 수준의 측정에서는 포괄성의 원칙과 상호배타성의 원칙을 따라야 한다. [출처 : 저자 촬영]

그러므로 명목 수준의 변수는 범주가 포괄성과 상호배타성의 특성만을 가지는 변수를 말한다. 명목 수준에서 측정하는 변수의 예로 종교와 성별이 있다. 예를 들어, 조사자는 종교를 측정하기 위해서, 조사대상자에게 자신의 종교를 기독교, 천주교, 불교, 기타 중에서 하나를 선택하라고 할 수 있다. 이때 이런 범주들을 나타내기 위해서, 조사자는 기독교에는 1을, 천주교에는 2를, 불교에는 3을, 기타에는 4라는 수치를 사용할 수 있다. 그러나 이때 조사자는 이런 범주들에 대해 서열을 정할 수 없다. 왜냐하면 한 종교가 다른 종교보다 더 크거나 더 낫다고 말하는 것은 이치에 맞지 않기 때문이다.

명목 수준에서 측정한 변수를 분석하기 위해서는, 변수의 각 범주의 빈도를[49] 계산하는 방법을 사용하고 있다. 따라서 명목 수준의 측정에서는 빈도와 관련된 통계를 사용할 수 있다. 그러나 명목 수준의 측정에서는 덧셈이나 뺄셈이나 곱셈이나 나눗셈을 할 수 없다.

49) 빈도는 어떤 범주가 나타나는 횟수를 말한다.

명목 수준의 측정은 가장 단순한 형태의 측정이다. 따라서 명목 수준의 측정은 측정의 수준이 가장 낮다. 이런 탓에, 명목 수준의 측정에서는 가장 적은 양의 정보를 제공하고 있다. 그러나 명목 수준의 측정이 가장 단순한 형태의 측정일지라도, 사회복지 조사자가 관심을 가지는 변수 중에는 명목 수준에서 측정하는 변수도 많다(Yegidis, Weinbach & Myers, 2018; Mark, 1996).

(2) 서열 수준의 측정

서열 수준의 측정에서는 어떤 차원에 따라서 서열(순위)을 정할 수 있다. 따라서 서열 수준의 측정은 다음과 같은 특성을 지니고 있다(Babbie, 2020; Yegidis, Weinbach & Myers, 2018).

① 서열 수준에서 측정된 변수는 명목 수준에서 측정된 변수의 특성을 모두 지닌다.

② 서열 수준의 측정에서는 변수의 범주들에 대해 서열을 정할 수 있다. 그러나 서열 수준의 측정에서는 변수의 범주들 사이에 얼마나 떨어져 있는지를 알 수 없다.

서열 수준에서 측정하는 변수의 예로 소득 수준('낮음', '중간', '높음'의 범주로 구분할 경우)이 있다. 이때, 소득 수준의 서열을 '낮음' < '중간' < '높음'의 식으로 정할 수 있다.

또한 서열 수준에서 측정하는 변수로 여러 가지 범주를 제시하면서 태도나 의견을 묻는 변수가 있다. 예를 들어, 어떤 사항에 대해 '매우 만족하지 못한다', '만족하지 못한다', '보통이다', '만족한다', '매우 만족한다'와 같은 식의 범주를 제시하면서 질문하는 변수는, 서열 수준에서 측정하는 변수가 될 수 있다. 이때 역시, '매우 만족하지 못한다' < '만족하지 못한다' < '보통이다' < '만족한다' < '매우 만족한다'의 식으로 서열을 정할 수 있다.

그러나 서열 수준의 측정에서는 범주들 사이의 차이가 얼마인지에 관해서는 정확히 알 수 없다. 예를 들어, 학교생활에 '매우 만족한다'고 답한 사람은 '다소 만족한다'고 답한 사람보다 학교생활에 더 만족함을 알 수 있다. 하지만 '매우 만족한다'고 답한 사람이 '다소 만족한다'고 답한 사람보다 정확히 얼마나 더 만족하는지는 알 수 없다.

서열 수준에서는 측정한 자료를 분석하기 위해 여러 가지 통계기법을 사용하고 있다. 이런 통계기법은 덧셈이나 뺄셈이나 곱셈이나 나눗셈을 하기보다는 서열을 정하는 데 그 목적이 있다. 즉, 서열 수준의 측정에서는 덧셈이나 뺄셈이나 곱셈이나 나눗셈을 할 수 없다.

사회과학에서 사용하는 복잡한 변수 중에는 서열 수준에서 측정하는 변수가 많다.

(3) 등간 수준의 측정

등간 수준의 측정에서는 변수의 범주들에 대해 서열을 정할 수 있고, 범주들 사이의 간격이 같다. 따라서 등간 수준의 측정은 다음과 같은 특성을 지니고 있다(Yegidis, Weinbach & Myers, 2018; Babbie, 2020).

① 등간 수준의 측정은 명목 수준의 측정이 지니는 특성(즉, 범주로 구분함)과 서열 수준의 측정이 지니는 특성(즉, 서열을 정할 수 있음)을 모두 지닌다.
② 등간 수준의 측정에서는 범주들 사이에 수적으로 동일한 간격을 지닌다.

등간 수준에서 측정하는 변수의 예로 지능지수(IQ), 섭씨온도(℃), 화씨온도(℉)가 있다.

등간 수준의 측정에서는 범주들 사이의 간격이 같기 때문에, 범주들 사이의 차이를 제시할 수 있다. 즉, 등간 수준의 측정에서는 덧셈과 뺄셈을 할 수 있다. 예를 들어, 섭씨온도와 관련해 다음과 같이 할 수 있다.

① 섭씨 30도와 섭씨 10도 사이의 차이는 20도라고 말할 수 있다.
② 섭씨 40도와 섭씨 20도 사이의 차이(즉, 20도)와 섭씨 70도와 섭씨 50도 사이의 차이(즉, 20도)는 같다고 말할 수 있다.

하지만 섭씨 40도가 섭씨 20도보다 두 배 뜨겁다고 말할 수는 없다. 따라서 등간 수준의 측정에서는 곱셈과 나눗셈을 할 수 없다.

> • **등간 수준의 측정에서의 0**
>
> 등간 수준의 측정에서는 범주의 하나로 '0'을 사용할 수 있다. 그러나 이때의 0은 해당 변수의 특성이 전혀 없다는 것을 의미하는 것이 아니라, 측정에서의 한 범주를 의미하고 있다. 예를 들어, 섭씨온도 0도(0℃)는 온도가 전혀 없다는 것을 의미하는 것이 아니다. 섭씨온도 0도는 물이 어는 온도를 임의로 정한 것일 뿐이다.

(4) 비율 수준의 측정

비율 수준의 측정에서는 명목 · 서열 · 등간 수준의 측정이 지니는 모든 특성을 지니고 있다. 그리고 비율 수준의 측정에서는 여기에 추가해서 진짜(절대) 0점(true zero point)을 지니고 있다. 따라서 비율 수준의 측정은 다음과 같은 특성을 지니고 있다(Yegidis, Weinbach & Myers, 2018; Babbie, 2020).

① 비율 수준의 측정은 명목 수준의 측정이 지니는 특성(즉, 범주로 구분함), 서열 수준의 측정이 지니는 특성(즉, 서열을 정할 수 있음), 등간 수준의 측정이 지니는 특성(즉, 동일한 간격)을 모두 지닌다.

② 비율 수준의 측정은 자연적 0점(진짜 0점)을 지닌다. 비율 수준의 측정에서의 0점은 측정하는 특성이 완전히 존재하지 않는 상태에 있는 것을 의미한다.

비율 수준에서 측정하는 변수의 예로 자녀 수가 있다. 이때, 자녀 수가 0인 것은 자녀가 없다는 것을 의미한다.

비율 수준의 측정에서는 진짜 0점을 지니기 때문에, 곱셈과 나눗셈을 할 수 있다. 예를 들어, 자녀 수가 4명인 사람은 자녀 수가 2명인 사람보다 자녀 수가 두 배 더 많다고 말할 수 있다. 따라서 비율 수준의 측정에서는 모든 종류의 수학적 계산(덧셈, 뺄셈, 곱셈, 나눗셈)을 할 수 있다.

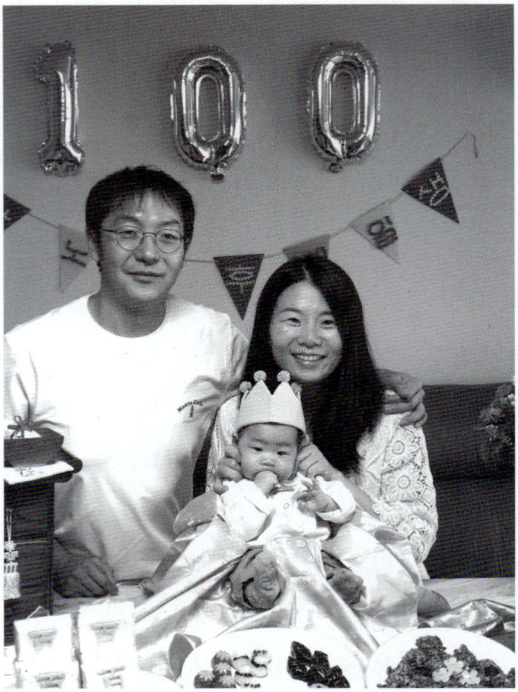

자녀의 탄생과 성장을 축하하는 가족 모임

자녀 수는 비율 수준의 변수이다. [출처 : 저자 촬영]

4) 정리와 고려할 점

측정의 네 가지 수준은 측정이 정확한 정도와 관련해 계층적인 특성을 지니고 있다. 측정의 네 가지 수준을 정리하면 <표 4−1>과 같다.

〈표 4−1〉 측정의 수준에 따른 특성

수준	포괄적 · 상호배타적 범주	서열	같은 간격	진짜 영점	비교방법	가능한 수학적 계산
명목	○	×	×	×	확인, 분류	=
서열	○	○	×	×	순위 비교	=, > <
등간	○	○	○	×	간격 비교	=, > <, ±
비율	○	○	○	○	절대 크기 비교	=, > <, ±, ×, ÷

출처 : 김기원(2001 : 201)의 일부를 제시.

그리고 측정의 수준과 관련해 다음과 같은 점을 고려할 필요가 있다.

① 측정의 수준이 증가함에 따라서 정보의 양도 많아진다. 측정의 각 수준은 이전 수준의 측정이 지니는 모든 정보를 포함하고, 여기에 일부 정보를 추가로 포함한다.

② 일부 수학적 계산은 특정한 수준의 측정에서만 할 수 있다.

• 측정 수준의 다양성

변수는 조사자가 질문하는 방식에 따라서 측정의 수준이 달라질 수도 있다. 이런 상황을 청소년의 자원봉사를 예로 들어 제시하면 다음과 같다.

① 청소년에게 자원봉사에 참여한 적이 있는지를 질문하면서, '그렇지 않다'와 '그렇다' 중에서 하나에 답하게 할 수 있다. 이것은 명목 수준의 측정과 관련된다.

② 청소년에게 자원봉사에 참여할 때 얼마나 만족하는지를 질문하면서, '매우 만족하지 않는다', '다소 만족하지 않는다', '보통이다', '다소 만족한다', '매우 만족한다' 중에서 하나에 답하게 할 수 있다. 이것은 서열 수준의 측정과 관련된다.

③ 청소년이 자원봉사에 참여해서 만족하는 정도를 알고자 할 경우, 자원봉사에 참여한 만족도(자원봉사 만족도)를 0점에서 100점까지의 범위로 답하게 할 수 있다. 이것은 등간 수준의 측정과 관련된다.

④ 청소년에게 자원봉사에 참여한 횟수를 직접 적으라는 식으로 질문할 수 있다. 이것은 비율 수준의 측정과 관련된다.

• 더미 변수

명목 수준의 측정에서는 통계 분석을 위해서, 배정하는 값을 0과 1로 하는 경우가 있다. 예를 들어, 성별이라는 변수에서는 '남성'에게 1을 배정하고 '여성'에게 2를 배정할 수 있다. 이때 1과 2는 '수'가 아니라 '수치'이다.[50)]

그러나 성별을 이처럼 그대로 통계 분석할 경우, 통계 프로그램은 여성이 남성보다 더 큰 것으로 인식하게 된다(1<2이므로). 따라서 이런 문제를 해결하기 위해서, 통계 분석을 할 때는 성별에 대해서 '남성'에게 1을 배정하고 '여성'에게 0을 배정할 수 있다. 이럴 때의 변수를 '더미(dummy) 변수'(또는 가변수)라고 부르고 있다.

---

50) 수와 수치에 관해서는 앞에서 이미 설명한 바 있다.

POINT

* 사회과학에서는 측정과 관련해 명목 수준, 서열 수준, 등간 수준, 비율 수준을 제시한다. 측정의 수준은 사용하는 통계방법과 크게 관련된다.
* 명목 수준의 측정에서는 양적 의미가 없는 수치를 대상에게 배정한다. 서열 수준의 측정에서는 어떤 차원에 따라서 서열을 정할 수 있다. 등간 수준의 측정에서는 변수의 범주들에 대해 서열을 정할 수 있고, 범주들 사이의 간격이 같다. 비율 수준의 측정에서는 명목·서열·등간 수준의 측정이 지니는 모든 특성을 지닌다.

3. 합성 측정

1) 합성 측정의 정의와 중요성

일부 변수는 분명하므로 하나의 문항으로 질문할 수 있다. 예를 들어, 나이는 "귀하의 나이는 만으로 몇 살입니까?"라고 질문함으로써, 조사대상자의 나이를 비교적 정확하게 알 수 있다.

하지만 어떤 변수는 너무 복잡하거나 여러 가지 측면을 지니고 있어서, 한 가지 문항으로만 질문해서는 측정하기 어려울 수 있다(Rubin & Babbie, 2015). 이런 변수의 예로 삶의 질, 우울이 있다. 예를 들어, 한 가지 문항으로만 질문해서는 조사대상자의 삶의 질을 정확하게 파악하기 어려울 수 있다. 이 경우, 이런 복잡한 변수를 측정하기 위해 사용하는 것이 합성(복합) 측정(composite measure)이다. 합성 측정은 두 가지 이상의 문항으로 구성된 측정도구를 말한다. 이때, 이런 문항을 지표(indicator)라고 부르고 있다.

일반적으로 합성 측정은 다음과 같은 측면에서 중요하다(Babbie, 2020; Rubin & Babbie, 2015).

① 한 가지 문항으로만 측정하면 해당 변수를 잘못 대표할 가능성이 있다. 그러나 합성 측정에서는 여러 가지 문항을 포함하기 때문에, 한 가지 문항만을 사용할 때 나타나는 문제를 크게 줄일 수 있다.

② 합성 측정을 사용하면, 변수를 더 많은 범주로 구분할 수 있다. 한 가지 문항만을 사용할 때에는 범주의 범위가 작다. 그러나 여러 가지 문항을 사용할 때에는 범주의 범위가 커지게 된다. 따라서 합성 측정에서는 더 세련된 서열 수준의 측정을 할 수 있다. 예를 들어, 0점이나 1점만을 배정하는 단일 문항의 경우, 조사대상자를 두 가지 범주(0점과 1점)로 구분할 수 있을 뿐이다. 그러나 이런 형식이 3개의 문항일 경우, 조사대상자를 네 가지 범주(0점, 1점, 2점, 3점)로 구분할 수 있게 된다.

결국, 합성 측정은 복잡한 변수를 측정하는 역할을 하고 있다.

2) 합성 측정의 형태

합성 측정의 형태에는 지수(index)와 척도(scale)가 있다. 지수나 척도는 두 가지 이상의 지표로 구성된 것을 말한다. 다만, 지수와 척도를 구분하는 것에 대해서는 학자들 사이에 의견이 완전하게 통일되어 있지 않다. 그러나 지표가 객관적 성격을 지니는지 또는 주관적 성격을 지니는지를 근거로 해서, 지수와 척도를 구분하는 경우가 많다(최성재, 2005).

일반적으로 지수는 경험적으로 쉽게 파악할 수 있는 지표로 구성된 합성 측정을 가리키는 경우가 많다. 이 경우, 지수는 측정하고자 하는 개념이 덜 추상적이고 그 속성이 양적 특성을 지니고 있다(최성재, 2005). 지수의 예로 유엔의 인간개발 지수(HDI : Human Development Index)가 있다. 인간개발지수는 각 나라의 교육 수준, 1인당 국민소득, 기대 수명이라는 지표를 토대로 해서 인간의 능력이 발전한 정도를 살펴보는 지수이다(Unite Nations Development Program, 2023).

경제행복 지수가 높은 도시의 홍보

지수는 경험적으로 쉽게 파악할 수 있는 지표로 구성된 경우가 많다. [출처 : 저자 촬영]

일반적으로 척도는 사람의 태도와 같은 내면적 측면과 관련된 지표로 구성된 합성 측정을 가리키는 경우가 많다. 지수에 비해서, 척도는 측정하고자 하는 개념이 더 추상적이고, 더 다양한 지표로 구성되어 있다(최성재, 2005).

3) 합성 측정의 현황과 점수 계산

합성 측정은 사회과학에서 많이 사용하고 있다. 조사자가 관심을 가지는 많은 변수는 합성 측정을 사용해 측정할 수 있다(Yegidis, Weinbach & Myers, 2018).

합성 측정 중에서, 척도의 점수는 조사대상자가 각 문항에 답한 점수를 합치는 식으로 계산하는 경우가 많다. 이런 탓에, 이런 방법을 총합평정법이라고 부르고 있다(이종승, 2009). 이때, 전체 점수가 낮은 것은 측정하는 변수가 낮은 수준임을 의미하고, 전체 점수가 높은 것은 측정하는 변수가 높은 수준임을 의미한다.

POINT

* 합성 측정은 두 가지 이상의 문항으로 구성된 측정도구이다. 이런 문항은 지표이다. 합성 측정은 복잡한 변수를 측정하는 역할을 한다.
* 지수나 척도는 두 가지 이상의 지표로 구성된 것이다. 지수와 척도는 지표가 객관적 성격을 지니는지 주관적 성격을 지니는지를 근거로 해서 구분하는 경우가 많다.
* 척도의 점수는 조사대상자가 각 문항에 답한 점수를 합치는 식으로 계산한다.

4. 척도의 형태

1) 척도의 주요한 형태

사회복지조사에서 사용하는 주요한 척도의 형태로 리커트(Likert) 척도, 거트먼(Guttman) 척도, 써스톤(Thurstone) 척도, 의미분화(어의차이, semantic differential) 척도가 있다.[51)]

대부분 척도를 구성할 때 적용하는 원칙은 단일 차원성(unidimensionality)의 원칙이다. 단일 차원성의 원칙은 척도를 구성하는 모든 문항은 하나의 동일한 차원을 따라야 한다는 것을 의미한다. 예를 들어, 자아존중감을 측정하는 척도에서 "나는 사과를 좋아한다"라는 문항이 들어 있을 경우, 이 척도는 단일 차원성의 원칙을 제대로 지키지 못한 척도라고 볼 수 있다.

2) 리커트 척도

척도 중에서 가장 잘 알려진 형태는 리커트 척도이다. 리커트 척도는 조사대상자에게 여러 문항을 제시한 후에 조사대상자가 각 문항에 대해 동의하는 정도를 답하게 하는 측정도구를 말한다. 따라서 리커트 척도는 문항을 제시한 후에 조사대상자가 이 문항에 대해 동의하는 정도를 질문하는 식으로 구

51) 이런 척도를 만드는 절차를 척도구성(scaling)이라고 부르고 있다.

성되어 있다(Yegidis, Weinbach & Myers, 2018; Rubin & Babbie, 2015). 이때의 응답 범주는 '매우 그렇지 않다', '그렇지 않다', '보통이다', '그렇다', '매우 그렇다'의 식으로 되어 있다.

리커트 척도에서는 각 응답 범주에 수를 배정해서 점수를 구하고 있다. 예를 들어, 응답 범주가 다섯 개일 경우, 1에서 5까지의 점수를 배정할 수 있다. 다만, 이때에 문항의 방향을 고려할 필요가 있다. 예를 들어, 긍정적 문항의 경우에는 '매우 동의한다'에 대해서 5점을 주고, 부정적 문항의 경우에는 '매우 동의하지 않는다'에 대해서 5점을 주는 식으로 점수를 계산하여야 한다.

리커트 척도에서 척도 점수는 모든 문항에 답한 점수를 합치는 식으로 계산하고 있다. 리커트 척도의 예로 로젠버그(Rosenberg)의 자아존중감 척도가 있다(<표 4-2> 참조).

〈표 4-2〉 로젠버그의 자아존중감 척도

	매우 그렇지 않다	그렇지 않다	보통이다	그렇다	매우 그렇다
1. 나는 다른 사람처럼 가치 있는 사람이라고 느낀다.					
2. 나는 여러 가지 좋은 면이 있다고 느낀다.					
3. 나는 결국 실패한 사람으로 보인다.					
4. 나는 대부분의 다른 사람처럼 잘할 수 있다.					
5. 나는 자랑할 것이 많이 없다.					
6. 나는 자신에 대해 긍정적인 태도를 가진다.					
7. 나는 자신에 대해 대체로 만족한다.					
8. 나는 자신을 더 존중했으면 좋겠다.					
9. 나는 때때로 쓸모없는 사람이라고 느낀다.					
10. 나는 때때로 좋지 않은 사람이라고 생각한다.					

출처 : University of Maryland(2021).

리커트 척도에서 모든 문항은 변수를 측정하는 데 똑같은 정도로 이바지하고 있다. 이런 특성 때문에, 리커트 척도에서는 점수를 매기는 것이 쉬울 수 있다.

그러나 이런 특성은 리커트 척도의 가장 큰 단점이 되기도 한다. 왜냐하면 리커트 척도에 있는 일부 문항은 다른 문항보다 변수를 '더' 많이 나타내기 때문이다. 즉, 일부 문항은 다른 문항보다 변수를 더 강력하게 보여주기 때문이다. 하지만 리커트 척도에서는 점수를 매기는 데 있어 이런 측면을 고려하지 않고 있다. 이런 탓에, 리커트 척도는 등간 수준의 자료보다는 서열 수준의 자료를 제공한다고 보는 경우가 많다(Yegidis, Weinbach & Myers, 2018).

3) 거트먼 척도

거트먼 척도는 일부 문항이 나머지 문항보다 해당 변수를 더 강력하게 나타내는 측정도구를 말한다. 거트먼 척도에서는 해당 변수를 더 강력하게 나타내는 정도에 따라서 문항을 배치하고 있다. 따라서 거트먼 척도는 서열 수준의 측정이 지니는 특성을 지니고 있다.

거트먼 척도의 예로 보가더스의 사회적 거리(Bogardus social distance) 척도가 있다.[52] 보가더스의 사회적 거리 척도는 사람이 다른 특성을 지닌 사람과 사회적 관계를 맺으려는 정도를 파악하기 위한 측정도구이다. 보가더스의 사회적 거리 척도에서는 다양한 정도의 사회적 교류를 제시하고 있다(Babbie, 2020).

보가더스의 사회적 거리 척도에서는 사회적으로 관계를 맺으려는 정도가 질문 문항에 따라 분명하게 차이가 나고 있다. 따라서 보가더스의 사회적 거리 척도의 경우, 문항들 사이에 계층이 있는 구조가 나타나고 있다. 이런 탓에, 어떤 조사대상자가 어떤 종류의 사회적 관계를 허용할 경우, 이 조사대상자는 이전 문항에 나타난 모든 사회적 관계를 허용할 가능성이 매우 크다. 예를 들어, 다른 민족의 사람이 자기 동네에서 사는 것을 허용하는 조사대상자는, 다른 민족의 사람이 조사대상자의 지역사회나 국가에서 사는 것을 확실

52) 그러나 보가더스의 사회적 거리 척도를 거트먼 척도와 구분되는 별개의 척도로 보는 학자도 있다.

히 허용할 것이다. 그러나 이 조사대상자는 다른 민족의 사람이 조사대상자의 옆집에 살거나 조사대상자의 자녀와 결혼하는 것을 허용할 수도 있고 허용하지 않을 수도 있다. 따라서 보가더스의 사회적 거리 척도에서는 질문 문항들 사이에 논리적인 계층적 구조가 존재하고 있다(Babbie, 2020).

보가더스의 사회적 거리 척도는 매우 효율적인 측정도구이다. 왜냐하면 보가더스의 사회적 거리 척도를 사용하면, 자료가 원래 가지는 자세한 내용을 그대로 간직한 채 여러 응답을 요약할 수 있기 때문이다.

이것을 우리나라 사람이 동남아시아 사람과 사회적으로 교류하려는 정도에 관심을 가진 조사를 예로 들어 설명하면 다음과 같다. 우선, 우리나라 사람이 동남아시아 사람과 사회적으로 교류하려고 하는 정도에 관심을 가진 조사자는 <표 4-3>과 같은 척도를 사용할 수 있다.

〈표 4-3〉 보가더스의 사회적 거리 척도의 예

	그렇지 않다	그렇다
1. 동남아시아 사람이 우리나라에서 사는 것을 허용한다.		
2. 동남아시아 사람이 나의 지역사회에서 사는 것을 허용한다.		
3. 동남아시아 사람이 나의 동네에서 사는 것을 허용한다.		
4. 동남아시아 사람이 나의 옆집에서 사는 것을 허용한다.		
5. 동남아시아 사람이 나의 자녀와 결혼하는 것을 허용한다.		

출처 : Babbie(2020)를 참고해 노병일이 내용을 약간 바꿈.

보가더스의 사회적 거리 척도에 있는 문항들은, 아래에 있는 문항일수록 조사대상자가 동남아시아 사람과 더 밀접하게 교류함을 보여주고 있다. 따라서 어떤 조사대상자가 동남아시아 사람과 사회적으로 교류하는 형태의 수가 얼마나 되는지를 알 경우, 조사자는 해당 조사대상자가 어떤 형태의 사회적 교류를 허용하였는지를 알 수 있다. 예를 들어, 위의 척도에서 각 문항에 대해 '그렇지 않다'에는 0점을 주고, '그렇다'에는 1점을 줄 경우, 전체 문항에 대한 점수는 0점에서 5점까지가 된다. 따라서 0점을 얻은 조사대상자는 모든 형태의 사회적 교류를 허용하지 않는 사람이고, 5점을 얻은 조사대상자는 모든 형태의 사회적 교류를 허용하는 사람이다.

그런데 위의 척도를 사용한 조사에서는, 조사대상자의 점수를 알게 되면 조사자는 조사대상자가 답한 것을 직접 보지 않고서도 조사대상자가 위의 다섯 가지 형태의 사회적 교류 중에서 어느 것은 허용하고 어느 것은 허용하지 않는지를 알 수 있다. 예를 들어, 어떤 조사대상자가 얻은 점수가 3점일 경우, 해당 조사대상자가 실제로 답한 것을 보지 않고서도, 해당 조사대상자는 우리나라와 지역사회와 동네에 사는 것은 허용하지만, 옆집에 사는 것과 결혼은 허용하지 않을 것이라는 점을 알 수 있다. 하지만 리커트 척도를 사용한 조사에서는 실제 설문지를 보아야만 해당 조사대상자가 어느 것은 허용하고 어느 것은 허용하지 않는지를 알 수 있다.

그러므로 거트먼 척도(예컨대, 보가더스의 사회적 거리 척도)를 사용한 조사에서는, 조사대상자가 실제로 답한 것을 직접 보지 않아도 해당 조사대상자가 어느 문항에 어떻게 답하였는지를 알 수 있다. 이것은 거트먼 척도에서는 문항의 내용이 계층적 성격을 지니기 때문이다. 예를 들어, 보가더스의 사회적 거리 척도에서는 허용하는 교류의 정도에서 차이가 나기 때문이다. 따라서 위의 척도에서는 허용한 사회적 교류의 수를 알게 되면, 다섯 가지 문항에 대해 조사대상자가 답한 결과를 알 수 있게 된다(Babbie, 2020).

4) 써스톤 척도

써스톤 척도는 평가자(judge)가 여러 문항에 대해 가중치를 주는 측정도구를 말한다. 써스톤 척도를 만드는 과정을 제시하면 다음과 같다(Babbie, 2020).

① 여러 명의 평가자에게 해당 변수의 지표라고 생각되는 문항을 1백 개 정도 제시한다.

② 각 평가자에게 각 문항이 해당 변수를 얼마나 잘 나타내는지를 평가하게 한다.

③ 평가자가 이런 작업을 마친 후, 조사자는 모든 평가자가 각 문항에 준 점수를 조사해서, 평가자들 사이에 의견이 가장 일치하는 문항을 골라 낸다. 이때, 평가자들 사이에 의견이 크게 차이가 나는 문항은 척도에서 사용하지 않는다.

④ 이런 방식으로 선정된 문항을 모아서 척도를 만든다.

써스톤 척도는 등간 수준의 측정이 지니는 특성을 지니고 있다. 이런 탓에, 써스톤 척도를 유사 등간 척도라고 부르고 있다.

그러나 오늘날에 써스톤 척도는 자주 사용하지 않고 있다. 써스톤 척도를 자주 사용하지 않는 주요한 이유는, 여러 명의 평가자에게 해당 문항들에 대해 점수를 주게 하기 위해서는 상당한 노력과 시간이 필요하기 때문이다(Babbie, 2020).

5) 의미분화 척도

일부 변수를 측정하기 위해서는 간접적이고 더 은밀한 방법이 필요할 수 있다. 이런 상황에서는, 의미분화(어의차이) 척도를 사용하는 것이 좋은 방법일 수 있다. 의미분화 척도는 개념이 지닌 것으로 보이는 심리적 의미를 분석해서, 태도를 측정하는 척도를 말한다(이종승, 2009; Yegidis, Weinbach & Myers, 2018).

의미분화 척도의 경우, 조사대상자는 단어의 쌍에 대해 답하면서 자신에 관한 것을 의도하지 않게 드러낼 것이라고 가정하고 있다. 이때에는 조사대상자의 태도에 관해 드러내는 경우가 많다고 보고 있다(Yegidis, Weinbach & Myers, 2018).

이런 탓에, 의미분화 척도에서는 두 가지의 반대되는 입장 사이에 여러 가지 입장을 제시하고 있다. 이때 조사대상자는 각 선에서 자신에게 해당하는 위치에 표시하거나 또는 해당하는 숫자에 표시하면 된다. 이 경우, 각 단어의 쌍에 표시한 점수를 더한 것이 조사대상자의 전체 점수가 된다(Yegidis, Weinbach & Myers, 2018; Babbie, 2020).

의미분화 척도의 예로 프로그램의 내용을 '지루한'이나 '재미있는'으로 평가하게 하는 것이 있다. 이 경우, 두 가지의 반대되는 단어들 사이에 간격을 유지하기 위해, '매우 지루한', '다소 지루한', '보통', '다소 재미있는', '매우 재미있는'과 같은 범주를 중간에 포함하고 있다(Babbie, 2020).

의미분화 척도의 예를 들면 ❙그림 4-1❙과 같다.

어두운								밝은
거짓된								진실된
어리석은								똑똑한
차가운								따뜻한
보수적인								진보적인

❙그림 4-1❙ **사회복지사라는 개념에 관한 의미분화 척도**

의미분화 척도는 나름의 장점을 지니고 있다. 의미분화 척도의 장점을 몇 가지 제시하면 다음과 같다(Yegidis, Weinbach & Myers, 2018).

① 직접 질문하면 솔직하게 답하지 않는 상황에서 변수를 측정하는 데 유리하다.

② 무의식적인 감정이나 태도를 측정하는 데 쓸모가 있을 수 있다.

③ 조사대상자가 빠르게 답하게 되어 있다. 따라서 조사대상자가 너무 오래 생각하거나 '옳은' 답을 찾으려 하지 못하게 한다.

POINT

* 리커트 척도는 조사대상자에게 여러 문항을 제시한 후에 각 문항에 대해 동의하는 정도를 답하게 하는 측정도구이다.
* 거트먼 척도는 일부 문항이 나머지 문항보다 해당 변수를 더 강력하게 나타내는 측정도구이다.
* 써스톤 척도는 평가자가 여러 문항에 대해 가중치를 주는 측정도구이다.
* 의미분화 척도는 개념이 지닌 것으로 보이는 심리적 의미를 분석해서, 태도를 측정하는 척도이다.

5. 표준화된 척도

이미 개발한 측정도구를 사용할 수 없을 때는 새로운 측정도구를 개발할 필요가 있다. 이때 조사자는 자신에게 필요한 척도를 직접 개발할 수 있다. 그러나 조사자가 나름의 척도를 개발하기 위해서는 시간이 필요하고 비용이 든다. 이런 상황에서는 여러 가지 표준화된(standardized) 척도를 사용할 수 있다.

표준화된 척도는 다른 사람이 이미 개발해서, 믿을 만하다고 인정을 받은 척도를 말한다. 표준화된 척도는 길이와 구조와 내용에서 크게 차이가 나고 있다(Yegidis, Weinbach & Myers, 2018; Mark, 1996).

표준화된 척도를 사용하는 것은 여러 가지 측면에서 유리하다. 표준화된 척도를 사용할 경우의 장점을 몇 가지 제시하면 다음과 같다(Yegidis, Weinbach & Myers, 2018).

① 시간과 비용 측면에서 유리하다. 표준화된 척도를 사용할 경우, 조사하는 시간과 비용을 크게 줄일 수 있다.

② 타당도와 신뢰도를 검증하는 측면에서 유리하다. 표준화된 척도는 적절한 수준의 타당도와 신뢰도를 가질 가능성이 크다.[53)]

일반적으로, 표준화된 척도에서는 측정도구를 개발하는 데 자료를 제공한 사람, 측정도구의 타당도와 신뢰도, 측정도구의 한계점에 관한 정보를 제시하고 있다(Yegidis, Weinbach & Myers, 2018; Rubin & Babbie, 2015).

표준화된 척도를 가장 잘 찾는 방법은 조사자가 측정하고자 하는 개념과 관련이 있는 문헌을 살펴보는 것이다. 그리고 사회복지사에게 유용한 표준화된 척도를 모아 놓은 자료를 도서관이나 인터넷을 통해서 찾아볼 수도 있다.

이 중에서 표준화된 척도를 편리하게 찾는 방법의 하나는, '척도집'을 찾아보는 것이다. 척도집은 표준화된 척도를 많이 모아서 설명해놓은 책을 말한다. 척도집에서는 척도에 관해 자세히 설명하고 있고, 추가적인 참고자료도

53) 신뢰도와 타당도에 관해서는 신뢰도와 타당도를 다루는 장(제5장)에서 자세히 설명한다.

제공하고 있다. 또한 척도집에서는 척도의 질에 관해 설명하는 경우가 많다(Rubin & Babbie, 2015).

척도집의 예

척도집은 표준화된 척도를 많이 모아 설명해놓은 책이다.
[출처 : 서울대학교 실천사회복지연구회(2007)와 Corcoran & Fischer(2000, 2권)의 표지]

표준화된 척도를 선택할 때는 다음과 같은 점을 고려할 필요가 있다(Rubin & Babbie, 2015; Yegidis, Weinbach & Myers, 2018).

① 척도를 조사자가 관심을 가지는 조사대상자에게 적절히 사용할 수 있는지를 따져본다. 척도는 특정한 사람에게 사용하려고 개발한 경우가 많다. 따라서 조사자가 대상으로 삼는 사람이 표준화된 척도를 개발할 때의 대상자와 비슷한지를 살펴볼 필요가 있다.

② 척도의 길이를 따져본다. 이를 위해서는 다음과 같이 할 필요가 있다.

㉠ 척도의 내용(문항)을 살펴본다.

㉡ 척도의 모든 문항에 답하는 데 걸리는 시간을 살펴본다.

③ 척도의 내용이 조사대상자에게 너무 어렵지 않은지를 따져본다. 예를 들어, 척도의 내용이 조사대상자에게 너무 복잡하게 표현되어 있는지를 살펴본다.

④ 척도의 타당도와 신뢰도를 살펴본다. 그러나 조사자는 표준화된 척도의 타당도와 신뢰도를 조심스럽게 해석할 필요가 있다. 예를 들어, 조사자의 조사대상자와 조사 환경이 표준화된 척도를 개발할 때의 조사대상자나 조사 환경과 다를 경우, 표준화된 척도는 조사자의 조사에 적절하지 않을 수도 있다. 따라서 이때에는 표준화된 척도가 신뢰도가 있고 타당도가 높은 것으로 되어 있을지라도, 조사자는 해당 척도를 조사자의 조사에 맞게 수정해 사용하거나 아예 사용하지 말아야 한다.

POINT

* 표준화된 척도는 다른 사람이 개발해서, 믿을 만하다고 인정받은 척도이다.

CHAPTER 05

측정의 타당도와 신뢰도

차례 CONTENTS

1. 타당도

1) 타당도의 정의와 중요성

타당도(validity)는 측정도구가 원래 측정하려고 의도한 것을 측정하는 정도를 말한다. 따라서 타당도는 측정도구가 측정하려고 하는 것을 측정도구가 정확히 반영하는 정도를 일컫는다. 이런 탓에, 지적 능력의 경우, 컴퓨터 게임을 하는 시간의 양을 재는 측정도구보다는 지능지수(IQ)를 재는 측정도구가 타당도가 더 있는 측정도구이다(Yegidis, Weinbach & Myers, 2018; Babbie, 2020). 따라서 사회복지조사에서 타당도는 중요하다.

조사자가 측정하고자 하는 것을 측정도구가 제대로 측정하지 못한다면, 측정한 결과는 의미가 없게 된다. 따라서 타당도는 측정의 질을 평가하는 데 있어 중요하다(Institute of Education Sciences, 2023; Yegidis, Weinbach & Myers, 2018). 이런 탓에, 사회복지조사에서는 타당도가 있는 측정도구를 사용할 필요가 있다.

일반적으로 사회복지 영역에서 다루는 특성은 직접 측정하기 어려운 것이 많다. 예를 들어, 소득은 직접 측정하기가 쉬우나, 자아존중감은 직접 측정하기가 쉽지 않다. 사회복지 영역에는 복잡해서 간접적으로 측정할 수밖에 없는 특성이 많다. 특성을 측정하는 방법이 더 간접적일수록, 타당도와 관련된 문제가 더 커지게 된다(Mark, 1996).

2) 타당도의 형태

타당도에는 여러 가지 형태가 있다. 타당도의 주요한 형태로 액면(face) 타당도, 내용(content) 타당도, 기준(criterion-related) 타당도, 구성(구성체)(construct) 타당도가 있다. 다만, 일부 학자의 경우, 타당도를 따져볼 때 액면 타당도를 포함하지 않고 있다.[54)]

(1) 액면 타당도

액면 타당도는 측정도구가 겉으로 보기에 타당한 것처럼 보이는 정도를 말한다. 구체적으로, 액면 타당도는 조사자나 전문가가 주관적으로 판단해 볼 때, 측정도구가 해당 변수를 적절하게 측정하는 것으로 보이는 정도를 말한다. 그러나 어떤 측정도구가 액면 타당도를 가진다고 해서, 이 측정도구가 조사자가 측정하고자 하는 것을 실제로 측정한다고 볼 수는 없다. 왜냐하면 액면 타당도가 있다는 것은 해당 측정도구는 조사자가 측정하려는 것을 측정하는 것으로 '보인다'는 점을 의미할 뿐이기 때문이다(Yegidis, Weinbach & Myers, 2018; Rubin & Babbie, 2015).

액면 타당도는 조사자나 전문가가 타당도를 주관적으로 평가한 것에 근거하고 있다. 따라서 전문가나 측정도구를 사용하는 사람에게 측정도구가 얼마나 타당한 것으로 보이는지를 따져보게 함으로써, 액면 타당도를 측정하고 있다. 예를 들어, 종교모임에 참석하는 횟수를 가지고 사람의 신앙심을 측정하는 것은 언뜻 보아도 이치에 닿는 것처럼 보인다. 따라서 이렇게 해서 신앙심을

54) 이렇게 하는 이유에 관해서는 액면 타당도를 다루는 부분에서 설명한다. 그러나 여기에서는 액면 타당도와 내용 타당도를 따로 설명한다.

재는 측정도구는 액면 타당도가 있다고 볼 수 있다(Yegidis, Weinbach & Myers, 2018; Babbie, 2020; Rubin & Babbie, 2015).

액면 타당도는 타당도의 여러 형태 중에서 가장 간단한 형태의 타당도이다.

(2) 내용 타당도

내용 타당도는 측정도구가 특정한 내용의 모든 측면이나 요소를 적절하게 포함하는 정도를 말한다. 따라서 내용 타당도는 측정도구의 내용이 대표성을 가지는 정도를 가리킨다. 이런 탓에, 측정도구의 내용이 해당 개념이 지니는 특성의 모든 내용을 대표하고 있을 때, 측정도구는 내용 타당도가 있다고 볼 수 있다(Yegidis, Weinbach & Myers, 2018; Rubin & Babbie, 2015). 예를 들어, 계산하는 능력을 재려는 측정도구의 경우, 덧셈을 계산하는 능력만을 다룰 수는 없다. 즉, 계산하는 능력을 재려는 측정도구는 뺄셈, 곱셈, 나눗셈, 기타를 계산하는 능력도 다룰 필요가 있다. 따라서 덧셈 · 뺄셈 · 곱셈 · 나눗셈을 재는 측정도구는 덧셈만을 재는 측정도구보다 내용 타당도가 더 있다고 볼 수 있다.

시험을 보고 있는 학생

학생의 영어학습 능력을 측정할 때, 문법으로만 측정하는 것보다는 문법 · 작문 · 회화를 함께 측정하는 것이 내용 타당도가 더 있다고 볼 수 있다. [출처 : 언스플래시]

측정도구의 목적이 조사대상자의 학습이나 성과를 측정하는 데 있을 경우, 내용 타당도는 특히 중요하다. 예를 들어, 조사대상자가 직무 교육에서 배운 것을 측정할 경우, 내용 타당도를 살펴볼 필요가 있다.

내용 타당도에서는 측정도구에 관련이 없거나 적절하지 않은 내용이 있는지도 살펴보고 있다. 그러나 내용 타당도는 직접 파악할 수 없는 경우가 많다. 왜냐하면 조사자는 모든 내용을 실제로 알지 못하는 경우가 많기 때문이다. 따라서 액면 타당도와 마찬가지로, 내용 타당도는 판단에 근거하고 있다(Yegidis, Weinbach & Myers, 2018; Rubin & Babbie, 2015).

(3) 기준 타당도

기준 타당도는 측정도구의 점수가 동일한 변수를 측정하는 것으로 인정받은 다른 측정도구의 점수와 일치하는 정도를 말한다. 이때, 인정받은 다른 측정도구를 '기준(criterion)'이라고 부르고 있다. 결국, 기준 타당도는 해당 개념을 측정한다고 알려진 한 가지 이상의 외부 기준과 측정도구를 비교한 것에 근거하고 있다. 이 경우, 기준은 표준화된 측정도구일 수도 있고, 표준화된 측정도구가 아닐 수도 있다. 따라서 기준 타당도를 살펴볼 경우, 조사자는 측정도구와 연관이 있는 외부 기준을 선정하고 있다. 그러고 나서, 측정도구로 측정한 결과가 외부 기준을 사용한 결과와 얼마나 잘 일치하는지를 살펴보고 있다(Yegidis, Weinbach & Myers, 2018; Rubin & Babbie, 2015).

기준 타당도의 형태에는 동시(concurrent) 타당도와 예측(predictive) 타당도가 있다. 동시 타당도와 예측 타당도는 외부 기준의 유형에서 차이가 나고 있다(Rubin & Babbie, 2015; Rubin, 2020; Yegidis, Weinbach & Myers, 2018).

동시 타당도는 변수의 측정도구가 거의 동시에 측정한 다른 측정도구와 관련되는 정도를 말한다. 따라서 동시 타당도는 측정도구가 조사대상자의 현재 상태를 정확하게 예측하는 정도를 말한다. 이런 탓에, 동시 타당도에서는 측정도구를 적용한 결과가 현재의 외부 기준을 사용한 결과와 일치하는 정도를 살펴보고 있다. 예를 들어, 자원봉사 참여를 측정하는 도구의 동시 타당도를 알기 위해서, 측정도구를 적용해 나타난 결과와 조사대상자가 자원봉사에 참여한 현재 기록을 비교할 수 있다.

예측 타당도는 변수의 측정도구가 이 변수와 연관된 것으로 보이는 미래의 성과나 행동과 관련되는 정도를 말한다. 따라서 예측 타당도는 측정도구가 미래에 발생할 기준을 정확하게 예측하는 정도를 말한다. 이런 탓에, 예측 타당도에서는 측정도구를 적용한 결과가 미래의 외부 기준과 일치하는 정도를 살펴보고 있다. 예를 들어, 자원봉사 참여를 측정하는 도구의 예측 타당도를 알기 위해서, 측정도구를 적용해 나타난 결과와 조사대상자가 미래에 자원봉사에 참여하는 정도를 비교할 수 있다.

(4) 구성(구성체) 타당도

구성(구성체, construct)은 명백히 알 수 없는 것을 말한다. 따라서 구성은 직접 관찰할 수 없다. 결국, 구성은 구체적인 개념이 아니라 추상적인 개념을 가리킨다(이종승, 2009; Yegidis, Weinbach & Myers, 2018).

구성 타당도는 측정도구가 해당 구성(개념)과 관련되거나 관련되지 않는 것으로 보이는 다른 구성(개념)과 연관되는 정도를 말한다. 이런 탓에, 구성 타당도는 측정도구의 바탕에 깔린 이론을 검증하는 것과 관련되고 있다.

구성 타당도의 형태에는 수렴(convergent)[55] 타당도와 판별(discriminant)[56] 타당도가 있다. 수렴 타당도는 측정도구가 이와 이론적으로 연관된 다른 개념과 관련되는 정도를 말한다. 조사자가 사용하는 측정도구의 결과가 동일한 개념을 측정하는 다른 방법을 사용해 얻은 결과와 일치할 경우, 이 측정도구는 수렴 타당도를 가진다고 볼 수 있다(Yegidis, Weinbach & Myers, 2018; Mathers, Fox & Hunn, 2009; Rubin & Babbie, 2015).

판별 타당도는 측정도구가 이와 이론적으로 연관되지 않은 것으로 보이는 다른 개념과 관련되지 않는 정도를 말한다. 측정도구의 결과가 동일한 개념을 측정하는 방법을 사용해 얻은 결과와는 크게 일치하지만, 다른 개념을 측정하는 방법을 사용해 얻은 결과와는 크게 일치하지 않을 경우, 이 측정도구는 판별 타당도를 지닌다고 볼 수 있다(Yegidis, Weinbach & Myers, 2018; Rubin & Babbie, 2015).

55) 수렴은 서로 비슷해지는 것을 말한다(Oxford Languages, 2023).

56) 판별은 서로 구분되는 것을 말한다(Oxford Languages, 2023).

구성 타당도를 통해서, 측정하고 있는 구성(개념)이 이론적 틀에서 존재함을 알 수 있다. 이렇게 함으로써, 구성 타당도는 구성(개념) 자체를 설명하고 있고, 또한 이 구성(개념)이 다른 변수나 개념과 어떻게 관련되는지를 보여주고 있다(Yegidis, Weinbach & Myers, 2018).

구성 타당도를 구하는 단순하고 직접적인 방법은 없다. 그러나 구성 타당도를 확인하기 위해서 요인분석(factor analysis)을 하는 경우가 많다. 요인분석에서는 문항들 사이에 상관관계가 높은 것을 하나의 요인으로 만들고 있다(김기원, 2001; Yegidis, Weinbach & Myers, 2018). 그리고 하나의 요인을 구성하는 문항들은 하나의 개념을 측정한다고 보고 있다. 따라서 해당 요인을 구성하는 문항들 사이에는 상관관계가 높다. 이런 탓에, 요인 속에 있는 문항들은 수렴 타당도가 있다고 볼 수 있다. 그러나 각 요인은 서로 다른 개념으로 인식되므로, 요인들 사이에는 상관관계가 낮다. 이런 탓에, 요인들 사이에는 판별 타당도가 있다고 볼 수 있다.

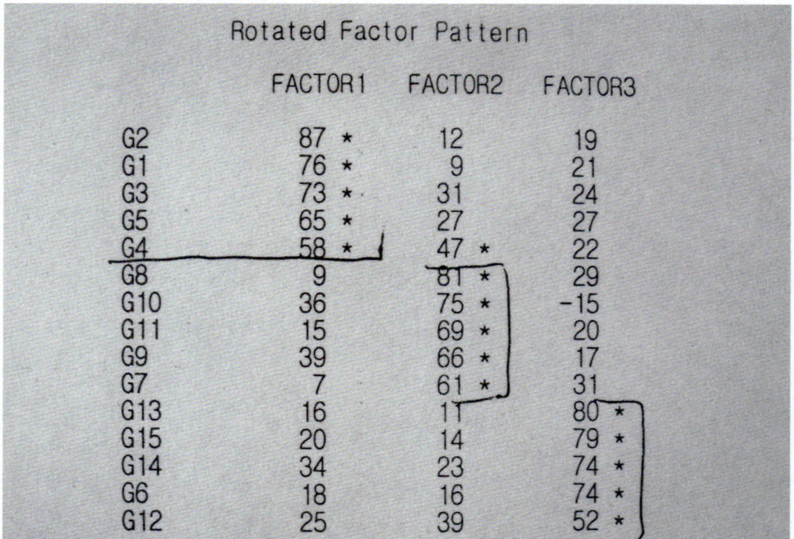
Rotated Factor Pattern

	FACTOR1	FACTOR2	FACTOR3
G2	87 *	12	19
G1	76 *	9	21
G3	73 *	31	24
G5	65 *	27	27
G4	58 *	47 *	22
G8	9	81 *	29
G10	36	75 *	-15
G11	15	69 *	20
G9	39	66 *	17
G7	7	61 *	31
G13	16	11	80 *
G15	20	14	79 *
G14	34	23	74 *
G6	18	16	74 *
G12	25	39	52 *

통계 프로그램으로 요인분석을 한 예

요인분석은 구성 타당도를 확인할 때 사용한다. [출처 : 저자 촬영]

구성 타당도는 가장 복잡한 형태를 지니는 타당도라고 볼 수 있다.

3) 타당도와 관련해 고려할 점

측정도구는 어떤 조사대상자나 사례에 대해서는 타당도가 높지만, 다른 조사대상자나 사례에 대해서는 타당도가 높지 않을 수 있다(Yegidis, Weinbach & Myers, 2018). 예를 들어, 우울한 정도를 측정하는 어떤 측정도구는 청소년에게 적용할 때는 타당도가 높지만, 노인에게 적용할 때는 타당도가 높지 않을 수 있다.

POINT

* 타당도는 측정도구가 원래 측정하려고 의도한 것을 측정하는 정도이다.
* 액면 타당도는 측정도구가 겉으로 보기에 타당한 것처럼 보이는 정도이다.
* 내용 타당도는 측정도구가 특정한 내용의 모든 측면이나 요소를 적절하게 포함하는 정도이다.
* 기준 타당도는 측정도구의 점수가 동일한 변수를 측정하는 것으로 인정받은 다른 측정도구의 점수와 일치하는 정도이다. 동시 타당도는 변수의 측정도구가 거의 동시에 측정한 다른 측정도구와 관련되는 정도이다. 예측 타당도는 변수의 측정도구가 이 변수와 관련된 것으로 보이는 미래의 성과나 행동과 관련되는 정도이다.
* 구성 타당도는 측정도구가 해당 구성과 관련되거나 관련되지 않는 것으로 보이는 다른 구성과 연관되는 정도이다. 수렴 타당도는 측정도구가 이와 이론적으로 연관된 다른 개념과 관련되는 정도이다. 판별 타당도는 측정도구가 이와 이론적으로 연관되지 않은 것으로 보이는 다른 개념과 관련되지 않는 정도이다.

2. 신뢰도

1) 신뢰도의 정의와 중요성

신뢰도(reliability)는 측정도구로 동일한 현상을 반복해서 측정할 때마다 동일한 결과가 나타나는 정도를 말한다. 따라서 신뢰도는 측정도구가 안정되고 일관성이 있는 정도를 가리킨다(Yegidis, Weinbach & Myers, 2018; Institute of Education

Sciences, 2023; Rubin & Babbie, 2015; Babbie, 2020). 이런 탓에, 신뢰도가 있는 측정도구를 사용할 때는 측정한 결과가 일관성 있게 나타나고 있다.

신뢰도는 측정의 질을 평가하는 데 있어 중요하다(Institute of Education Sciences, 2023; Yegidis, Weinbach & Myers, 2018). 따라서 사회복지조사에서는 신뢰도가 있는 측정도구를 사용할 필요가 있다.

한편, 측정도구가 신뢰도가 있는 정도는 '상관계수(correlation coefficient)'로 제시하는 경우가 많다. 상관계수는 어떤 변수의 측정치가 다른 변수의 측정치와 서로 관련되는 정도를 보여주고 있다(Yegidis, Weinbach & Myers, 2018).

2) 신뢰도의 형태

신뢰도에는 여러 가지 형태가 있다. 신뢰도의 주요한 형태로 상호관찰자(상호평가자, interobserver/interrater) 신뢰도, 검사-재검사(test-retest) 신뢰도, 유사 양식(parallel-forms) 신뢰도, 이분(반분, split-half) 신뢰도, 내적 일관성(internal consistency) 신뢰도가 있다.

(1) 상호관찰자 신뢰도

상호관찰자 신뢰도는 관찰자(평가자)들 사이에 구한 점수가 서로 일관성이 있는 정도를 말한다. 구체적으로 상호관찰자 신뢰도는 두 명 이상의 관찰자가 동일한 지시를 따라서 동일한 기간에 관찰한 것을 기록할 때, 이런 기록들이 서로 일치하는 정도를 말한다(Rubin & Babbie, 2015; Yegidis, Weinbach & Myers, 2018).

상호관찰자 신뢰도를 구하는 방법을 구체적으로 제시하면 다음과 같다(김기원, 2001).

① 두 사람 이상의 관찰자가 동일한 측정 절차에 따라 관찰한다.
② 각 관찰자가 관찰해 얻은 점수들 사이의 상관관계를 계산한다.

이때 각 관찰자가 관찰해 얻은 점수들 사이의 상관관계가 높을수록, 해당 측정도구는 신뢰도가 높다고 볼 수 있다.

(2) 검사 - 재검사 신뢰도

검사-재검사 신뢰도는 측정도구를 동일한 조사대상자에게 두 번 적용할 때, 동일한 결과가 나타나는 정도를 말한다(Yegidis, Weinbach & Myers, 2018). 따라서 검사-재검사 신뢰도는 측정도구가 시간이 지나서도 일관성이 있는지 살펴보는 신뢰도라고 볼 수 있다.

검사-재검사 신뢰도에서는 동일한 측정도구를 가지고 두 번 측정한 다음에, 처음 측정한 것과 다음에 측정한 것을 서로 비교하고 있다. 이때 처음 검사해서 얻은 점수와 그 후에 다시 검사해서 얻은 점수 사이의 상관관계가 높을수록, 측정도구의 신뢰도가 높다고 보고 있다.

검사-재검사 신뢰도는 빠르고 간단하게 구할 수 있다. 이런 점은 검사-재검사 신뢰도의 큰 장점에 속하고 있다.

그러나 검사-재검사 신뢰도에서는 변수를 처음 검사하는 시기와 다시 검사한 시기 사이에 시간 차이가 있게 된다. 이 경우, 시간 차이는 일주일이 될 수도 있고, 어느 때는 몇 달이 될 수도 있다. 따라서 검사-재검사 신뢰도를 구하는 것과 관련해 문제가 있을 수도 있다. 예를 들어, 검사-재검사 신뢰도를 구할 때 다음과 같은 상황을 겪을 수 있다(Yegidis, Weinbach & Myers, 2018; Rubin & Babbie, 2015).

① 처음 검사한 시기와 다시 검사한 시기 사이의 기간이 너무 짧다. 이때에는 조사대상자가 처음 검사에서 자신이 답한 것을 기억하고 있어서 재검사에서도 이에 맞추어 일관성 있게 답하려고 할 수 있다. 이렇게 되면, 측정도구가 신뢰도가 없거나 적은 경우에도 처음 검사와 재검사 사이의 상관관계가 높게 나올 수 있다.

② 처음 검사한 시기와 다시 검사한 시기 사이의 기간이 너무 길다. 이때에는 측정하고 있는 특성이 변할 수 있다. 이렇게 되면, 측정도구가 신뢰도가 있는 경우에도, 처음 검사와 재검사 사이의 상관관계가 낮게 나올 수 있다.

③ 처음 검사한 때의 조건과 다시 검사한 때의 조건이 다르다. 이런 예로 처음 검사한 날의 시간대와 다시 검사한 날의 시간대가 다른 것이 있다. 이렇게 되면, 처음 검사와 재검사 사이의 상관관계가 낮게 나올 수 있다.

• **검사-재검사 신뢰도를 구할 때 고려할 점**

검사-재검사 신뢰도를 구할 경우, 다음과 같이 할 필요가 있다(Rubin & Babbie, 2015).

① 처음 검사와 재검사 사이의 시간 간격은 충분히 길어야 한다. 즉, 처음 검사와 재검사 사이의 기간은, 조사대상자가 처음에 답한 내용을 정확하게 기억하지 못할 정도로 충분히 길어야 한다. 그러나 처음 검사와 재검사 사이의 시간 간격은 어느 정도는 짧아야 한다. 즉, 처음 검사와 재검사 사이의 기간은, 측정하고 있는 특성이 변할 정도로 너무 길지 말아야 한다.

② 처음 검사와 재검사는 동일한 조건에서 실시하여야 한다.

검사-재검사 신뢰도는 많은 연구에서 쓸모가 있을 수 있다. 그러나 때에 따라서, 검사-재검사 신뢰도 방법은 비용이 많이 들 수 있다. 또한 검사-재검사 신뢰도를 구하기 위해 조사대상자에게 동일한 측정도구를 두 번 적용하는 것이 어려울 수도 있다(Yegidis, Weinbach & Myers, 2018).

(3) 유사 양식 신뢰도

유사 양식 신뢰도는 동일한 측정도구를 내용은 다르지만 방식은 비슷한 두 가지 형태로 만들어서,[57] 동일한 조사대상자에게 적용할 때 동일한 결과가 나타나는 정도를 말한다(Yegidis, Weinbach & Myers, 2018; Rubin & Babbie, 2015).[58]

유사 양식 신뢰도는 동일한 측정도구에 대해 유사하거나 동등한 형태를 구할 수 있을 때만 적용할 수 있다. 유사 양식 신뢰도의 경우, 첫째 형태의 측정도구를 적용해 얻은 점수와 둘째 형태의 측정도구를 적용해 얻은 점수 사이의 상관관계가 높을수록, 측정도구의 신뢰도가 높다고 보고 있다.

유사 양식 신뢰도의 단점은, 진짜로 유사한 두 가지 형태의 측정도구를 구성하는 것이 어렵다는 데 있다. 따라서 두 번째 측정도구를 첫 번째 측정도구와 진짜로 유사하게 구성하지 못하였기 때문에, 두 가지 유사 양식에서의 결과가 일관성이 없을 수도 있다. 이런 탓에, 두 가지의 유사 양식에서 결과가 일관성 있게 나오지 않았다고 해서, 측정도구가 신뢰도가 없다고 볼 수는 없다(Mark, 1996; Rubin & Babbie, 2015).

57) 이런 탓에, 신뢰도의 이름을 '유사 양식' 신뢰도라고 부르고 있다.

58) 유사 양식 신뢰도는 대안 양식 신뢰도, 동형 신뢰도라고도 부르고 있다.

(4) 이분 신뢰도

이분 신뢰도는 측정도구를 반씩 두 개로 나누어 조사대상자에게 적용할 때, 한쪽 반의 점수가 다른 쪽 반의 점수와 관련되는 정도를 말한다(Yegidis, Weinbach & Myers, 2018).

측정도구에 있는 모든 문항이 동일한 특성을 측정할 경우, 측정도구를 길이가 같은 두 가지 반쪽으로 나눌 수 있다. 이분 신뢰도를 구하는 방법을 구체적으로 제시하면 다음과 같다(Yegidis, Weinbach & Myers, 2018).[59]

① 측정도구를 두 부분으로 나눈다.

② 두 부분 사이의 상관관계를 계산한다.

이분 신뢰도의 경우, 두 부분 사이의 상관관계가 높을수록, 측정도구의 신뢰도가 높다고 보고 있다.

이분 신뢰도의 장점은 현실적이라는 데 있다. 왜냐하면 이분 신뢰도를 구하는 방식에서는 측정도구를 대상자에게 한 번만 적용하면 되기 때문이다(Mark, 1996; Rubin & Babbie, 2015).

(5) 내적 일관성 신뢰도

내적 일관성 신뢰도는 측정도구를 구성하는 여러 문항이 자체적으로 일관성이 있는지 살펴보는 신뢰도를 말한다. 구체적으로 내적 일관성 신뢰도는 측정도구의 문항들로 구성한 가능한 모든 쌍에서 얻어진 점수들 사이의 상관관계에 대한 평균을 말한다(Yegidis, Weinbach & Myers, 2018; Rubin & Babbie, 2015).

내적 일관성 신뢰도를 구하기 위해 오늘날 가장 많이 사용하고 있고 또한 가장 유용한 방법은, 크론바하의 알파(Cronbach's alpha) 계수를 계산하는 방법이다.[60] 측정도구를 반으로 나눌 수 있다면, 측정도구는 문항을 포함하는 많은 쌍으로 더 구분할 수 있다. 이에 등장한 것이 크론바하의 알파 계수이다. 크

59) 이분 신뢰도를 구하기 위해 측정도구를 반으로 나눌 때는 홀수 문항과 짝수 문항으로 구분하는 경우가 많다.

60) 일부 학자의 경우, 이런 신뢰도를 알파 계수 신뢰도라고 부르고 있다.

론바하의 알파 계수는 측정도구의 문항으로 이루어진 모든 쌍이 서로 관련되는 정도를 말한다. 구체적으로 크론바하의 알파 계수는 측정도구에 있는 문항들을 반으로 나누어 구성한 쌍의 점수들 사이의 상관관계에 대한 평균을 말한다.

> 3) 측정도구
>
> 본 연구에서는 자기효능감을 측정하기 위해서 [illegible]이 개발한 척도를 사용하였다([illegible]). 본 척도의 내용은 자신의 능력·장점·의지 등에 대한 인지로 구성되어 있다. 본 척도는 6문항으로 이루어져 있고, 본 척도를 구성하는 문항의 예로 "나는 대체로 나 자신의 능력에 만족한다", "나는 재주가 많다고 생각한다", "나는 다른 사람들보다 의지가 강하다"가 있다. 본 척도의 신뢰도(Cronbach's α)는 0.837로 나타났다.

크론바하의 알파 계수로 신뢰도를 계산한 논문(저자도 참여함)

신뢰도를 구하기 위해 가장 많이 사용하는 방법은 크론바하의 알파 계수를 계산하는 방법이다. [출처 : 논문을 캡쳐]

크론바하의 알파 계수를 계산하기 위한 컴퓨터 프로그램에서는, 측정도구에 있는 모든 문항을 다양하게 반으로 나누어서 각 쌍을 구성하고 있다. 그리고 나서 각 쌍의 점수들 사이의 상관계수를 계산하고 있다. 이렇게 해서 얻은 상관계수에 대한 평균이 바로 크론바하의 알파 계수이다.[61)]

일반적으로 크론바하의 알파 계수가 0.6 이상이면, 신뢰도는 만족스럽다고 보고 있다. 특히 크론바하의 알파 계수가 0.9 이상이면, 신뢰도는 매우 높다고 보고 있다(김기원, 2001; Rubin & Babbie, 2015).

크론바하의 알파 계수를 사용하는 방법은 이분 신뢰도를 구하는 방법보다 신뢰도를 더 잘 구할 수 있다. 그리고 크론바하의 알파 계수를 사용한 신뢰도는 내적 일관성이 필요한 지식이나 태도를 측정하는 데 유용하게 적용할 수 있다(Yegidis, Weinbach & Myers, 2018).

61) 통계 프로그램(예컨대, SPSS나 SAS)을 사용하면 크론바하의 알파 계수를 쉽게 계산할 수 있다.

3) 신뢰도와 관련해 고려할 점

사람의 특성을 측정하는 도구 중에서, 모든 조사대상자에 대해서 신뢰도가 높은 측정도구는 없다고 볼 수 있다. 따라서 측정도구는 특정한 집단에만 잘 적용되는 경우가 많다(Yegidis, Weinbach & Myers, 2018). 예를 들어, 불안을 측정하는 어떤 측정도구는 노인에게 사용할 때는 신뢰도가 높지만 아동에게 사용할 때는 신뢰도가 낮을 수 있다. 이런 탓에, 조사자는 측정도구가 자신의 조사대상자에게 신뢰도가 있는지를 확인할 필요가 있다.

- **신뢰도를 높이는 방법**

때에 따라서는 신뢰도를 높일 수 있다. 신뢰도를 높이는 방법을 구체적으로 제시하면 다음과 같다(Yegidis, Weinbach & Myers, 2018).

① 측정하는 동안에 환경을 같거나 유사하게 한다. 이렇게 하는 예로 횡단적 조사에서 자료를 모든 조사대상자에 대해서 유사한 환경과 유사한 시기에 유사한 방식으로 수집하는 것이 있다.

② 측정도구의 문항 수를 늘린다. 측정도구에서 문항을 추가하면 신뢰도가 높아지는 경우가 많다.

POINT

* 신뢰도는 측정도구로 동일한 현상을 반복해서 측정할 때마다 동일한 결과가 나타나는 정도이다.
* 상호관찰자 신뢰도는 관찰자들 사이에 구한 점수가 서로 일관성이 있는 정도이다.
* 검사-재검사 신뢰도는 측정도구를 동일한 조사대상자에게 두 번 적용할 때 동일한 결과가 나타나는 정도이다.
* 유사 양식 신뢰도는 동일한 측정도구를 내용은 다르지만 방식은 비슷한 두 가지 형태로 만들어서 적용할 때 동일한 결과가 나타나는 정도이다.
* 이분 신뢰도는 측정도구를 반씩 두 개로 나누어 조사대상자에게 적용할 때 한쪽 반의 점수가 다른 쪽 반의 점수와 관련되는 정도이다.
* 내적 일관성 신뢰도는 측정도구를 구성하는 여러 문항이 자체적으로 일관성이 있는지 살펴보는 신뢰도이다. 내적 일관성 신뢰도를 구하기 위해 오늘날 가장 많이 사용하는 방법은 크론바하의 알파 계수를 계산하는 방법이다.

3. 타당도와 신뢰도 사이의 관계

앞에서는 타당도와 신뢰도를 별도로 다루어 왔다. 그러나 타당도와 신뢰도는 서로 관련되고 있다.

신뢰도와 타당도 사이의 관계를 설명할 때에는, 사격의 표적으로 비유하면서 예를 제시하는 경우가 많다. 예를 들어, 신뢰도와 타당도 사이의 관계를 ❙그림 5−1❙과 같이 제시할 수 있다.

❙그림 5−1❙에서와 같이 비유할 경우, 총은 측정도구를 나타내고 있고, 표적의 중심 부분은 조사자가 측정도구를 가지고 측정하고자 하는 개념을 나타내고 있다. 그리고 표적에서 총탄에 맞은 부분은 측정도구를 사용해 얻은 점수를 나타내고 있다.

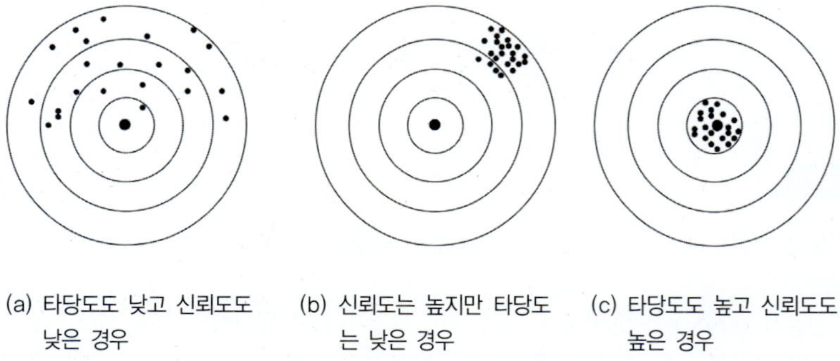

❙그림 5−1❙ **타당도와 신뢰도에 대한 비유**

사격의 표적으로 비유할 경우, 총이 얼마나 좋은가를 살펴보게 된다. 이것은 측정도구가 얼마나 타당도가 있고 얼마나 신뢰도가 있는지를 따져보는 것과 관련되고 있다. 이 경우, 타당도는 사격한 부분이 과녁의 중심 부분에 모여 있는 정도를 나타내고, 신뢰도는 맞힌 부분이 모여 있는 정도를 나타낸다고 볼 수 있다(Rubin & Babbie, 2015).

❙그림 5−1❙의 (a)에서는 총탄을 맞은 부분은 과녁의 중심 부분을 맞히지 못하고 있다. 따라서 이 측정도구는 측정하고자 하는 것을 제대로 측정하지

못하고 있다. 이런 탓에, 이 측정도구는 타당도가 낮은 측정도구이다. 그리고 총탄이 맞은 부분은 측정도구의 점수를 나타내는데, 총탄(점수)은 마구 흩어져 있다. 따라서 이 측정도구는 일관성이 없다. 이런 탓에, 이 측정도구는 신뢰도가 낮은 측정도구이다. 결국, (a)는 타당도도 낮고 신뢰도도 낮은 측정도구를 나타낸다.

❙그림 5－1❙의 (b)에서는 총탄을 맞은 부분이 몰려있다. 따라서 이 측정도구는 일관성이 있다. 이런 탓에, 이 측정도구는 신뢰도가 높은 도구이다. 그러나 총탄은 과녁의 중심 부분을 제대로 맞히지 못하고 있다. 따라서 이 측정도구는 측정하고자 하는 것을 제대로 측정하지 못하고 있다. 이런 탓에, 이 측정도구는 타당도가 높은 측정도구가 아니다. 결국, (b)는 신뢰도는 높지만 타당도는 낮은 측정도구를 나타낸다.

❙그림 5－1❙의 (c)에서는 총탄을 맞은 부분이 몰려있을 뿐만 아니라 중심의 과녁 속에 모두 들어 있다. 따라서 이 측정도구는 측정하고자 하는 것을 일관성 있게 측정하고 있다. 결국, (c)는 타당도도 높고 신뢰도도 높은 측정도구를 나타낸다.

앞에서의 예에서 보듯이, 측정도구의 신뢰도가 높다고 해서 타당도가 반드시 높은 것은 아니다.[62] 그러나 타당도가 높은 측정도구는 신뢰도가 항상 높다(Yegidis, Weinbach & Myers, 2018; Mark, 1996; Rubin & Babbie, 2015). 이런 탓에, 타당도와 신뢰도 사이의 관계는 대칭적 관계가 아니라, '비대칭적' 관계이다.[63]

POINT

* 타당도와 신뢰도 사이의 관계는 비대칭적 관계이다.

62) 예를 들어, 자아존중감을 측정하는 것으로 알려진 어떤 측정도구를 사용할 때, 일관성 있는 결과가 나타날 수 있다. 그러나 이 측정도구는 사실은 자비심을 측정할 수 있다. 이렇게 될 경우, 이 측정도구는 신뢰도는 높지만, 타당도가 없거나 매우 낮을 수 있다.

63) 만약 타당도와 신뢰도 사이의 관계가 '대칭적' 관계일 경우, 신뢰도가 높으면 타당도가 높고 또한 타당도가 높으면 신뢰도가 높아야 한다. 그러나 실제로는 타당도가 높으면 신뢰도가 높지만, 신뢰도가 높다고 해서 타당도가 반드시 높은 것은 아니다. 이런 탓에, 타당도와 신뢰도 사이의 관계는 '비대칭적' 관계이다.

4. 측정 오류

1) 측정 오류

측정하는 과정에서는 오류(error)를 겪을 가능성이 크다. 따라서 측정에서는 어느 정도의 오류가 나타날 수 있다. 무엇보다도, 조사자가 측정하고자 하는 것을 정확하게 측정하지 못할 때 측정 오류(measurement error)가 나타나고 있다. 이런 측정 오류는 타당도와 신뢰도에 영향을 미치고 있다.

측정 오류의 크기는 조사대상자의 특성과 측정도구의 성격에 따라 차이가 나고 있다. 특히 사람의 심리적 특성은 직접 관찰할 수 없으므로, 간접적 방법을 사용해서 측정하는 경우가 많다. 그 결과, 사람의 심리적 특성을 측정할 때는 오류가 더 나타날 가능성이 크다(이종승, 2009; Rubin & Babbie, 2015).

측정에서 오류가 발생하는 상황에는 여러 가지가 있을 수 있다. 측정에서 오류가 발생하는 상황을 몇 가지 제시하면 다음과 같다(이종승, 2009).

① 측정도구 자체에 문제가 있거나 정확하지 않다. 예를 들어, 질문하고자 하는 의미가 분명하지 않은 측정도구를 사용할 때는 오류가 나타날 수밖에 없다.

② 측정도구에는 문제가 없지만, 조사자가 조사대상자나 조사 환경을 꼼꼼히 고려하지 않는다. 예를 들어, 복잡한 설문지를 노인을 대상으로 실시할 때는 측정 오류가 나타날 수 있다.

③ 조사대상자의 심리적 특성이 일시적으로 변하거나 측정을 하는 환경이 특이하다. 예를 들어, 개인의 심리적 특성은 개인이 기분이 좋을 때와 기분이 나쁠 때 서로 차이가 나기 마련이고, 이에 따라 측정에서 오류가 나타날 수 있다.

심리적 변화가 심한 사춘기의 청소년들

조사대상자의 심리적 특성이 변하는 것은 측정 오류를 유발할 수 있다. [출처 : 러시아에서 저자 촬영]

측정 오류에는 여러 가지가 있을 수 있다. 그러나 양적 조사에서는 다음과 같은 두 가지 형태의 측정 오류에 주목하고 있다(Mathers, Fox & Hunn, 2009; Rubin & Babbie, 2015).

① 체계적 오류(systematic error)가 있다. 체계적 오류는 파악할 수 있는 요인 때문에 나타나는 오류를 말한다.

② 무작위(비체계적) 오류(random error)가 있다. 무작위 오류는 우연히 나타나는 오류를 말한다. 즉, 무작위 오류는 일관성 있는 방식으로 영향을 미치지 않는 오류를 말한다.

그러므로 양적 방법을 사용하는 조사자는 조사하기 전에, 자신이 적용하려는 측정 과정에서 체계적 오류와 무작위 오류가 나타날 가능성을 살펴볼 필요가 있다.

체계적 오류와 무작위 오류는 타당도 및 신뢰도와 관련되고 있다. 이 경우, 타당도를 얻지 못하는 것은 체계적 오류 때문이라고 볼 수 있고, 신뢰도를 얻지 못하는 것은 무작위 오류 때문이라고 볼 수 있다.

2) 체계적 오류

조사자가 수집하는 정보가 조사자가 측정하려는 것을 계속해서 잘못 나타낼 때는 체계적 오류가 나타나게 된다. 체계적 오류가 나타나는 이유를 몇 가지 제시하면 다음과 같다(Rubin & Babbie, 2015; Mathers, Fox & Hunn, 2009).

① 조사자가 자료를 수집하는 방식에 문제가 있기 때문이다.

② 조사대상자가 역동적 측면을 지니고 있기 때문이다. 이런 예로 조사대상자의 기분이 자주 변하는 것이 있다.

③ 때에 따라서는 조사자가 사용하는 측정도구가 조사자가 측정한다고 생각하는 것을 제대로 측정하지 못하기 때문이다. 예를 들어, 조사대상자의 언어는 행동과 항상 일치하지 않는다. 예컨대, 부모가 아동학대에 관해 생각하는 바를 부모의 말을 통해서 측정할 경우, 조사자는 부모가 아동을 실제로 학대하는 정도를 알지 못할 수 있다.

측정도구가 조사자가 측정한다고 생각하는 것이 아닌 것을 체계적으로 측정하는 대표적인 예로, 조사대상자로부터 자료를 수집하는 데 있어 편향(bias)이 포함되는 경우가 있다. 편향은 측정 과정에서 조사대상자 개인이 좋아하는 바나 믿는 바에 근거해 답하는 것을 말한다.

편향에는 여러 가지 형태가 있을 수 있다. 편향의 형태를 몇 가지 제시하면 다음과 같다(김영종, 2007; Rubin & Babbie, 2015; Yegidis, Weinbach & Myers, 2018).

① 순응적 반응 편향(acquiescent response set)이 있다.[64] 순응적 반응 편향은 질문의 내용에 상관없이 모든 질문에 대해 찬성하거나 반대하는 경향을

64) 순응은 따지지 않고 어떤 것을 받아들이려는 것을 말한다(Oxford Languages, 2023).

말한다. 순응적 반응 편향이 나타나는 상황을 구체적으로 예를 들면 다음과 같다.

㉠ 조사자의 경우, 조사대상자가 조사자가 원하는 방향으로 답하게 하는 방식으로 질문을 작성한다.

㉡ 조사자가 검증하려는 가설을 지지하는 답을 조사대상자에게서 들을 때, 조사자는 이에 동의한다는 표시로 과도하게 미소짓거나 고개를 끄떡인다.

② 사회적 적절성 편향(social desirability bias)이 있다. 사회적 적절성 편향은 사람이 자신이나 자신이 속한다고 생각하는 집단을 좋게 보이게 하는 식으로 말하거나 행동하는 경향을 말한다. 조사대상자가 조사자의 질문에 답할 때는 자신이 가진 진짜 의견이나 행동과는 다르게 답할 수 있다. 이렇게 되면 조사대상자의 답에 편향이 나타나게 된다. 양적 조사에서 조사자는 사회적 적절성 편향에 대해 특히 조심할 필요가 있다. 왜냐하면 조사자가 정보를 얻기 위해 조사대상자에게 질문할 때마다, 조사대상자는 자신을 좋게 보이려는 식으로 답할 수 있기 때문이다. 이것은 서로 얼굴을 마주 보는 상황에서 질문할 때 특히 그렇다.

③ 문화적 차이 편향(cultural gap bias)이 있다. 문화적 차이 편향은 측정하는 과정에 문화적 차이가 반영되어, 측정에서 체계적 오류가 나타나는 경향을 말한다. 문화적 차이 편향의 경우, 어떤 문화를 가진 집단에서는 자연스럽게 이해되는 사실이, 이와는 다른 문화를 가진 집단에서는 자연스럽게 이해되지 못할 때 자주 나타난다. 이런 집단의 예로 다문화와 관련된 집단이 있다.

3) 무작위 오류

무작위 오류는 일관성 있게 영향을 미치지 않고 있다. 이런 점에서 무작위 오류는 체계적 오류와 차이가 나고 있다. 무작위 오류가 나타날 경우, 처음에 측정한 결과와 다음에 측정한 결과 사이에 일관성이 없게 된다(Rubin & Babbie, 2015).

무작위 오류는 파악하기가 쉽지 않다. 무작위 오류는 여러 가지 상황에서 나타날 수 있다. 무작위 오류가 나타날 수 있는 상황의 예로, 여러 사람이 모인 집단에서 조사대상자가 설문지에 답할 때 어떤 사람이 큰 소리로 계속 전화하는 경우가 있다. 이런 상황에서, 일부 조사대상자는 설문지에 답하는 데 심리적으로 크게 어려움을 겪을 수 있다. 그러나 이 경우, 이런 상황 때문에 어려움을 겪은 사람은 누구이고, 겪지 않은 사람은 누구인지 알 수 없다는 데 문제가 있다(Yegidis, Weinbach & Myers, 2018).

4) 체계적 오류와 무작위 오류의 제거

체계적 오류는 비교적 쉽게 제거할 수 있다. 그러나 무작위 오류는 일관성 없이 나타나기 때문에 쉽게 제거할 수 없다.

타당도와 신뢰도 모두가 완전하게 높은 측정도구를 구하는 것은 쉽지 않을 수 있다. 그러나 측정도구가 적절한 수준의 타당도와 신뢰도를 가지게 하기 위해서는, 체계적 오류와 무작위 오류를 모두 없애거나 줄이는 데 관심을 가질 필요가 있다.

Loneliness. The Revised UCLA Loneliness Scale (R–UCLA; Russell, Peplau, & Cutrona, 1980) is a measure of global loneliness that assesses an individual's dissatisfaction with social relationships, both related to lack of intimate relationships and a lack of a social network of friends. This measure of loneliness was selected because it was originally developed and normed within college student populations, and there are ample data supporting its reliability and validity. The R–UCLA consists of 20 items measured on a 4–point Likert scale ranging from 1 (never) to 4 (often). Examples of items include "I am no longer close to anyone" and "I lack companionship." Scores are calculated by reverse–scoring items suggesting closeness to others and summing the scores, with higher scores indicating greater loneliness.

Russell et al. (1980) reported a coefficient alpha of .94, indicating adequate internal consistency reliability. In the present study, a similar value of .93 was obtained. Construct and criterion–related validity data have subsequently been examined. A correlation coefficient of $r = .74$ has been reported with other measures of loneliness, demonstrating construct validity, and a correlation of $r = .72$ has been reported with overt statements of loneliness, demonstrating criterion–related validity (McWhirter, 1997). In addition, construct validity was supported through moderate to strong correlations with measures of depression, self–esteem, and anxiety (Russell et al., 1980).

논문에서 타당도와 신뢰도를 설명하는 부분

측정도구가 적절한 타당도와 신뢰도를 가지려면, 체계적 오류와 무작위 오류를 모두 없애거나 줄여야 한다. [출처 : Beets, Pitetti & Forlaw(2007)]

POINT

* 체계적 오류는 파악할 수 있는 요인 때문에 나타나는 오류이다. 무작위 오류는 우연히 나타나는 오류이다.
* 편향은 측정 과정에서 조사대상자 개인이 좋아하는 바나 믿는 바에 근거해 답하는 것이다. 순응적 반응 편향은 모든 질문에 대해 찬성하거나 반대하는 경향이다. 사회적 적절성 편향은 사람이 자신이나 자신이 속한다고 생각하는 집단을 좋게 보이게 하는 식으로 말하거나 행동하는 경향이다. 문화적 차이 편향은 측정하는 과정에 문화적 차이가 반영되어 측정에서 체계적 오류가 나타나는 경향이다.

CHAPTER 06

표집(표본추출)

차례 CONTENTS

1. 전수조사와 표본조사

1) 조사하려는 사례의 범위에 따른 조사 형태의 분류

조사자는 조사하려는 사례 모두를 조사할 수 있다. 조사하려는 사례 모두에 대해 조사하는 것을 '전수조사'라고 부르고 있다. 전수조사의 예로 인구조사(census)가 있다. 일반적으로 인구조사는 조사하려는 모든 사례에 관한 정보를 수집하고자 하는 조사를 말한다(Statistics Canada, 2021).

그러나 조사자는 조사하려는 사례의 일부만 선정해 조사할 수도 있다. 이때, 이렇게 선정한 사례를 모은 것을 표본(sample)이라고[65] 부르고 있고, 표본을 사용하는 조사를 '표본조사'라고 부르고 있다. 결국, 조사하려는 사례의 범위에 따라서 조사 형태를 전수조사와 표본조사로 분류할 수 있다.

65) 표본에 관해서는 뒤에서 자세히 설명한다.

인구조사 안내문

전수조사의 예로 인구조사가 있다. [출처 : 저자 촬영]

2) 표본조사의 필요성

언뜻 보기에, 전수조사가 바람직해 보일 수 있다. 그러나 조사자가 모든 사례를 조사하는 것이 불가능하지 않거나 필요하지 않은 경우도 많다. 특히, 모든 사례를 대상으로 조사하는 것은 현실적으로 어려운 경우가 많다. 왜냐하면 시간이나 예산 등이 충분하지 않을 수 있기 때문이다. 예를 들어, 설문지를 사용해 조사할 경우, 해당하는 모든 사례를 조사하는 것은 현실적으로 어려울 수 있다.

무엇보다도, 조사하려는 사례가 너무 많을 때는 전수조사를 하기가 어려울 수 있다. 예를 들어, 우리나라 아동의 삶의 질을 전수조사하고자 할 경우, 우리나라에 거주하는 모든 아동을 대상으로 조사하여야 한다. 그러나 이런 전수조사는 비용과 시간과 기타 측면에서 많은 자원이 필요하므로, 개인 조사자가 실시하기가 어려울 수밖에 없다.

그러나 표본조사는 투입한 비용에 비해 효과가 크기 때문에 유리하다. 따라서 많은 조사에서는 표본조사를 하고 있다.

POINT

* 전수조사는 사례 모두를 조사하는 것이다. 표본조사는 표본을 사용하는 조사이다.
* 표본조사는 투입한 비용에 비해 효과가 크기 때문에 유리하다.

2. 표집의 정의와 중요성

1) 표집의 정의

표본조사에서 중요한 과정은 '표집(sampling)'이다.[66] 일반적으로 표집은 표본을 선정하는 과정을 말한다. 구체적으로 표집은 모든 사례 중에서 일부 사례를 표본으로 선정하는 과정을 말한다(Rubin & Babbie, 2015; Statistics Canada, 2021; Editors of Encyclopedia of Britannica, 2023).

2) 표집의 중요성[67]

표집을 할 경우, 조사자는 일부 사례에서 얻어진 결과에 근거해서 모든 사례에 관한 정보를 예측할 수 있게 된다. 따라서 표집을 하는 것은 더 효율적이어서, 현실적으로 더 유리할 수 있다. 무엇보다도, 조사에서 조사대상자의 수를 줄이게 되면, 비용과 할 일이 줄어들게 된다. 그 결과, 조사자는 모든 사례를 조사하는 것보다 시간을 덜 쓰면서 더 적은 비용으로 조사할 수 있게 된다(Statistics Canada, 2021; UK Faculty of Public Health, 2022; Yegidis, Weinbach & Myers, 2018). 이런 탓에, 표집은 중요하다.

POINT

* 표집은 표본을 선정하는 과정이다.
* 표집을 하는 것은 현실적으로 더 유리할 수 있다.

66) 우리나라의 경우, 조사와 관련된 자료에서는 표본을 뽑는 것을 표본을 '추출'한다고 표현하고 있다. 따라서 '표집'이라는 용어 대신에 '표본추출'이라는 용어를 사용하기도 한다.

67) 이 부분은 앞에서 설명한 '표본조사의 필요성'과도 관련되고 있다.

3. 표집과 관련된 용어

표집을 하는 과정에서는 여러 가지 용어를 사용하고 있다. 이런 용어는 나름의 의미를 지니고 있다. 그리고 표집과 관련된 일부 용어는 매우 구체적인 의미를 지니고 있다.

표집과 관련된 용어의 예로 요소(element), 표본(sample), 모집단(population), 연구 모집단(study population), 표집틀(sampling frame), 모수(parameter), 통계치(statistic), 표집단위(sampling unit), 관찰단위(observation unit), 표집 오차(sampling error), 신뢰 구간(confidence interval), 신뢰 수준(confidence level)이 있다.

1) 요 소[68)]

요소는 표본에서 정보를 수집하는 단위를 말한다. 요소는 조사에서 분석의 토대가 되고 있다.

분석단위가 사람일 경우, 요소는 조사대상자로 선정된 각 사람을 가리킨다. 설문조사를 위한 표집에서는 요소가 사람인 경우가 많다.

그러나 요소는 여러 가지의 서로 다른 분석단위를 가리킬 수 있다. 예를 들어, 요소는 가족, 집단, 지역사회가 될 수도 있다(Rubin & Babbie, 2015; Yegidis, Weinbach & Myers, 2018).

2) 모집단

모집단은 일부 정해진 특성을 지닌 모든 요소를 말한다. 구체적으로 모집단은 조사하고 있는 사례를 모아놓은 것을 말한다. 조사자가 관심을 가지는 것은 표본 자체가 아니라, 표본을 조사해서 모집단에 관해 얻을 수 있는 정보이다(Sethi, 2021; Statistics Canada, 2021).

68) 때에 따라서는 요소를 사례(case)라고 부르고 있다.

모집단은 다양할 수 있다. 예를 들어, 모집단은 사람을 모아놓은 것일 수도 있고, 어떤 물품을 모아놓은 것일 수도 있다. 때에 따라서는 모집단을 이론적 모집단(theoretical population)이라고 부르고 있다.

그러나 모집단의 일부는 조사자가 접근하기 어려울 수 있다. 예를 들어, 모집단의 일부는 매우 먼 곳에 거주하기 때문에 자료를 수집하는 데 비용이 너무 많이 들어서 접근하기 어려울 수 있다. 이 경우, 실질적으로 접근할 수 있는 사례를 포함하는 모집단을 연구 모집단이라고 부르고 있다. 연구 모집단은 표본으로 실제로 선정한 요소를 모아놓은 것을 말한다. 즉, 연구 모집단은 지리, 시간, 예산, 기타 요인을 고려한 상황에서 조사자가 접근할 수 있는 모든 요소를 말한다. 따라서 연구 모집단은 이론적 모집단보다 더 좁은 의미를 지니고 있다(Rubin & Babbie, 2015; Statistics Canada, 2021; Yegidis, Weinbach & Myers, 2018). 조사자가 '모집단'이라고 할 때는 연구 모집단을 가리키는 경우가 많다.

• 연구 모집단의 예

모집단이 우리나라의 모든 대학생일 경우, 군대에 간 대학생이나 수업에 자주 결석하는 대학생은 조사하기 어려울 수 있다. 이런 상황에서, 연구 모집단은 이런 대학생과 접근하기 어려운 기타 대학생을 제외한 모든 대학생이다.

한편, 조사자는 조사를 위한 모집단에 관해서는 실제로 알지 못할 수도 있다(Yegidis, Weinbach & Myers, 2018). 예를 들어, 학교폭력의 모든 사례를 모집단으로 볼 때, 조사자는 모집단을 완전하게 제시할 수 없다. 왜냐하면 일부 학교폭력 사례는 신고되지 않을 수 있고, 일부 학교폭력 사례는 현재 조사하는 중이기 때문이다.

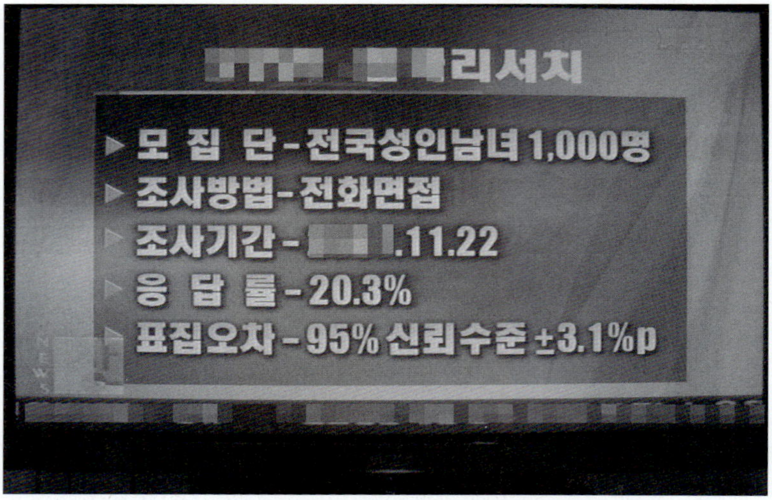

모집단을 잘못 표시한 방송 화면

모집단은 조사하고 있는 사례를 모아놓은 것이다. [출처 : 화면을 캡처]

3) 표 본

표본은 모집단의 부분을 말한다. 구체적으로 표본은 정해진 모집단에 있는 사례들 중에서 조사를 위해 선정한 사례를 모아 놓은 것을 말한다. 예를 들어, 사례가 사람일 경우, 조사대상자로 선정된 사람들이 표본을 구성하고 있다 (Statistics Canada, 2021; Sethi, 2021; Yegidis, Weinbach & Myers, 2018; Rubin & Babbie, 2015).

사회복지조사에서 표본은 많은 사람으로 구성된 집단인 경우가 많다. 그러나 표본은 사람이 아닐 수도 있다. 예를 들어, 아동복지 기관을 분석할 경우, 아동에게 서비스를 제공하는 복지기관이 표본이 될 수 있다.

4) 표집틀

표집틀은 표본을 추출하는 사례들을 모아놓은 실제 목록을 말한다. 따라서 표본은 실제로 조사하는 표집틀에서 추출한 사례를 모아 놓은 집단이라고 볼 수 있다.

조사자는 표집틀이 모집단을 제대로 반영하기를 바라고 있다. 그러나 사례의 목록을 매우 잘 정리한다고 해도, 표집틀은 완전하지 않은 경우가 많다(Yegidis, Weinbach & Myers, 2018; Rubin & Babbie, 2015; Statistics Canada, 2021).

5) 모수와 통계치

모수는 모집단에 있는 변수에 관한 자료를 말한다. 구체적으로 모수는 모집단의 특성을 나타내는 값을 말한다. 모수의 예로 어떤 변수에 대한 모집단의 평균이 있다.

그리고 통계치는 표본에 있는 변수에 관한 자료를 말한다. 구체적으로 통계치는 표본의 어떤 특성을 나타내는 값을 말한다(Sethi, 2021; Yegidis, Weinbach & Myers, 2018).

정리하건대, 모수는 모집단에서 계산한 값을 말하고, 통계치는 표본에서 계산한 값을 말한다.

한편, 모수와 통계치는 서로 밀접하게 관련되어 있다. 양적 조사의 경우, 어떤 변수의 통계치(예컨대, 표본의 평균 나이)로 이 변수의 모수(예컨대, 모집단의 평균 나이)를 예측하고 있다(Yegidis, Weinbach & Myers, 2018).

6) 표집단위와 관찰단위

표집단위는 표집을 하는 단계에서 표본을 선정하는 요소를 말한다. 그리고 관찰단위는 조사에서 필요한 정보를 제공하는 사람을 말한다(Rubin & Babbie, 2015; Statistics Canada, 2021). 예를 들어, 3세 미만 아동에 대해 조사할 경우, 표집단위는 아동이 되고, 관찰단위는 부모가 될 수 있다

어린 아동에 관한 질문에 답하는 할머니

할머니를 통해서 어린 아동에 관한 정보를 얻는 조사에서는 할머니가 관찰단위가 된다.
[출처 : 저자 촬영]

7) 표집 오차[69)]

표집 오차는 표본을 추출할 때 예상되는 오차의 정도를 말한다. 구체적으로 표집 오차는 표본의 결과가 모집단에서 얻어질 결과와 차이가 나는 정도를 말한다(Rubin & Babbie, 2015; Members of the Research Methods Seminar, 2023).

표본은 모집단과 차이가 날 가능성이 있으므로, 조사자는 표본의 특성을 측정한 것이 모집단의 특성과 같다고 가정할 수 없다. 이때 나타나는 것이 표집 오차이다. 표집 오차는 확률 이론에 근거해서 계산하고 있다(Yegidis, Weinbach & Myers, 2018; Statistics Canada, 2021; Rubin & Babbie, 2015).

69) 우리나라의 언론에서는 '표집 오차'를 '표본 오차'로 표시하기도 한다.

8) 신뢰 구간과 신뢰 수준

신뢰 구간은 모수로 추정하는 값의 범위를 말한다. 구체적으로 신뢰 구간은 모집단의 진짜 값을 포함할 것으로 보이는 값의 범위를 말한다(Rubin & Babbie, 2015; Statistics Canada, 2021).

예를 들어 설문조사를 한 결과, 표본의 30%가 홍길동 후보를 지지하는 것으로 나타날 수 있다. 이때 홍길동 후보를 지지하는 비율을 가장 잘 추정한 것은 30%라고 볼 수 있지만, 홍길동 후보의 지지율이 정확히 30%라고 볼 수는 없다. 따라서 모집단에서 홍길동 후보를 지지하는 실제 비율이 될 수 있는 구간을 계산할 수 있다. 계산한 결과, 모집단에서 홍길동 후보를 지지하는 비율은 25~35%일 수 있다. 이때 신뢰 구간은 25~35%가 된다.

신뢰 구간을 제시할 때는 신뢰 수준도 제시하고 있다. 신뢰 수준은 조사자가 신뢰 구간에 대해 확신할 수 있는 정도를 말한다. 구체적으로 신뢰 수준은 모수가 주어진 신뢰 구간에 놓여 있을 것이라고 확신하는 확률을 말한다(Siegle, 2021; Statistics Canada, 2021; Rubin & Babbie, 2015).

예를 들어, 모집단에서 25~35%가 홍길동 후보를 지지한다고 95% 확신할 수 있을 경우, 신뢰 수준은 95%가 된다. 대부분 조사에서는 95%를 신뢰 수준으로 삼고 있다.

POINT

* 요소는 표본에서 정보를 수집하는 단위이다. 모집단은 일부 정해진 특성을 지닌 모든 요소이다. 표집틀은 표본을 추출하는 사례를 모아놓은 실제 목록이다.
* 모수는 모집단에 있는 변수에 관한 자료이다. 통계치는 표본에 있는 변수에 관한 자료이다.
* 표집단위는 표집을 하는 단계에서 표본을 선정하는 요소이다. 관찰단위는 조사에서 필요한 정보를 제공하는 사람이다.
* 표집 오차는 표본을 추출할 때 예상되는 오차의 정도이다.
* 신뢰 구간은 모수로 추정하는 값의 범위이다. 신뢰 수준은 조사자가 신뢰 구간에 대해 확신할 수 있는 정도이다.

4. 표집방법

1) 분 류

표집방법에는 여러 가지가 있다. 그러나 조사자가 이용할 수 있는 표집방법은 일반적으로 확률 표집(probability sampling)과 비확률 표집(nonprobability sampling)으로 분류할 수 있다.

(1) 확률 표집

(가) 확률 표집의 정의와 특징

확률 표집은 무작위 추출(random selection)을 하는 표집을 말한다. 무작위 추출은 각 사례가 표본으로 선정될 확률이 똑같은 상태에서 표본을 추출하는 것을 말한다.

확률 표집을 할 경우, 통계적 결과가 우연 때문에 나타났을 확률을 알 수 있게 된다. 그리고 확률 표집을 할 경우, 특정한 사례만 표본으로 선정되는 상황을 피할 수 있고, 또한 표집 오차를 계산할 수 있다. 따라서 확률 표집을 하게 되면, 표본에서 얻어진 조사 결과를 더 큰 집단에게 적용할 수 있게 된다. 또한 확률 표집을 하게 되면, 조사 결과를 다른 상황에도 더 적용할 수 있게 된다. 따라서 확률 표집을 할 경우, 외적 타당도가[70] 높아지게 된다. 이런 탓에, 가능하다면, 비확률 표집보다는 확률 표집이 더 바람직하다.

그러나 확률 표집은 비확률 표집보다 시간이 더 걸리고 비용이 더 많이 드는 경우가 많다. 또한 확률 표집을 할 경우, 표집틀이 있어야 한다(Yegidis, Weinbach & Myers, 2018; Statistics Canada, 2021; UK Faculty of Public Health, 2022; Editors of Encyclopedia of Britannica, 2023).

70) 외적 타당도에 관해서는 인과관계를 다루는 장(제7장)에서 자세히 설명한다.

(나) 확률 표집의 형태

확률 표집의 형태에는 여러 가지가 있다. 일반적으로 확률 표집의 형태에는 단순 무작위 표집(simple random sampling), 체계 표집(systematic sampling), 층화 표집(stratified sampling), 군락 표집(cluster sampling)이 있다.

(a) 단순 무작위 표집

단순 무작위 표집은 확률 표집 중에서 가장 기본적인 형태의 표집이다. 단순 무작위 표집은 사례를 무작위로 선정하는 것을 말한다. 단순 무작위 표집에서 모집단에 있는 각 사례는 표본으로 선정될 확률이 같다(UK Faculty of Public Health, 2022; Editors of Encyclopedia of Britannica, 2023). 예를 들어, 1,000명의 노인으로 이루어진 집단에서 각 노인이 표본으로 선정될 확률은 똑같이 1000분의 1이다.

단순 무작위 표집의 경우, 미리 정해진 사례 수를 무작위로 추출하고 있다. 예를 들어, 조사자가 500명의 명단이 있는 표집틀에서 100명을 표본으로 추출하기를 원할 경우, 조사자는 다음과 같이 단순 무작위 표집을 할 수 있다.

① 조그만 카드에 개인의 이름이나 번호를 적는다.

② 모든 카드를 상자에 넣는다.

③ 상자에서 100개의 카드를 무작위로 뽑는다.

표본의 크기가 클 경우, 표를 이용해 단순 무작위 표집을 할 수 있다. 이런 표는 '난수표(table of random numbers)'라고 부르고 있다. 때에 따라서는 수를 무작위로 제공해 주는 컴퓨터 프로그램을 사용해서 단순 무작위 표집을 할 수 있다.

단순 무작위 표집은 가장 간단하게 표집할 수 있다는 장점을 지니고 있다(Statistics Canada, 2021; UK Faculty of Public Health, 2022).

(b) 체계 표집

체계 표집은 정해진 일정한 간격에 따라서 표집틀에서 표본을 선정하는 것을 말한다. 체계 표집에서는 표본을 무작위로 선정하는 것이 아니라, 어떤 체계에 따라서 선정하고 있다.

체계 표집은 단순하기 때문에 많이 사용하고 있다. 체계 표집에서는 난수표도 필요하지 않고 컴퓨터 프로그램도 필요하지 않다.

체계 표집의 경우, 세 단계를 거치고 있다. 예를 들어, 500명으로 이루어진 모집단에서 100명을 체계 표집하는 과정을 구체적으로 제시하면 다음과 같다(UK Faculty of Public Health, 2022; Yegidis, Weinbach & Myers, 2018; Editors of Encyclopedia of Britannica, 2023).

① 표집 간격(sampling interval)을 계산한다. 표집 간격은 모집단의 크기를 표본의 크기로 나눈 것이 된다. 따라서 500명 중에서 100명을 표본으로 추출하고자 할 경우, 표집 간격은 5가 된다(500/100=5).

② 1에서 표집 간격(위의 예에서는 5)까지에서 하나의 수를 무작위로 선정한다. 이때, 이 수는 처음으로 표집하는 사례가 된다. 위의 예에서 2를 선정하였다고 할 경우, 2번 사례는 표본으로 처음 추출되는 사례가 된다.

③ 이후부터는, 표집 간격이 되는 사례를 매번 추출한다. 앞에서 제시한 예의 경우, 2번 사례 다음에 7번(2+5=7) 사례, 12번(7+5=12) 사례, 17번(12+5=17) 사례를 추출하는 식으로 진행한다.

체계 표집은 단순 무작위 표집보다 더 편리하다는 장점을 지니고 있다. 그리고 체계 표집은 쉽게 실시할 수 있다는 장점을 지니고 있다.

그러나 표집틀에 있는 사례들의 순서에 어떤 유형이 있을 경우, 체계 표집은 문제가 될 수 있다. 예를 들어, 어떤 조직의 명단이 남성과 여성이 계속 반복되는 식으로(즉, 남성, 여성, 남성, 여성 식으로) 배열되어 있을 경우, 표집 간격에 따라서 한 성별(남성 또는 여성)만 표본으로 선정될 수 있다(Statistics Canada, 2021; UK Faculty of Public Health, 2022).

(c) 층화 표집

층화 표집은 모집단을 비슷한 특성을 지니는 층으로 나눈 다음에 표본을 선정하는 것을 말한다. 따라서 층화 표집에서는 모집단을 비슷한 특성을 지니는 하위집단으로 나누고 있다. 이때 이런 하위집단이 '층(stratum)'에 해당한다.

층화 표집은 조사자가 관심을 가지는 특성이 하위집단들 사이에 차이가 나고 또한 조사자는 모든 하위집단에서 모집단을 대표하는 표본을 얻고자 할 때 사용하고 있다(UK Faculty of Public Health, 2022). 예를 들어, 노인의 우울에 관해 연구할 때, 모집단을 남성과 여성으로 우선 나눌 수 있다. 그러고 나서 남성 집단과 여성 집단에서 각각 표본을 선정할 수 있다.

층화 표집에서는 모집단을 몇 개의 층으로 나눈 다음에, 각 층에서 무작위로 표본을 선정하고 있다. 따라서 층화 표집의 경우, 2단계 표집을 하고 있다. 이를 구체적으로 설명하면 다음과 같다(Yegidis, Weinbach & Myers, 2018; Editors of Encyclopedia of Britannica, 2023).

① 조사자가 관심을 가지는 변수에 근거해서 사례를 두 가지 이상의 층으로 나눈다. 이렇게 될 경우, 층에서는 해당하는 변수에서 범주가 같다. 예를 들어 '성별'이라는 변수의 경우, 한 층은 모두 남성으로 구성되고, 다른 층은 모두 여성으로 구성된다.

② 원하는 사례 수를 각 층에서 단순 무작위 표집이나 체계 표집으로 선정한다.

층화 표집에는 비례(proportionate) 층화 표집과 비비례(disproportionate) 층화 표집이 있다. 비례 층화 표집은 각 층에 대해서 모집단의 크기에 비례하는 식으로 사례를 선정하는 것을 말한다. 그리고 비비례 층화 표집은 한 층에서는 더 많이 표집하고 다른 층에서는 더 적게 표집하는 것을 말한다(Yegidis, Weinbach & Myers, 2018).

그러나 층화 표집을 하기 위해서는 표집틀의 특성을 알아야 한다. 하지만 표집틀의 특성에 관해 자세히 알지 못할 수도 있다. 또한 어떤 특성을 기준으로 해서 하위집단을 나눌 것인지를 결정하는 것은 어려울 수도 있다(Statistics Canada, 2021; UK Faculty of Public Health, 2022).

(d) **군락 표집**[71)]

군락 표집은 자연적인 집단(군락)을 처음에 선정하고, 그러고 나서 이렇게 선정한 집단의 구성원을 선정하는 것을 말한다. 따라서 군락 표집은 다단계 표집을 하고 있다. 군락 표집은 지리적으로 널리 분포된 사례들을 포함하는 대규모 조사에서 사용하는 경우가 많다.

군락 표집에서는 여러 단계를 거치고 있다.[72)] 일반적으로 군락 표집의 경우, 다음과 같은 단계를 거치고 있다(Yegidis, Weinbach & Myers, 2018; Rubin & Babbie, 2015).

① 사례가 몇 개의 군락으로 되어 있는지를 파악한다.
② 미리 정해진 수의 군락을 무작위로 선정한다.
③ 정해진 각 군락에서 모든 사례를 선정하거나, 일부 사례를 무작위로 선정한다. 이렇게 해서 나타난 것이 조사에서 사용하는 표본이 된다.

고등학생을 대상으로 하는 조사에서 군락 표집을 하는 과정을 간단히 예로 들면 다음과 같다.

① 우리나라에 있는 고등학교의 목록에서 고등학교를 선정한다.
② 이렇게 선정한 고등학교에서 학생을 선정한다.

군락 표집은 단순 무작위 표집보다 더 효율적일 수 있다는 장점을 지니고 있다. 이것은 넓은 지역에 걸쳐서 조사할 때 특히 그렇다. 그러나 군락 표집은 선정한 군락이 모집단을 대표하지 않을 때는 편향이 커지게 된다는 단점을 지니고 있다. 이렇게 되면, 표집 오차가 커지게 된다(Statistics Canada, 2021; UK Faculty of Public Health, 2022).

(2) 비확률 표집

(가) 비확률 표집의 정의와 특징

비확률 표집은 무작위 추출을 하지 않는 표집을 말한다. 따라서 비확률 표

---

71) 군락은 가까이 모여 있는 유사한 것들의 집단을 말한다(Cambridge Dictionary, 2023). 우리나라에서는 군락 표집을 '군집 표집'으로 번역하기도 한다.

72) 이에 관해서는 앞에서 이미 설명한 바 있다.

집에서는 어떤 사례가 표본으로 선정될 확률을 계산할 수 없다.

비확률 표집은 확률 표집보다 비용이 더 적게 들고 더 편리한 경우가 많다. 그러나 비확률 표집에서는 완전한 표집틀이 존재하지 않는다. 따라서 비확률 표집을 할 경우, 표집 오차가 얼마나 되는지를 알 수 없다. 그러므로 비확률 표집을 할 경우, 표본이 모집단을 대표하지 않을 가능성이 크다. 이런 탓에, 비확률 표집을 할 경우에는 조사 결과를 다른 상황에 적용하기 어렵게 된다 (UK Faculty of Public Health, 2022; Yegidis, Weinbach & Myers, 2018; Statistics Canada, 2021; Editors of Encyclopedia of Britannica, 2023).

(나) 비확률 표집이 적절한 상황

어떤 상황에서는 비확률 표집이 적절할 수 있다. 비확률 표집이 적절한 상황을 구체적으로 제시하면 다음과 같다(Yegidis, Weinbach & Myers, 2018).

① 조사자가 모집단을 대표하는 표본을 원하지만, 표집틀을 구할 수 없다. 실제로 사회복지조사에서는 모집단의 목록이나 표집틀을 구할 수 없는 경우가 적지 않다. 이런 상황에서는 확률 표집을 할 수 없다.

② 조사자가 표본이 모집단을 대표하는 측면을 매우 중요하게 보고 있지 않다. 실제로, 일부 조사에서는 확률 표집이 바람직하지 않을 수도 있다. 예를 들어, 일부 질적 조사에서는 비확률 표집을 하는 것이 조사의 목적에 더 맞는 표본을 얻는 데 도움을 줄 수 있다.

(다) 비확률 표집의 형태

비확률 표집의 형태에는 여러 가지가 있다. 일반적으로 사용하는 비확률 표집의 형태로 편의 표집(convenience sampling), 목적 표집(purposive sampling), 할당 표집(quota sampling), 눈덩이 표집(snowball sampling)이 있다.

(a) **편의 표집**[73)]

편의 표집은 조사자가 사례에 우연히 쉽게 접근할 수 있기 때문에 사례를 선정하는 것을 말한다. 편의 표집을 사용하는 예로, 방송의 뉴스에서 어떤 사

73) 편의 표집은 우연 표집(accidental sampling)이라고도 부르고 있다.

건에 관해 몇 명의 시민과 면담한 내용을 알리면서 이것이 전체 시민의 의견인 것처럼 보도하는 것이 있다.

사람이 많이 모여 있는 광장

우연히 쉽게 접근할 수 있는 사람을 표본으로 선정하는 것은 편의 표집에 속한다.
[출처 : 모로코(아프리카)에서 저자 촬영]

편의 표집은 표집방법 중에서 가장 쉬운 방법에 속하고 있다. 왜냐하면 편의 표집에서는 조사대상자에 접근할 수 있는 정도과 조사대상자가 조사에 참여하고자 하는지에 근거해서 조사대상자를 선정하기 때문이다. 그러나 편의 표집은 매우 과학적이지 않은 표집이라고 볼 수 있다(Yegidis, Weinbach & Myers, 2018; Statistics Canada, 2021; UK Faculty of Public Health, 2022).

(b) **목적 표집**[74)]

목적 표집은 조사자의 판단에 근거해 사례를 선정하는 것을 말한다. 목적 표집을 사용하는 예로, 어떤 사례가 문제나 상황을 이해하는 데 도움이 될 수 있다고 믿기 때문에 조사자가 이런 사례를 선정하는 것이 있다.

74) 목적 표집은 판단 표집(judgement sampling)이라고도 부르고 있다.

목적 표집은 시간과 비용을 줄이는 데 유리하다는 장점을 지니고 있다. 그러나 목적 표집은 조사자가 사례의 선정과 관련해 잘못 판단할 수 있다는 단점을 지니고 있다(Yegidis, Weinbach & Myers, 2018; UK Faculty of Public Health, 2022; Statistics Canada, 2021; Editors of Encyclopedia of Britannica, 2023).

(c) 할당 표집

할당 표집은 미리 정해진 특성에 근거해 사례를 선정하는 것을 말한다. 일반적인 할당 표집의 경우, 관심을 가지는 변수와 관련해 모집단의 특성을 먼저 파악하고 있다. 할당 표집을 할 경우, 표본의 특성이 모집단의 특성과 같은 분포를 가질 가능성이 커지게 된다. 할당 표집은 시장을 조사할 때 사용하는 경우가 많다(Rubin & Babbie, 2015; Statistics Canada, 2021; Yegidis, Weinbach & Myers, 2018; UK Faculty of Public Health, 2022).

사람을 대상으로 할당 표집을 할 경우, 면담할 사람의 수를 할당하고 있다. 예를 들어, 대학생을 대상으로 할당 표집을 할 경우, 학년별 학생이 전체 학생에서 차지하는 비율을 고려해서 1학년 20명, 2학년 20명, 3학년 20명, 4학년 20명에게 면담하도록 할 수 있다.

할당 표집은 비교적 간단하고, 표본이 모집단을 대표할 가능성이 있다는 장점을 지니고 있다. 그러나 할당 표집을 해서 얻은 표본은, 할당할 때 기준으로 삼지 않은 다른 특성에 대해서는 모집단을 대표하지 않을 수 있다는 단점을 지니고 있다(Statistics Canada, 2021; UK Faculty of Public Health, 2022).

(d) 눈덩이 표집

눈덩이 표집은 면담한 각 개인에게 면담할 다른 사람을 알려 달라고 요구하는 식으로 사례를 선정하는 것을 말한다. 눈덩이 표집은 질적 조사에서 자주 사용하고 있다. 특히, 눈덩이 표집은 접촉하기 어려운 집단을 조사할 때 자주 사용하고 있다.

눈덩이 표집을 할 경우, 조사가 진행되면서 표본의 수가 늘어나고 있다. 눈덩이 표집을 진행하는 과정을 구체적으로 제시하면 다음과 같다(Rubin & Babbie, 2015; Yegidis, Weinbach & Myers, 2018; UK Faculty of Public Health, 2022).

① 조사자가 관심을 가진 문제를 경험한 것으로 보이는 사람을 한 명이나 몇 명 파악한다.
② 이 사람이나 이들에게 같은 문제를 경험한 사람을 알고 있으면 이름을 알려달라고 부탁한다.
③ 조사대상자가 충분히 모일 때까지 앞에서와 같은 과정을 반복한다.

결국, 눈덩이 표집의 경우, 조사자는 조사대상자에게 자신이 알고 있는 다른 대상자를 알려 달라고 요구하는 식으로 진행하고 있다. 그 결과, 구르는 눈덩이처럼 표본의 크기가 늘어나게 된다. 예를 들어, 불법으로 우리나라에 머물고 있는 이주(외국인) 근로자를 대상으로 조사할 때, 조사자는 조사에 참여한 사람에게 자신이 알고 있는 다른 불법 이주근로자를 알려 달라고 요구할 수 있다.

눈덩이 표집은 문제나 행동이 불법적이거나 사회에서 좋지 않게 볼 때 사용하는 경우가 많다. 왜냐하면 이 경우에는 조사대상자를 파악하기가 더 어렵기 때문이다. 그리고 눈덩이 표집은 새로운 문제나 최근에야 파악한 문제에 관해 더 알고자 하는 탐색적 조사에서 사용하고 있다.

눈덩이 표집은 표집틀을 파악하기 어려울 때 효과적이라는 장점을 지니고 있다. 그러나 눈덩이 표집은 조사대상자를 골고루 선정하지 못할 수 있다는 단점을 지니고 있다(Yegidis, Weinbach & Myers, 2018; Statistics Canada, 2021; UK Faculty of Public Health, 2022).

POINT

* 확률 표집은 무작위 추출을 하는 표집이다. 단순 무작위 표집은 사례를 무작위로 선정하는 것이다. 체계 표집은 정해진 일정한 간격에 따라서 표집틀에서 표본을 선정하는 것이다. 층화 표집은 모집단을 비슷한 특성을 지니는 층으로 나눈 다음에 표본을 선정하는 것이다. 군락 표집은 자연적인 집단을 처음에 선정하고, 그러고 나서 이렇게 선정한 집단의 구성원을 선정하는 것이다.
* 비확률 표집은 무작위 추출을 하지 않는 표집이다. 편의 표집은 사례에 우연히 쉽게 접근할 수 있기 때문에 사례를 선정하는 것이다. 목적 표집은 조사자의 판단에 근거해 사례를 선정하는 것이다. 할당 표집은 미리 정해진 특성에 근거해 사례를 선정하는 것이다. 눈덩이 표집은 면담한 각 개인에게 면담할 다른 사람을 알려 달라고 요구하는 식으로 사례를 선정하는 것이다.

5. 표본의 대표성

1) 표본의 대표성의 정의

표본의 대표성(representativeness)은 표본이 모집단을 대표하는 정도를 말한다. 구체적으로, 표본의 대표성은 표본의 특성이 모집단의 특성과 동일한 분포를 가지는 정도를 말한다(Rubin & Babbie, 2015; Yegidis, Weinbach & Myers, 2018; Mathers, Fox & Hunn, 2009).

2) 표본의 대표성의 중요성

표본의 질을 평가할 때, 표본의 대표성은 중요하다. 표본이 대표성을 지닐 경우, 표본을 분석해서 얻은 내용은 모집단의 내용과 비슷하다고 볼 수 있다. 따라서 표본이 모집단을 대표할 경우, 조사 결과를 다른 상황에 적용할 수 있게 된다(Rubin & Babbie, 2015; Mathers, Fox & Hunn, 2009). 이런 탓에, 표본을 사용할 경우, 선택한 사례가 모집단을 대표하는 것은 중요하다.

그러나 일부 사례는 접근하기가 특히 어려울 수 있고, 이에 따라 이런 사례는 표본으로 선정되지 않을 수 있다. 예를 들어, 노숙인의 명단을 구하기 어렵기 때문에, 어떤 조사에서 노숙인은 정당한 조사대상자임에도 불구하고 표본으로 선정되지 않을 수 있다(UK Faculty of Public Health, 2022).

표본이 대표성이 중요한 정도는 조사의 형태에 따라 차이가 날 수 있다. 이것을 양적 조사와 질적 조사로 나누어 살펴보면 다음과 같다(Yegidis, Weinbach & Myers, 2018).

① 양적 조사에서는 모집단을 대표하는 표본이 매우 중요하다. 따라서 양적 조사에서는 표본이 모집단을 더 대표하기 위해서, 가능하다면 확률표집을 사용하려고 한다.

② 질적 조사에서는 표본이 모집단을 대표하기 어려운 경우가 많다. 또한 질적 조사에서는 적절한 표집틀이 없기 때문에, 모집단을 대표하는 표

본을 선정할 수 없는 경우가 많다. 따라서 질적 조사에서는 비확률 표집을 사용하는 경우가 많다. 그리고 질적 조사에서는 표본의 대표성보다는 다른 측면이 더 중요하다. 이런 측면의 예로 표본이 제공하는 자료가 풍부한 것이 있다.

3) 고려할 점

표집 방법은 표본의 대표성과 관련되고 있다. 예를 들어, 확률 편집을 할 경우, 표본의 대표성이 높아지게 된다. 그리고 표본이 모집단을 대표하기 위해서는, 표집틀은 모집단에 있는 모든 사례나 거의 모든 사례를 포함하여야 한다(Rubin & Babbie, 2015).

POINT

* 표본의 대표성은 표본이 모집단을 대표하는 정도이다.
* 표본의 질을 평가할 때 표본의 대표성은 중요하다.

6. 표본의 크기

1) 표본의 크기의 정의

표본의 크기(size)는 표본 속에 들어 있는 사례의 수를 말한다. 표본의 질을 평가할 때, 표본의 크기는 중요하다. 특히, 표본의 크기와 표본의 대표성은 서로 관련되기 때문에 표본의 크기는 중요하다. 무엇보다도 표본의 크기는 표본이 모집단을 대표할 수 있는 정도에 영향을 미치고 있다. 예를 들어, 동일한 모집단에서 두 개의 표본을 추출할 경우, 크기가 더 큰 표본이 모집단을 대표할 가능성이 더 크다(Yegidis, Weinbach & Myers, 2018).

2) 표본의 크기에 영향을 미치는 요인

표본의 크기를 결정하는 것은 쉬운 일이 아니다. 그러나 일부 요인은 표본의 크기를 정하는 데 영향을 미치고 있다(Statistics Canada, 2021; Yegidis, Weinbach & Myers, 2018). 이런 탓에, 조사자가 표본의 크기를 결정할 때는 몇 가지 요인을 고려할 필요가 있다. 표본의 크기에 영향을 미치는 요인의 예로 모집단의 특성, 사용할 수 있는 자원, 조사의 형태, 사용할 통계 분석 기법이 있다.

(1) 모집단의 특성

표본의 크기는 모집단의 특성과 관련되고 있다. 우선, 표본의 크기는 모집단의 크기와 관련되고 있다. 일반적으로 모집단의 크기가 클수록, 표본의 크기를 더 크게 할 필요가 있다(Yegidis, Weinbach & Myers, 2018; Statistics Canada, 2021).

그리고 표본의 크기는 조사하는 변수에 대해 모집단이 다양한 정도와 관련되고 있다. 예를 들어, 모집단에 있는 모든 사람의 나이가 같을 경우, 모집단의 평균 나이를 알기 위해서는 한 명으로 구성된 표본만 있으면 될 것이다. 그러나 모집단에 있는 모든 사람의 나이가 서로 크게 차이가 날 경우, 표본을 더 크게 할 필요가 있다(Statistics Canada, 2021; Yegidis, Weinbach & Myers, 2018).

여러 나라의 사람이 모이는 로마의 중앙철도역

모집단이 다양할수록 표본의 크기를 크게 하여야 한다. [출처 : 이탈리아에서 저자 촬영]

(2) 사용할 수 있는 자원

표본의 크기는 조사자가 사용할 수 있는 자원과 관련되고 있다. 왜냐하면 표본의 크기가 클수록 비용이 더 들 수 있기 때문이다. 표본의 크기가 커서 많은 조사대상자에게서 자료를 수집하는 데 자원을 사용할 경우, 조사와 관련해 다른 중요한 작업을 하는 데 필요한 자원이 줄어들 수 있다(Yegidis, Weinbach & Myers, 2018).[75)]

(3) 조사의 형태

표본의 크기는 조사의 형태와 관련될 수 있다. 예를 들어, 대규모의 양적 조사에서는 표집 오차를 줄이기 위해서 큰 표본을 사용하는 경우가 많다. 그러나 질적 조사에서는 표본의 크기가 더 적은 경우가 많다(Yegidis, Weinbach & Myers, 2018).

(4) 사용할 통계 분석 기법

표본의 크기는 사용할 통계 분석 기법과 관련되고 있다. 양적 조사의 경우, 사용할 통계 분석 기법은 표본의 크기에 따라 차이가 나고 있다. 예를 들어, 표본의 크기가 특정한 통계 분석 기법을 사용하기 위해 필요한 크기보다 적을 경우, 해당하는 통계 기법을 사용하기 어려울 수 있다(Yegidis, Weinbach & Myers, 2018). 이런 탓에, 특정한 통계 분석 기법을 사용하고자 할 때는 이에 맞게 표본의 크기를 조정할 필요가 있다.

POINT

* 표본의 질을 평가할 때 표본의 크기는 중요하다.
* 표본의 크기에 영향을 미치는 요인으로 모집단의 특성, 사용할 수 있는 자원, 조사의 형태, 사용할 통계 분석 기법이 있다.

75) 이런 작업의 예로 자료를 통계 분석하고, 보고서를 편집하고 인쇄하는 것이 있다.

PART 03

인과관계와 실험설계

CHAPTER 07

인과관계 및 내적 타당도와 외적 타당도

차례 CONTENTS

1. 인과관계

1) 인과관계의 정의

사회복지조사에서는 어떤 요인이 어떻게 영향을 미치는지에 관심을 가지는 경우가 많다. 이와 관련되는 것이 인과관계(causal relation)이다.

인과관계는 원인과 결과 사이의 관계를 말한다. 사회복지조사에서는 원인이 되는 요인을 '독립변수'라고 부르고 있고, 결과가 되는 요인을 '종속변수'라고 부르고 있다.[76] 이렇게 볼 때, 인과관계는 독립변수의 값이 종속변수의 값에 영향을 미치는 관계를 말한다.

2) 인과관계의 특징

인과관계에서는 독립변수가 종속변수에 변화를 유발하고 있다. 따라서 인과관계에서는 어떤 요인이 원인이고 어떤 요인이 결과인지를 알 수 있다. 그

76) 독립변수와 종속변수에 관해서는 변수의 형태를 다루는 장(제2장)에서 이미 설명한 바 있다.

결과, 인과관계를 보여주는 가설에서는 독립변수의 값이 종속변수의 값에 영향을 미친다는 식으로 제시하고 있다(Yegidis, Weinbach & Myers, 2018).

3) 인과관계의 중요성

두 가지 이상의 변수들 사이의 인과관계를 파악하는 것은, 이미 존재하는 이론을 지지하거나 지지하지 않는 증거가 될 수 있다. 때에 따라서 이런 상황은 새로운 이론을 개발하는 토대가 될 수 있다. 이런 탓에, 인과관계를 파악하는 것은 학문적으로 매우 중요하다.

또한 두 가지 이상의 변수들 사이의 인과관계를 파악하는 것은, 사회복지 프로그램이나 정책을 계획하고 개입하는 데 지침이 될 수 있다. 무엇보다도, 두 가지 이상의 변수들 사이에 인과관계가 존재할 경우, 원인이 되는 요인(즉, 독립변수)에 주목하거나 개입함으로써 결과가 되는 요인(즉, 종속변수)을 변화시킬 수 있다. 따라서 인과관계를 아는 것은 조사자가 관심을 가지는 문제를 해결하는 데 크게 도움을 주고 있다. 이런 탓에, 인과관계는 실천적 · 정책적으로 매우 중요하다. 예를 들어, 여성을 대상으로 조사하였더니, 교육 수준이 원인이고 소득 수준이 결과인 식으로 나타날 수 있다. 이때에는 교육 수준이라는 독립변수와 소득 수준이라는 종속변수 사이에 인과관계가 존재한다고 볼 수 있다. 이런 상황에서는, 여성의 교육 수준을 높이는 것은 여성의 소득 수준을 높이는 데 영향을 미치게 된다. 따라서 여성의 소득 수준을 높이기 위해서는, 여성의 교육 수준을 높이는 프로그램이나 정책을 실시하는 것이 바람직할 수 있다.

결국, 인과관계를 파악하고 검증하는 것은 학문적 · 실천적 · 정책적으로 매우 중요한 역할을 하고 있다.

4) 인과관계가 되기 위한 조건

모든 관계가 자동으로 인과관계가 되는 것은 아니다. 즉, 인과관계은 아무때나 성립하는 것이 아니다.

어떤 관계가 인과관계가 되기 위해서는 다음과 같은 세 가지 조건이 존재하여야 한다(DeCarlo, 2018; Yegidis, Weinbach & Myers, 2018).

① 독립변수가 종속변수보다 시간상으로 먼저 나타난다. 이것은 원인이 결과보다 시간상으로 먼저 나타나야 함을 의미한다. 이것은 시간성(temporality)이라고 부른다.

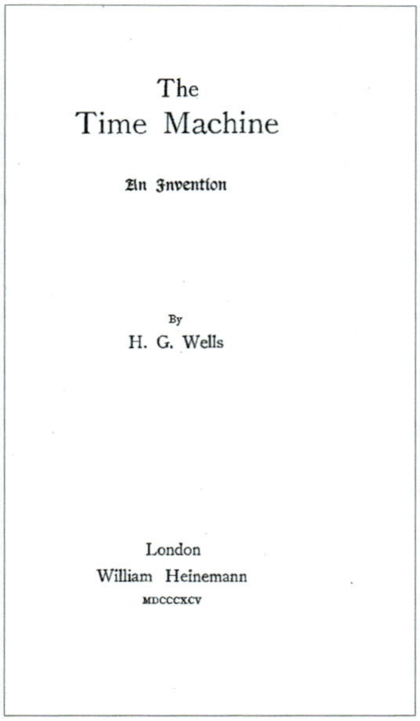
The
Time Machine
An Invention
By
H. G. Wells
London
William Heinemann
MDCCCXCV

'타임머신(time machine)'이라는 용어를 처음으로 쓴 소설의 표지

타임머신이 존재할 경우, 과거로 돌아가 상황을 바꿀 수 있으므로, 시간성이 변경될 수 있어 인과관계 파악이 어려울 수 있다. [출처 : 위키피디어(public domain)]

② 독립변수와 종속변수 모두가 함께 변한다. 이것은 독립변수와 종속변수가 서로 관련되고 있음을 의미한다. 이것은 공변성(covariation)이라고[77] 부른다.

---

77) 공변성은 함께 변하는 것을 말한다.

③ 종속변수에 변화를 유발하는 모든 기타 변수를 통제한다. 이것은 독립변수와 종속변수 사이의 관계를 설명하는 모든 제3의 변수가 없음을 의미한다. 이것은 비가식성(nonspuriousness)이라고 부른다.

• **가식관계**

인과관계가 존재하기 위해서는, 가식(허위, spurious) 관계가 없어야 한다. 가식관계는 두 변수 사이에 실제로는 관계가 없지만, 제3의 변수의 영향 때문에 두 변수 사이에 관계가 있는 것으로 보이는 관계를 말한다(Yegidis, Weinbach & Myers, 2018; DeCarlo, 2018). 독립변수와 종속변수 사이의 분명한 관계가 제3의 변수를 도입한 후에 사라질 경우, 처음에 나타난 관계는 가식관계라고 볼 수 있다.

예를 들어, '알코올 사용'은 건강에 실제로 영향을 미치지 않는데, 겉으로는 영향을 미치는 것으로 보일 수 있다. 그 대신에, 실제로는 '스트레스'가 알코올 사용에 직접 영향을 미치고 또한 건강에 직접 영향을 미칠 수 있다. 이런 상황에서는, 알코올 사용과 건강 사이의 관계는 가식관계에 해당한다.[78] 이때 스트레스는 외생변수라고 부르고 있다.[79]

독립변수가 종속변수에 영향을 미친다고 결론을 내리기 위해서는, 앞에서 제시한 세 가지 조건이 모두 존재하여야 한다. 즉, 앞에서 제시한 세 가지 조건 중에서 한 가지 조건이라도 없을 경우, 변수들 사이의 관계는 인과관계라고 볼 수 없다.

5) 인과관계와 관련해 고려할 점

(1) 사회복지 실천에서의 인과관계

측정 수준에 따른 변수(즉, 명목변수, 서열변수, 등간변수, 비율변수)들 사이의 관계에서 인과관계가 존재할 수 있다. 예를 들어, 교육 수준이 소득 수준에 영향을 미칠 경우, 교육 수준과 소득 수준 사이에 인과관계가 존재한다고 볼 수 있다.

78) 이것은 가식관계를 설명하기 위해 무리하게 예로 든 것뿐이다. 많은 조사에서는 알코올 사용은 건강에 영향을 미치는 것으로 나타나고 있다.

79) 이에 관해서는 변수의 형태를 다루는 장(제2장)에서 이미 설명한 바 있다.

그러나 사회복지 실천에서는 사회복지 프로그램의 효과를 조사하는 경우가 많다. 이때에는 사회복지 프로그램을 실시하는 것이 독립변수의 역할을 하고 있고, 이런 프로그램을 실시한 것이 효과가 있는 정도가 종속변수의 역할을 하고 있다.

원예 프로그램에 참여한 사람들

프로그램의 효과를 살펴보는 조사의 경우, 프로그램을 실시하는 것이 독립변수의 역할을 하고, 프로그램이 효과가 있는 정도가 종속변수의 역할을 한다. [출처 : 저자 촬영]

예를 들어, 아동의 자아존중감을 높이기 위해서 놀이치료 프로그램을 실시할 수 있다. 이 경우, 놀이치료 프로그램을 실시하는 것은 독립변수의 역할을 하고 있고, 자아존중감에 변화가 있는 것(예컨대, 자아존중감이 늘어나는 정도)은 종속변수의 역할을 하고 있다. 따라서 놀이치료 프로그램이 자아존중감에 영향을 미치는지를 살펴보는 조사는, 놀이치료 프로그램을 실시하는 것과 자아존중감에 변화가 있는 것 사이에 인과관계가 있는지 살펴보는 조사라고 볼 수 있다. 이런 인과관계를 반영할 때, 이 조사에서의 가설은 "놀이치료 프로그램에 참여한 아동은 놀이치료 프로그램에 참여하지 않은 아동보다 자아존중감이 더 높을 것이다"라고 제시할 수 있다.

(2) 인과관계 및 내적 타당도와 외적 타당도

실제 세상에서의 인과관계는 복잡하다. 그리고 조사자가 관심을 가지는 변수는 여러 가지 요인과 관련되고 있다. 특히 사람과 관련된 실제 세상에서는 매우 다양한 요인이 서로 작용해서, 해당 변수가 원인이 되기도 하고 결과가 되기도 한다. 따라서 조사자가 관심을 가지는 모든 변수들 사이의 인과관계를 완전히 파악하는 것은 현실적으로 가능하지 않을 수 있다.

이런 상황에서는 다음과 같은 측면을 고려할 필요가 있다.

① 조사자의 조사에서 나타난 인과관계는 완전하지 않을 가능성이 크다. 따라서 조사자의 조사에서 나타난 결과를 믿을 수 있는 정도에 주목할 필요가 있다. 이와 관련되는 것이 '내적 타당도(internal validity)'이다.[80]

② 조사자가 관심을 가지는 변수들 사이에 인과관계가 있는 것으로 나타났다고 해서, 이런 인과관계가 모든 상황에 해당한다고 볼 수는 없다. 따라서 조사자의 조사에서 나타난 결과를 다른 비슷한 상황에도 적용할 수 있는 정도에 주목할 필요가 있다. 이와 관련되는 것이 '외적 타당도(external validity)'이다.[81]

앞에서 제시한 바와 같이, 조사와 관련된 타당도에는 내적 타당도와 외적 타당도가 있다. 인과관계와 관련된 조사에서는 내적 타당도와 외적 타당도에 크게 주목하고 있다(Patino & Ferreira, 2018; Yegidis, Weinbach & Myers, 2018). 따라서 변수들 사이의 인과관계와 관련해서는, 내적 타당도와 외적 타당도를 중요하게 따져볼 필요가 있다.

POINT

* 인과관계는 원인과 결과 사이의 관계를 말한다.
* 인과관계를 파악하는 것은 학문적 · 실천적 · 정책적으로 매우 중요하다.
* 인과관계가 되기 위해서는 시간성, 공변성, 비가식성이 존재하여야 한다.
* 사회복지 실천에서는 프로그램을 실시하는 것이 독립변수이고, 프로그램이 효과가 있는 정도가 종속변수이다.

80) 내적 타당도에 관해서는 뒤에서 자세히 설명한다.

81) 외적 타당도에 관해서는 뒤에서 자세히 설명한다.

2. 내적 타당도[82)]

1) 내적 타당도의 정의와 중요성

내적 타당도는 독립변수와 관련해 개입한 것이 종속변수에 변화를 유발한 정도를 말한다. 즉, 내적 타당도는 변수들 사이에 관계가 있는 것으로 판단될 경우, 독립변수가 종속변수의 원인이 되는 정도를 말한다(DeCarlo, 2018; Yegidis, Weinbach & Myers, 2018; Patino & Ferreira, 2018).

조사자가 관여한 변수 때문에 조사 결과가 나타났다고 조사자가 확신할 경우, 해당 조사 결과는 내적 타당도가 높다고 볼 수 있다(Kaluza, 2023). 따라서 내적 타당도는 인과관계에 관해 결론을 내릴 때 중요하다.

2) 내적 타당도를 위협하는 요인

여러 가지 요인은 내적 타당도에 부정적으로 영향을 미치고 있다. 이런 요인 때문에, 독립변수와 종속변수 사이의 관계가 모호해질 수 있다.

내적 타당도에 부정적으로 영향을 미치는 요인은 내적 타당도에 대한 '위협 요인(threat)'이라고 부르는 경우가 많다. 내적 타당도를 위협하는 것으로 알려진 요인에는 여러 가지가 있다. 따라서 조사자는 내적 타당도를 위협하는 다양한 요인에 주목할 필요가 있다(Patino & Ferreira, 2018; Kaluza, 2023; DeCarlo, 2018).

내적 타당도를 위협하는 주요한 요인으로 역사(history), 성숙(maturation), 검사효과(testing effect), 도구 효과(instrumentation), 전파(diffusion), 대상자 소멸(attrition or mortality), 인과 방향의 모호(ambiguity about direction of causation), 선정(selection), 통계적 회귀(statistical regression)가 있다.[83)]

82) '내적 타당도'와 '외적 타당도'는 측정에서의 '타당도'와는 다른 의미를 지니는 용어이다. 따라서 이 용어들을 서로 혼동하지 말아야 한다.

83) 각 요인의 영어 표현과 이에 대한 번역은 학자마다 다소 차이가 날 수 있다.

(1) 역사

(가) 정의와 배경

역사(또는 역사 요인)는 조사자가 통제하지 못하는 외부 사건 때문에, 독립변수와 종속변수 사이의 관계가 모호해지는 것을 말한다.

때에 따라서는 조사를 하는 과정에서 발생한 사건은 종속변수에 크게 영향을 미칠 수 있다. 이때 이런 사건은 독립변수와 관련해 개입한 것(예컨대, 프로그램을 실시한 것)보다 더 크게 영향을 미칠 수 있다(Yegidis, Weinbach & Myers, 2018). 이렇게 될 경우, 이런 외부 사건은 내적 타당도를 위협하는 '역사' 요인이 될 수 있다.

(나) 예

조사자는 빈곤 노인을 대상으로 우울을 줄이는 프로그램을 실시할 수 있다. 그리고 이 프로그램을 실시한 결과, 빈곤 노인의 우울이 크게 줄어든 것으로 나타날 수 있다. 따라서 조사자는 이 프로그램이 빈곤 노인의 우울을 줄이는 데 효과가 있다고 판단할 수 있다. 그러나 이 프로그램을 실시하는 중간에, 정부는 빈곤 노인에게 매달 지원하는 금액을 크게(예컨대, 현재의 세 배로) 늘리겠다고 발표하며 크게 홍보할 수 있다. 이런 상황은 빈곤 노인의 우울을 줄이는 데 있어 위의 프로그램보다 더 크게 영향을 미쳤을 수도 있다.

이런 탓에, 정부에서 빈곤 노인에게 지원하는 금액을 크게 늘린 것은, 우울 감소 프로그램을 실시한 것(독립변수)과 우울의 정도가 변하는 것(종속변수) 사이의 인과관계에 영향을 미칠 수 있다. 결국, 정부에서 빈곤 노인에게 지원하는 금액을 크게 늘린 것은, 내적 타당도를 위협하는 '역사' 요인이 될 수 있다.

(2) 성숙

(가) 정의와 배경

성숙(성숙 요인 또는 성장 요인 또는 시간의 경과)은 시간이 지나면서 조사대상자가 성숙하거나 성장하기 때문에, 독립변수와 종속변수 사이의 인과관계가 모호해지는 것을 말한다.

시간이 흐르는 것은 조사대상자에게 자연스럽게 영향을 미치고 있다. 따라서 사람의 일부 특성이나 행동은 시간이 흐르면서 자연스럽게 변할 수 있다. 이렇게 변하는 예로 사람이 나이가 드는 것, 아동이 발달하는 것이 있다. 이렇게 될 경우, 이런 변화는 내적 타당도를 위협하는 '성숙' 요인이 될 수 있다.

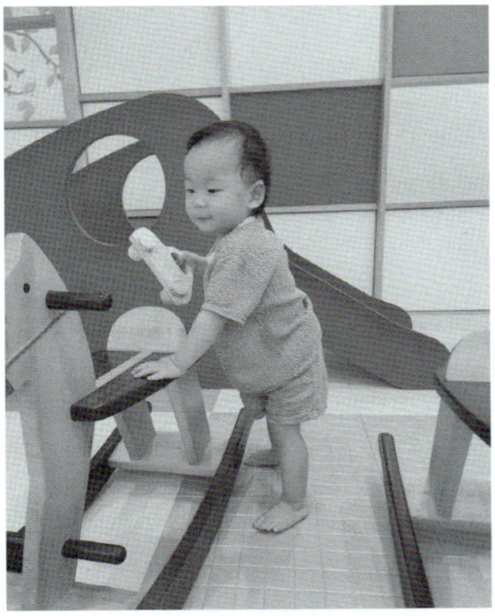

문화센터의 프로그램에 참여하고 있는 아동

아동이 발달하는 것은 내적 타당도와 관련해 성숙 요인에 속한다. [출처 : 감윤경 님 제공]

(나) 예

조사자는 나이 많은 노인을 대상으로 장기적으로 인지 능력 향상 프로그램을 실시할 수 있다. 그러나 이 프로그램을 실시해 시간이 지나도 해당 노인의 인지 능력은 크게 변하지 않은 상태에 있을 수 있다. 따라서 조사자는 이 프로그램이 효과가 없다고 판단할 수 있다. 그러나 나이 많은 노인은 시간이 흐르면서 인지 능력이 줄어드는 경향이 있다. 따라서 이 프로그램은 실제로는 효과가 있을 수도 있다.

이런 탓에, 노인이 시간이 지나면서 인지 능력이 줄어드는 것은, 인지 능력 향상 프로그램을 실시한 것(독립변수)과 인지의 정도가 변하는 것(종속변수) 사이의 인과관계에 영향을 미칠 수 있다. 결국, 시간이 흐르면서 노인에게 인지 능력이 줄어드는 것은, 내적 타당도를 위협하는 '성숙' 요인이 될 수 있다.

(3) 검사 효과

(가) 정의와 배경

검사 효과는 변수를 처음에 측정한 것이 변수를 이후에 또 측정한 것에 영향을 미치기 때문에, 독립변수와 종속변수 사이의 인과관계가 모호해지는 것을 말한다.

변수를 두 번 이상 측정한 시기 사이의 간격이 매우 짧은 경우, 변수를 첫 번째 측정한 것은 두 번째 이후에 측정한 것에 영향을 미칠 수 있다. 이렇게 될 경우, 사전검사를 한 것은 내적 타당도를 위협하는 '검사 효과' 요인이 될 수 있다.

(나) 예

조사자는 청소년을 대상으로 불안을 줄이는 프로그램을 실시할 수 있다. 그리고 이 프로그램을 실시한 결과, 청소년의 불안이 크게 줄어든 것으로 나타날 수 있다. 따라서 조사자는 이 프로그램이 청소년의 불안을 줄이는 데 효과가 있다고 판단할 수 있다. 그러나 이때 불안을 측정하기 위해 사전검사와 사후검사를 했을 수 있다. 이 경우, 불안에 대해 사전검사를 한 것은 나중에 사후검사를 한 것에 영향을 미쳤을 수도 있다. 예를 들어, 청소년이 '사후'검사를 할 때, 자신이 '사전'검사에서 불안 척도에 표시한 것을 기억할 수 있다.

이런 탓에, 사전검사를 한 것은, 불안 감소 프로그램을 실시한 것(독립변수)과 불안의 정도가 변하는 것(종속변수) 사이의 인과관계에 영향을 미칠 수 있다. 결국, 사전검사를 한 것은 내적 타당도를 위협하는 '검사 효과' 요인이 될 수 있다.

(4) 도구 효과

(가) 정의와 배경

도구 효과는 서로 다른 집단에 대해 서로 다른 측정도구를 사용하거나 사전검사와 사후검사에서 서로 다른 측정도구를 사용하기 때문에, 독립변수와 종속변수 사이의 인과관계가 모호해지는 것을 말한다.

변수를 두 번 이상 측정할 때 서로 다른 측정도구를 사용하는 것은, 종속변수의 점수를 판단하는 데 혼란을 가져올 수 있다. 이렇게 될 경우, 서로 다른 측정도구를 사용하는 것은 내적 타당도를 위협하는 '도구 효과' 요인이 될 수 있다.

(나) 예

조사자는 여성을 대상으로 자아존중감을 높이는 프로그램을 실시할 수 있다. 이때 조사자는 사전검사와 사후검사를 할 수 있다. 그러나 조사자는 검사효과가 내적 타당도를 위협하는 상황을 피하고자 할 수 있다. 이를 위해서, 조사자는 자아존중감을 측정하는 도구를 사전검사와 사후검사에서 서로 다른 것을 사용할 수 있다. 이 경우, 사후검사의 자아존중감 점수가 사전검사의 자아존중감보다 더 높게 나올 수 있다. 따라서 조사자는 이 프로그램이 여성의 자아존중감을 높이는 데 효과가 있다고 판단할 수 있다. 그러나 자아존중감의 변화는 이 프로그램 때문에 나타난 것이 아니라, 측정도구의 차이 때문에 나타났을 수 있다.

이런 탓에, 사전검사와 사후검사에서 서로 다른 측정도구를 사용한 것은, 자아존중감 향상 프로그램을 실시한 것(독립변수)과 자아존중감의 정도가 변하는 것(종속변수) 사이의 인과관계에 영향을 미칠 수 있다. 결국, 사전검사와 사후검사에서 서로 다른 측정도구를 사용한 것은, 내적 타당도를 위협하는 '도구 효과' 요인이 될 수 있다.

(5) 전파

(가) 정의와 배경

전파(중복)는 조사자의 개입방법을 다른 사람도 모방해 적용하기 때문에, 독립변수와 종속변수 사이의 인과관계가 모호해지는 것을 말한다.

조사자의 개입방법을 다른 사람이 모방해 따라 할 수 있다. 그러나 조사자가 이런 사실을 모를 경우, 조사자는 자신의 개입방법이 다른 사람의 개입방법보다 효과가 더 있는 것은 아니라고 판단할 수 있다. 이렇게 될 경우, 조사자의 개입방법을 다른 사람이 모방해 적용하는 것은 내적 타당도를 위협하는 '전파' 요인이 될 수 있다.

(나) 예

조사자는 그동안 중학교에서 멘토링 프로그램을 실시해서 자아존중감을 높이려고 시도한 적이 없다고 보고서, A중학교에서 멘토링 프로그램을 실시할 수 있다. 이때, 부근에 있는 B중학교의 학생들을 비교집단으로 정할 수 있다. 그러나 멘토링 프로그램을 실시한 후에, A중학교의 학생집단(멘토링 프로그램을 실시함)과 B중학교의 학생집단(멘토링 프로그램을 실시하지 않음) 모두에서 자아존중감이 높아지는 것으로 나타날 수 있다. 따라서 조사자는 멘토링 프로그램이 자아존중감을 높이는 데 효과가 없었다고 판단할 수 있다. 그러나 사실은 B중학교가 A중학교에서 멘토링 프로그램을 실시한다는 소식을 듣고서, 자기 학교에서도 몇 주 후에 멘토링 프로그램을 실시하였을 수 있다. 이렇게 될 경우, 멘토링 프로그램은 자아존중감을 높이는 데 영향을 미쳤다고 볼 수 있다.

이런 탓에, 다른 학교에서 해당 프로그램을 모방해 실시한 것은, 멘토링 프로그램을 실시한 것(독립변수)과 자아존중감의 정도가 변하는 것(종속변수) 사이의 인과관계에 영향을 미칠 수 있다. 결국, 다른 학교에서 해당 프로그램을 모방해 실시한 것은, 내적 타당도를 위협하는 '전파' 요인이 될 수 있다.

(6) 대상자 소멸

(가) 정의와 배경

대상자 소멸은 조사하는 과정에서 조사대상자가 없어지거나 참여하지 않기 때문에, 독립변수와 종속변수 사이의 인과관계가 모호해지는 것을 말한다.

조사자가 조사하는 과정에서 일부 조사대상자는 계속 참여하지 않거나 참여하지 못할 수 있다. 이것은 오랜 기간에 걸쳐서 하는 조사에서 특히 그렇다. 이런 상황에서는 조사 결과를 해석하는 데 있어 문제가 생길 수 있다. 이렇게 될 경우, 일부 조사대상자가 조사에 계속 참여하지 않는 것은 내적 타당도를 위협하는 '대상자 소멸' 요인이 될 수 있다.

(나) 예

조사자는 청소년을 대상으로 자아존중감 향상 프로그램을 실시할 수 있다. 이때 사후검사를 실시한 결과, 이 프로그램에 참여한 청소년은 그렇지 않은 청소년보다 자아존중감이 더 높은 것으로 나타날 수 있다. 따라서 조사자는 청소년이 이 프로그램에 참여한 것은 자아존중감을 향상하는 데 도움을 주었다고 판단할 수 있다. 그러나 이 프로그램을 마쳤을 때, 프로그램에 참여한 집단에서는 처음의 조사대상자의 30%만이 사후검사에 참여하였고, 나머지 70%는 프로그램에 참여하는 것을 중간에 중단하였을 수 있다. 이에 비해서, 이 프로그램에 참여하지 않은 집단에서는 처음의 조사대상자 모두가 사후검사에 참여하였을 수 있다. 그리고 이 프로그램에 참여하기를 중간에 그만둔 청소년은 이 프로그램이 자아존중감을 향상하는 데 도움이 되지 않는다고 판단하였기에, 이 프로그램에 참여하는 것을 중간에 포기하였을 수 있다. 이런 상황에서는 이 프로그램이 자아존중감 향상에 긍정적으로 영향을 미쳤다고 판단하기 어려울 수 있다

이런 탓에, 일부 참여자가 프로그램에 계속 참여하지 않은 것은, 자아존중감 향상 프로그램을 실시한 것(독립변수)과 자아존중감의 정도가 변하는 것(종속변수) 사이의 인과관계에 영향을 미칠 수 있다. 결국, 일부 참여자가 프로그램에 계속 참여하지 않은 것은, 내적 타당도를 위협하는 '대상자 소멸' 요인이 될 수 있다.

(7) 인과 방향의 모호

(가) 정의와 배경

인과 방향의 모호는 어떤 변수가 원인이고 어떤 변수가 결과인지가 모호하기 때문에, 독립변수와 종속변수 사이의 인과관계가 모호해지는 것을 말한다.

때에 따라서는, 조사에서 주목하는 변수들 중에서 어떤 것이 원인이 되는 변수이고 어떤 것이 결과가 되는 변수인지를 분명하게 밝히기 어려울 수 있

다. 이런 상황에서는 변수들 사이의 인과관계를 분명하게 제시하기가 어렵게 된다. 이렇게 될 경우, 인과관계가 모호한 것은 내적 타당도를 위협하는 '인과 방향의 모호' 요인이 될 수 있다.

(나) 예

조사자가 노인을 대상으로 조사할 때, 사회적 관계가 부족한 것은 우울을 유발한다고 주장할 수 있다. 이때에는 사회적 관계가 독립변수가 되고, 우울이 종속변수가 된다. 그러나 실제로는 그렇지 않을 수 있다. 예를 들어, 노인은 우울한 상태에 있으므로 다른 사람들과 어울리기가 어려워질 수 있다. 이때에는 우울이 독립변수가 되고, 사회적 관계가 종속변수가 된다

이런 탓에, 사회적 관계와 우울 중에서 어느 것이 원인이고 어느 것이 결과인지를 파악하기 어려운 것은, 사회적 관계와 우울이 관련된 인과관계에 영향을 미칠 수 있다. 결국, 사회적 관계와 우울 중에서 어느 것이 원인이고 어느 것이 결과인지를 파악하기 어려운 것은, 내적 타당도를 위협하는 '인과 방향의 모호' 요인이 될 수 있다.

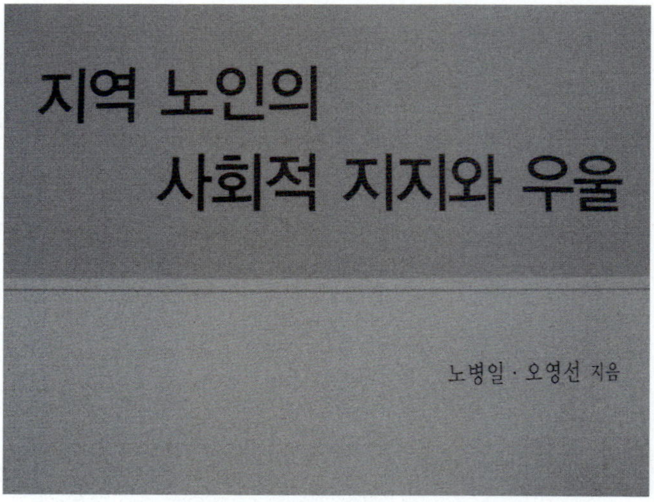

노인의 사회적 지지와 우울을 조사한 책(표지)

사회적 지지와 우울 중에서 어느 것이 원인(독립변수)이고 결과(종속변수)인지를 파악하기 어려운 것은 내적 타당도를 위협하는 요인이 될 수 있다. [출처 : 저자 촬영]

(8) 선정

(가) 정의와 배경

선정은 두 집단을 비교할 때 어느 집단에 속한 조사대상자들의 특성이 특이하기 때문에, 독립변수와 종속변수 사이의 인과관계가 모호해지는 것을 말한다.

때에 따라서는 어떤 집단의 구성원은 특이한 특성을 지닐 수 있다. 이런 상황에서는, 두 개 이상의 집단을 비교해서 결론을 내리는 것이 어려울 수 있다. 이렇게 될 경우, 일부 집단의 구성원이 특이한 특성을 지니는 것은 내적 타당도를 위협하는 '선정' 요인이 될 수 있다.

(나) 예

조사자는 노인을 대상으로 자신감을 향상하는 프로그램을 실시할 수 있다. 이를 위해서, 조사자는 이 프로그램을 널리 알려서 참여자를 모집할 수 있다. 그러고 나서, 이 프로그램에 참여한 노인과 이 프로그램에 참여하지 않은 노인의 자신감을 비교할 수 있다. 그리고 이 프로그램을 실시한 결과, 이 프로그램에 참여한 노인의 자신감이 이 프로그램에 참여하지 않은 노인의 자신감보다 더 높게 나타날 수 있다. 이렇게 될 경우, 조사자는 이 프로그램이 노인의 자신감을 향상하는 데 효과가 있다고 판단할 수 있다. 그러나 이 프로그램에 참여한 노인은 자발적으로 참여할 정도로 자신감이 많은 노인일 수 있다. 즉, 이 프로그램에 참여한 노인은 참여하지 않은 노인보다 원래부터 자신감을 더 많이 가졌을 수 있다.

이런 탓에, 프로그램에 참여한 노인의 자신감이 처음부터 더 높은 것은, 자신감 향상 프로그램을 실시한 것(독립변수)과 자신감의 정도가 변하는 것(종속변수) 사이의 인과관계에 영향을 미칠 수 있다. 결국, 프로그램에 참여한 노인의 자신감이 처음부터 더 높은 것은, 내적 타당도를 위협하는 '선정' 요인이 될 수 있다.

(9) 통계적 회귀

(가) 정의와 배경

통계적 회귀는 어떤 범위에서 극단적인 값을 가지는 사람이나 사례는 다음에는 평균에 더 가까운 값을 가지려는 경향이 있기 때문에, 독립변수와 종속변수 사이의 인과관계가 모호해지는 것을 말한다.

어떤 범위에서 변수값이 매우 높거나 매우 낮은 경우, 다음에 개입하면 해당 변수값이 평균 쪽으로 갈 가능성이 크다. 예를 들어, 어떤 범위에서 변수값이 매우 높을 경우, 개입한 후에는 해당 변수값이 더 낮아질 가능성이 크다. 마찬가지로, 어떤 범위에서 변수값이 매우 낮을 경우, 개입한 후에는 해당 변수값이 더 높아질 가능성이 크다. 이렇게 될 경우, 평균으로 가려는 이런 경향은 내적 타당도를 위협하는 '통계적 회귀' 요인이 될 수 있다.

(나) 예

조사자는 아동을 대상으로 글쓰기 능력을 향상하는 프로그램을 실시할 수 있다. 이를 위해서, 조사자는 글쓰기 능력에 대해 미리 측정한 후에 점수가 하위 5%에 속하는 아동만을 대상으로 이 프로그램을 실시할 수 있다. 그리고 이 프로그램을 실시한 결과, 이 프로그램에 참여한 아동의 글쓰기 점수가 더 높게 나올 수 있다. 이렇게 될 경우, 조사자는 이 프로그램이 아동의 글쓰기를 향상하는 데 효과가 있다고 판단할 수 있다. 그러나 이 프로그램에 참여한 아동은 글쓰기 점수가 매우 낮아서 더는 낮아질 수 없기 때문에, 점수가 더 높아졌을 수도 있다.

이런 탓에, 프로그램에 참여한 아동의 원래 점수가 매우 낮은 것은, 글쓰기 프로그램을 실시한 것(독립변수)과 글쓰기 능력이 변하는 것(종속변수) 사이의 인과관계에 영향을 미칠 수 있다. 결국, 프로그램에 참여한 아동의 원래 점수가 매우 낮은 것은, 내적 타당도를 위협하는 '통계적 회귀' 요인이 될 수 있다.

(10) 정리와 고려할 점

내적 타당도를 위협하는 요인은 독립변수와 종속변수 사이의 인과관계를 분명히 밝히는 데 걸림돌로 작용하고 있다. 내적 타당도를 위협하는 요인을 잘 알 경우, 조사자는 조사를 더 잘할 수 있게 된다. 따라서 조사자는 내적 타당도를 높이는 데 주목할 필요가 있다.

그리고 앞에서 제시한 요인들은 내적 타당도를 위협하는 일반적인 요인에 속하고 있다. 그러나 내적 타당도를 위협하는 요인에는 이 외에도 또 있을 수 있다.

POINT

* 내적 타당도는 독립변수와 관련해 개입한 것이 종속변수에 변화를 유발한 정도이다.
* 내적 타당도를 위협하는 주요한 요인으로 역사, 성숙, 검사 효과, 도구 효과, 전파, 대상자 소멸, 인과 방향의 모호, 선정, 통계적 회귀가 있다. 역사는 외부 사건 때문에 독립변수와 종속변수 사이의 관계가 모호해지는 것이다. 성숙은 조사대상자가 성숙하기 때문에, 독립변수와 종속변수 사이의 인과관계가 모호해지는 것이다. 검사 효과는 변수를 처음에 측정한 것이 이후에 측정한 것에 영향을 미치기 때문에, 독립변수와 종속변수 사이의 인과관계가 모호해지는 것이다. 도구 효과는 서로 다른 측정도구를 사용하기 때문에, 독립변수와 종속변수 사이의 인과관계가 모호해지는 것이다. 전파는 조사자의 개입방법을 다른 사람도 모방해 적용하기 때문에, 독립변수와 종속변수 사이의 인과관계가 모호해지는 것이다. 대상자 소멸은 조사 과정에서 조사대상자가 없어지거나 참여하지 않기 때문에, 독립변수와 종속변수 사이의 인과관계가 모호해지는 것이다. 인과 방향의 모호는 어떤 변수가 원인이고 어떤 것이 결과인지가 모호하기 때문에, 독립변수와 종속변수 사이의 인과관계가 모호해지는 것이다. 선정은 두 집단을 비교할 때 어느 집단에 속한 조사대상자들의 특성이 특이하기 때문에, 독립변수와 종속변수 사이의 인과관계가 모호해지는 것이다. 통계적 회귀는 극단 값을 가지는 사람이나 사례는 다음에는 평균에 더 가까운 값을 가지려는 경향이 있기 때문에, 독립변수와 종속변수 사이의 인과관계가 모호해지는 것이다.

3. 외적 타당도

1) 외적 타당도의 정의와 중요성

내적 타당도에 관해 분석한 다음에, 조사자는 외적 타당도를 따져볼 필요가 있다. 외적 타당도는 조사해서 나타난 결과를 다른 상황에도 적용할 수 있는 정도를 말한다. 즉, 외적 타당도는 조사 결과를 현재의 조사대상자 이외의 사람이나 사례에도 적용할 수 있는 정도를 말한다(DeCarlo, 2018; Patino & Ferreira, 2018; Yegidis, Weinbach & Myers, 2018; Kaluza, 2023).

외적 타당도에서는 인과관계를 다른 상황에 적용할 수 있는 조건을 제시하고 있다. 따라서 외적 타당도가 높다는 것은, 조사 결과에서 나타난 인과관계를 다른 상황에도 넓게 적용할 수 있음을 의미한다. 예를 들어, 조사 결과가 외적 타당도가 매우 낮을 경우, 조사 결과를 다른 곳에 적용할 가능성이 작아지게 된다(Leviton, 2001; Yegidis, Weinbach & Myers, 2018; Patino & Ferreira, 2018). 따라서 외적 타당도는 중요하다.

> **5.3 한계점**
>
> 본 연구는 대전광역시에 위치한 복지시설에서 근무하는 사회복지사들만을 대상으로 실시하였다. 따라서 본 연구의 결과를 다른 지역에 위치한 복지시설에서 근무하는 사회복지사들에게까지 일반화시키는 데에는 한계가 있을 수 있다. 즉, 본 연구는 외적 타당도(external validity)의 문제를 가질 수 있다. 그러므로 차후의 연구에서는 다른 지역에 위치한 복지시설에서 근무하는 사회복지사들까지 포함하여 업무환경이 소진에 영향을 미치는 요인을 조사할 필요가 있다.

조사 결과가 외적 타당도에서 문제가 있을 수 있음을 제시한 논문

외적 타당도는 조사 결과를 다른 상황에도 적용할 수 있는 정도이다. [출처 : 조현철 · 노병일(2017)을 캡처]

2) 외적 타당도와 관련된 중요한 요인

(1) 표본의 크기와 표집방법

외적 타당도와 관련해서는 표본의 대표성이 중요하다. 따라서 외적 타당도와 관련해 중요한 요인은 표본의 크기와 무작위 추출이다. 이런 탓에, 외적 타당도를 높이고자 할 때, 표본의 크기와 무작위 추출을 하는 표집방법은 중요하다.

우선, 표본의 크기가 클 경우, 표본이 모집단을 대표할 가능성이 커지게 된다. 따라서 표본의 크기가 클수록, 외적 타당도가 높아질 가능성이 크다. 그리고 여러 형태의 표집방법 중에서, 무작위 표집을 할수록 외적 타당도가 높아질 가능성이 크다. 결국, 모집단에서 크기가 큰 표본을 무작위로 선정할 경우, 조사 결과에 대한 외적 타당도가 높아지게 된다(Yegidis, Weinbach & Myers, 2018).

(2) 호손 효과

일부 측면은 외적 타당도와 관련되고 있다. 이런 측면의 예로 호손 효과(Hawthorne effect)가 있다.

호손 효과는 조사대상자가 자신이 조사되고 있다는 것을 알기 때문에 행동을 다르게 하는 것을 말한다. 즉, 호손 효과는 조사대상자가 조사의 대상이 될 때 행동이나 태도가 변하는 것을 말한다. 호손 효과라는 용어는 1920년대에 미국 일리노이(Illinois)주에 있는 웨스턴 전기(Western Electric Corporation)의 호손 공장에서 실시한 조사에서 등장하였다. 이 경우, 근로자의 환경을 바꿀 때마다 생산성이 항상 증가하는 것으로 나타났다(DeCarlo, 2018; Mathers, Fox & Hunn, 2009).

조사대상자는 조사자가 자신을 조사하고 있다는 사실을 의식하고서, 자신의 진짜 태도나 행동과는 다르게 반응할 수 있다. 그러나 이렇게 해서 나타난 조사 결과는 다른 상황에 적용하기가 어렵게 된다. 따라서 호손 효과가 있을 경우, 인과관계에 대한 외적 타당도가 낮아지게 된다.

호손 효과와 관련된 조사를 한 호손 공장

호손 효과는 조사대상자가 조사의 대상이 될 때 행동이나 태도가 변하는 것이다.
[출처 : 위키피디어(public domain)]

3) 조사의 목적과 외적 타당도

외적 타당도가 중요한 정도는 조사의 목적에 따라 차이가 날 수 있다. 이 중에서 설명적 조사에서는 외적 타당도가 특히 중요하다. 왜냐하면 설명적 조사에서는 표본에 있는 변수들 사이의 관계를 파악하고, 이런 관계가 표본 이외의 상황에서도 적용됨을 보여주고자 하기 때문이다(Yegidis, Weinbach & Myers, 2018).

그리고 외적 타당도는 양적 접근방식을 취하는 기술적 조사에서도 중요한 경우가 많다. 왜냐하면 이런 기술적 조사에서는 모집단에 관해 알기를 원하므로 모집단을 대표하는 표본을 대상으로 조사하는 경우가 많기 때문이다(Yegidis, Weinbach & Myers, 2018).

POINT

* 외적 타당도는 조사 결과를 다른 상황에도 적용할 수 있는 정도이다.
* 외적 타당도와 관련해 중요한 요인은 표본의 크기와 무작위 표집방법이다.
* 호손 효과는 조사대상자가 자신이 조사되고 있다는 것을 알기 때문에 행동을 다르게 하는 것이다.

4. 내적 타당도 및 외적 타당도와 관련해 고려할 점

내적 타당도와 외적 타당도는 서로 다른 개념이다. 그러나 실험에서는 내적 타당도와 외적 타당도는 똑같이 중요하다.

내적 타당도와 외적 타당도는 모두 정도에서 차이가 나고 있다. 즉, 어떤 조사 결과도 완전하게 내적 타당도가 있거나 완전하게 외적 타당도가 있을 수 없다(Kaluza, 2023).

내적 타당도와 외적 타당도의 경우, 내적 타당도를 먼저 따져보아야 한다. 내적 타당도가 낮을 때에는 어떤 결론도 내릴 수 없다. 이런 탓에, 조사 결과가 내적 타당도가 매우 낮을 경우, 외적 타당도는 따져볼 필요가 없다(Patino & Ferreira, 2018).

그리고 내적 타당도와 외적 타당도는 서로 밀접하게 관련되어 있다. 일반적으로 내적 타당도와 외적 타당도는 서로 반대되는 방향으로 영향을 미칠 수 있다.

내적 타당도를 높이기 위해서는 조사하는 변수를 가능한 한 통제하여야 한다. 그러나 조사하는 변수를 더 통제할수록, 조사 결과를 다른 상황에 적용하기가 더 어려워질 수 있다. 즉, 내적 타당도를 확보하기 위해서 조사 환경을 더 깐깐하게 통제할수록, 외적 타당도를 덜 확보하게 된다.

그리고 이와 반대로, 조사 환경이 실제 세상의 환경과 더 같으면 외적 타당도를 더 확보할 수 있겠지만, 내적 타당도는 덜 확보하게 된다. 이런 탓에, 내적 타당도와 외적 타당도 사이에 균형을 맞출 필요가 있다(DeCarlo, 2018; Kaluza, 2023).

POINT

* 내적 타당도와 외적 타당도는 반대되는 방향으로 영향을 미칠 수 있다.

CHAPTER 08

실험설계와 단일사례설계

차례 CONTENTS

1. 실험설계의 정의와 목적 및 특징

실험설계(experimental design)는 통제된 상태에서 가설을 검증하기 위해 자료를 수집하는 방법을 말한다. 구체적으로 실험설계는 조사자가 인과관계를 파악하기 위해 분명하고 의도적으로 개입하는 조사방법을 말한다(DeCarlo, 2018; World Bank, 2023). 일반적으로 실험설계의 목적은 독립변수가 종속변수에 미치는 영향과 관련된 인과관계를 파악하는 데 있다.[84)]

실험설계에서는 변수들 사이의 관계를 정확하고 객관적으로 분석할 수 있다. 따라서 정확하게 측정하고 통제함으로써, 실험설계는 조사자가 인과관계를 파악하고 이에 따라 결론을 내리는 데 도움을 주고 있다.

무엇보다도, 실험설계는 사회복지 프로그램의 효과를 파악하기 위한 자료를 수집하고자 할 때 매우 좋은 방법이다(Bell, 2009; DeCarlo, 2018). 이런 탓에, 사회복지 영역에서는 실험설계를 많이 사용하고 있다.

84) 실험설계에서의 독립변수와 종속변수는 일반적으로 생각하는 변수(예컨대, 성별이나 소득 수준)와는 다르다. 이에 관해서는 뒤에서 자세히 설명한다.

POINT

* 실험설계는 인과관계를 파악하기 위해 분명하고 의도적으로 개입하는 조사방법이다.
* 실험설계는 프로그램의 효과를 파악하기 위한 자료를 수집하고자 할 때 매우 좋은 방법이다.

2. 실험설계와 관련된 용어

실험설계에서는 전문 용어를 일부 사용하고 있다. 실험설계에서 자주 사용하는 용어로 독립변수와 종속변수, 실험집단(experimental group)과 통제집단(control group), 무작위 할당(random assignment), 사전검사(pretest)와 사후검사(posttest)가 있다.

1) 독립변수와 종속변수

실험설계에서 독립변수는 검증하고 있는 개입을 말한다. 즉, 실험설계에서 독립변수는 조사자가 개입하는 것을 말한다. 그리고 종속변수는 조사자가 개입해서 얻으려는 효과를 말한다. 즉, 실험설계에서 종속변수는 조사자가 개입에서 목표로 삼는 것을 말한다.[85] 예를 들어, 노인에게 어떤 프로그램을 실시해서 자아존중감을 높이고자 할 경우, 독립변수는 해당 프로그램을 실시하는 것이고, 종속변수는 자아존중감에 변화가 있는 것이다.

2) 실험집단과 통제집단

실험집단은 독립변수와 관련해 개입하는 집단을 말하고, 통제집단은 독립변수와 관련해 개입하지 않는 집단을 말한다. 예를 들어, 어떤 프로그램을 실시할 경우, 해당 프로그램을 실시하는 집단이 실험집단이 되고, 해당 프로그램을 실시하지 않는 집단이 통제집단이 된다.

85) 이에 관해서는 인과관계를 다루는 장(제7장)에서 이미 설명한 바 있다.

지역사회의 주민을 대상으로 색유리공예 프로그램을 실시하고 있는 장면
실험집단은 해당 프로그램을 실시하는 집단이다. [출처 : 저자 촬영]

3) 무작위 할당

일반적으로 무작위 할당은 표본에 있는 사례를 여러 하위집단에 무작위로 배정하는 과정을 말한다. 구체적으로 실험설계에서 무작위 할당은 조사대상자를 실험집단과 통제집단에 배정하기 위해서 무작위 과정을 사용하는 것을 말한다(Yegidis, Weinbach & Myers, 2018; DeCarlo, 2018). 예를 들어, 어떤 프로그램을 실시할 경우, 무작위 할당은 조사대상자를 실험집단과 통제집단에 무작위로 배정하는 것을 일컫는다.

4) 사전검사와 사후검사

사전검사와 사후검사는 종속변수와 관련되고 있다. 사전검사는 독립변수와 관련해 개입하기 전에 종속변수를 측정하는 것을 말하고, 사후검사는 독립변수와 관련해 개입한 후에 종속변수를 측정하는 것을 말한다. 예를 들어, 어떤 프로그램을 실시해 자아존중감을 높이고자 할 경우, 사전검사는 해당 프로그램을 실시하기 전에 자아존중감 점수를 측정하는 것이고, 사후검사는 해당 프로그램을 실시한 후에 자아존중감 점수를 측정하는 것이다.

POINT

* 실험설계에서 독립변수는 검증하고 있는 개입이다. 종속변수는 조사자가 개입해서 얻으려는 효과이다.
* 실험집단은 독립변수와 관련해 개입하는 집단이다. 통제집단은 독립변수와 관련해 개입하지 않는 집단이다.
* 무작위 할당은 조사대상자를 실험집단과 통제집단에 배정하기 위해서 무작위 과정을 사용하는 것이다.
* 사전검사는 독립변수와 관련해 개입하기 전에 종속변수를 측정하는 것이다. 사후검사는 독립변수와 관련해 개입한 후에 종속변수를 측정하는 것이다.

3. 실험설계를 제시하기 위해 사용하는 기호

실험설계의 형태에는 여러 가지가 있다.[86] 실험설계의 각 형태를 정리할 때는 기호를 사용해 그림으로 간단하게 제시하는 경우가 많다. 이때 사용하는 기호는 대체로 통일되어 있다.

실험설계를 그림으로 제시할 때 사용하는 기호를 구체적으로 살펴보면 다음과 같다(Yegidis, Weinbach & Myers, 2018).

① R은 조사대상자를 실험집단과 통제집단에 무작위로 할당하는 것을 나타낸다.

② X는 독립변수와 관련해 개입하는 것을 나타낸다. 이런 예로 어떤 프로그램을 실시하는 것이 있다.

86) 실험설계의 형태에 관해서는 뒤에서 자세히 설명한다.

③ O는 종속변수를 측정하는 것을 나타낸다. 이런 예로 우울을 측정하는 것이 있다.

④ O_n은 여러 차례 측정할 때 종속변수를 n번째 측정하는 것을 나타낸다.

POINT

* 실험설계의 형태를 정리할 때는 기호를 사용해 간단하게 제시하는 경우가 많다.

4. 실험설계의 형태

실험설계에는 여러 가지 형태가 있다. 일반적으로 실험설계의 형태는 전 실험설계(pre-experimental design, 선 실험설계 또는 원시 실험설계), 실험설계(experimental design, 순수 실험설계), 유사 실험설계(quasi-experimental design, 준 실험설계)로 분류하고 있다.[87)]

1) 실험설계[88)]

(1) 실험설계의 특징과 평가

실험설계는 실험의 조건을 제대로 갖춘 조사방법을 말한다. 실험설계에서는 다음과 같은 세 가지 조건을 모두 따라야 한다(DeCarlo, 2018; Yegidis, Weinbach & Myers, 2018).

① 실험집단과 통제집단이 모두 존재한다. 실험설계에서는 실험집단과 통제집단을 비교함으로써 개입의 효과를 검증한다.

87) 실험설계를 쉽게 이해하기 위해서는 순수 실험설계, 유사 실험설계, 전 실험설계의 순으로 살펴보는 것이 좋다. 따라서 이 책에서도 이런 순서로 진행한다. 그리고 각 형태에는 여러 가지 설계가 있는데, 이런 설계의 이름을 한글로 번역한 것은 책마다 차이가 날 수 있다. 따라서 각 설계의 영어 이름도 익혀두는 것이 좋을 수 있다.

88) 이 절에서 '실험설계'는 '순수 실험설계'를 일컫는다.

② 조사대상자를 실험집단과 통제집단에 무작위 할당을 한다. 무작위 할당을 할 경우, 각 조사대상자는 실험집단이나 통제집단에 배정될 가능성이 같아지게 된다.

③ 독립변수를 조작한다. 이것은 실험집단에서는 독립변수와 관련해 개입하고, 통제집단에서는 독립변수와 관련해 개입하지 않는 것을 말한다. 어떤 프로그램을 실시하는 실험설계의 경우, 독립변수의 조작은 실험집단에서는 해당 프로그램을 실시하고, 통제집단에서는 해당 프로그램을 실시하지 않는 것을 말한다.

실험설계만이 앞에서 제시한 세 가지 특징을 지니고 있다. 따라서 실험설계는 독립변수 이외의 다른 요인이 종속변수에 미칠 수 있는 영향을 통제하는 데 가장 유리하다. 이런 탓에, 실험설계는 변수들 사이에 인과관계가 있음을 가장 체계적으로 증명할 수 있다.

그리고 실험설계는 내적 타당도와 관련해 유리하다. 조사 결과의 내적 타당도가 높을 경우, 조사자는 독립변수와 관련해 개입한 것이 종속변수에 영향을 미친다는 점을 확신할 수 있게 된다. 결국, 실험설계는 인과관계를 확인하고자 할 때 가장 좋은 방법이라고 볼 수 있다.

그러나 실험설계는 외적 타당도와 관련해 문제가 있을 수 있다.

(2) 실험설계의 주요한 형태

실험설계의 주요한 형태에는 고전적 실험설계(classic experimental design), 사후검사 통제집단 설계(posttest-only control group design), 솔로몬 4집단 설계(Solomon four-group design)가 있다.

(가) 고전적 실험설계

고전적 실험설계는 무작위 할당, 실험집단, 통제집단, 사전검사, 사후검사를 사용하는 실험설계를 말한다. 고전적 실험설계는 사전검사 사후검사 통제집단 설계(pretest-posttest control group design)라고도 부르고 있다. 고전적 실험설계는 실험설계의 여러 형태 중에서 가장 기본이 된다고 볼 수 있다.

고전적 실험설계에서는 다음과 같은 과정을 거치고 있다.

① 조사대상자를 실험집단과 통제집단의 하나에 무작위 할당을 한다.

② 독립변수와 관련해 개입하기 전에, 실험집단과 통제집단 모두에서 종속변수에 대해 사전검사를 한다.

③ 실험집단에 대해서만 독립변수와 관련해 개입한다.

④ 독립변수와 관련해 개입한 후에, 실험집단과 통제집단 모두에서 종속변수에 대해 사후검사를 한다.

위의 과정을 그림으로 간단히 표시하면 ❙그림 8-1❙과 같다.

$$\begin{array}{cccc} R & O_1 & X & O_2 \\ R & O_1 & & O_2 \end{array}$$

❙그림 8-1❙ **고전적 실험설계**

❙그림 8-1❙에서 위쪽에 있는 것은 실험집단에 해당하고, 아래쪽에 있는 것은 통제집단에 해당한다. 그리고 R은 조사대상자를 실험집단과 통제집단에 무작위 할당을 한 것을 나타낸다. X는 독립변수와 관련해 개입한 것을 나타낸다. O_1은 독립변수와 관련해 개입하기 전에 종속변수를 측정한 것(즉, 사전검사)을 나타내고, O_2는 독립변수와 관련해 개입한 후에 종속변수를 측정한 것(즉, 사후검사)을 나타낸다.[89]

고전적 실험설계의 경우, 다음과 같이 비교하고 있다(Yegidis, Weinbach & Myers, 2018).

① 실험집단과 통제집단 모두에 대해서, 독립변수와 관련해 개입하기 전의 종속변수 점수(O_1)를 살펴본다. 이때 O_1은 본래 같거나 비슷할 것이라고 본다. 왜냐하면 조사대상자를 실험집단과 통제집단에 무작위로 할당하

89) 이에 관해서는 앞에서 이미 설명한 바 있다.

였기 때문이다.

② 실험집단과 통제집단 모두에 대해서, 독립변수와 관련해 개입한 후의 종속변수 점수(O_2)를 살펴본다. 이때 실험집단에서는 개입한 후의 종속변수 점수(O_2)가 예상한 방향으로 변하나, 통제집단에서는 개입한 후의 종속변수 점수(O_2)가 변하지 않거나 매우 적게 변할 것이라고 본다. 왜냐하면 통제집단에는 독립변수와 관련해 개입하지 않았기 때문이다. 예를 들어, 통제집단에 대해서는 프로그램을 실시하지 않았기 때문이다. 실험집단에서는 개입한 후의 종속변수 점수(O_2)가 예상대로 변하였으나 통제집단에서는 개입한 후의 종속변수 점수(O_2)가 변하지 않았거나 매우 적게 변하였을 경우, 실험집단에서의 변화는 일부 기타 요인보다는 독립변수와 관련해 개입하였기 때문이라고 볼 수 있다. 예를 들어, 어떤 프로그램이 자아존중감을 향상하는지를 살펴보려는 실험설계에서는, 해당 프로그램이 자아존중감을 향상하는 데 영향을 미쳤다고 볼 수 있다.

고전적 실험설계의 경우, 독립변수 이외의 요인이 미칠 수 있는 영향을 잘 통제하고 있다. 따라서 고전적 실험설계는 인과관계를 밝히는 데 매우 적절하다.

그러나 고전적 실험설계에서는 사전검사와 사후검사를 모두 하기 때문에, 검사 효과가 나타날 수 있다. 이런 상황은 내적 타당도에 불리하게 작용할 수 있다.

(나) 사후검사 통제집단 설계

사후검사 통제집단 설계는 무작위 할당을 하고, 실험집단과 통제집단을 사용하고, 사후검사를 하지만 사전검사는 하지 않는 실험설계를 말한다.

때에 따라서는 사전검사를 하는 것이 사후검사에 영향을 미칠 수 있다. 사전검사가 사후검사에 영향을 미치는 것은 내적 타당도를 위협하는 요인이 되고 있다.[90)] 이런 상황에서는 사전검사를 하지 않는 것이 유리할 수 있는데, 이때 사용할 수 있는 방법이 사후검사 통제집단 설계이다. 따라서 사후검사 통제집단 설계는 사전검사를 하는 것이 사후검사에 영향을 미칠 수 있다고 판단할 때 사용하고 있다.

사후검사 통제집단 설계의 경우, 사전검사를 하지 않는다는 점만 빼고는 고전적 실험설계와 같은 형태로 구성되어 있다.

따라서 사후검사 통제집단 설계에서는 다음과 같은 과정을 거치고 있다.

① 조사대상자를 실험집단과 통제집단의 하나에 무작위 할당을 한다.

② 실험집단에 대해서만 독립변수와 관련해 개입한다.

③ 독립변수와 관련해 개입한 후에, 실험집단과 통제집단 모두에서 종속변수에 대해 사후검사를 한다.

위의 과정을 그림으로 간단히 표시하면 **|그림 8-2|**와 같다.

R	X	O
R		O

|그림 8-2| 사후검사 통제집단 설계

|그림 8-2|에서 O는 독립변수와 관련해 개입한 후에 종속변수를 측정한 것을 나타낸다.

사후검사 통제집단 설계에서는 사후검사만 하고 있다. 따라서 사후검사 통제집단 설계의 경우, 한 가지만 비교하고 있다. 즉, 실험집단과 통제집단에 대해서, 독립변수와 관련해 개입한 후의 종속변수 점수만을 비교하고 있다. 이때, 실험집단의 사후검사 점수가 통제집단의 사후검사 점수보다 통계적으로 의미 있게 높거나 낮을 경우, 독립변수와 관련해 개입한 것은 효과가 있었다고 볼 수 있다(Yegidis, Weinbach & Myers, 2018).

사후검사 통제집단 설계에서는 검사 효과를 없앨 수 있다. 그러나 사전검사를 하지 않았으므로, 실험집단과 통제집단 사이에 사후검사에서 차이가 나

90) 이것을 검사 효과라고 부르고 있다. 이에 관해서는 내적 타당도를 다루는 장(제7장)에서 이미 설명한 바 있다.

는 것이 독립변수와 관련해 개입한 것 때문이라고 주장하기 어렵다.

(다) 솔로몬 4집단 설계

솔로몬 4집단 설계는 무작위 할당을 하고, 두 개의 실험집단과 두 개의 통제집단을 사용하고, 모든 집단에 대해 사후검사를 하나, 사전검사는 네 집단 중에서 두 집단에게만 하는 실험설계를 말한다.

조사대상자가 측정도구를 사용하는 과정은 조사대상자에게 영향을 미칠 수 있다. 따라서 가능하다면, 두 개 이상의 실험집단과 통제집단을 사용하는 것이 바람직할 수 있다. 이렇게 할 경우, 검사 효과가 내적 타당도를 위협할 수 있는 정도를 평가할 수 있게 된다(DeCarlo, 2018; Yegidis, Weinbach & Myers, 2018). 이때 사용할 수 있는 실험설계가 솔로몬 4집단 설계이다.

솔로몬 4집단 설계는 고전적 실험설계와 사후검사 통제집단 설계를 합친 형태로 구성되어 있다. 따라서 솔로몬 4집단 설계에는 두 쌍의 실험집단과 통제집단이 존재한다.

솔로몬 4집단 설계에서는 다음과 같은 과정을 거치고 있다.

① 조사대상자를 두 쌍의 실험집단과 통제집단의 하나에 무작위 할당을 한다.

② 독립변수와 관련해 개입하기 전에, '한 쌍의' 실험집단과 통제집단에서만 종속변수에 대해 사전검사를 한다.

③ 실험집단에 대해서만 독립변수와 관련해 개입한다.

④ 독립변수와 관련해 개입한 후에, '두 쌍의' 실험집단과 통제집단 모두에서 종속변수에 대해 사후검사를 한다.

위의 과정을 그림으로 간단히 표시하면 **|그림 8-3|**과 같다.

R	O_1	X	O_2
R	O_1		O_2
R		X	O_2
R			O_2

|그림 8-3| 솔로몬 4집단 설계

┃그림 8-3┃에서 위쪽에 있는 두 개는 '고전적 실험설계'에 해당하고, 아래쪽에 있는 두 개는 '사후검사 통제집단 설계'에 해당한다.

솔로몬 4집단 설계는 복잡해 보일 수 있다. 그러나 솔로몬 4집단 설계는 실제로는 매우 단순하다. 이것을 간단히 정리하면 다음과 같다.

① '고전적 실험설계' 부분의 두 집단(실험집단과 통제집단)은, 사전검사와 사후검사 사이에 변한 것을 살펴보기 위한 것이다.

② '사후검사 통제집단 설계' 부분의 두 집단(실험집단과 통제집단)은, 사전검사를 하는 것이 종속변수가 변화하는 데 영향을 미칠 수 있는지를 살펴보기 위한 것이다.

그러므로 솔로몬 4집단 설계의 경우, 다음과 같이 비교하고 있다(Yegidis, Weinbach & Myers, 2018).

① '고전적 실험설계'부분의 두 집단(실험집단과 통제집단)에 대해서, 독립변수와 관련해 개입하기 전의 종속변수 점수(O_1)를 비교한다. 이때, 독립변수와 관련해 개입하기 전의 종속변수 점수는 비슷할 것이라고 본다. 왜냐하면 조사대상자를 집단에 배정할 때 무작위 할당을 하였기 때문이고, 또한 이때에는 어떤 집단에도 독립변수와 관련해 개입하지 않았기 때문이다.

② 네 집단 모두에 대해서, 독립변수와 관련해 개입한 후의 종속변수 점수(O_2)를 비교한다. 이때, 독립변수와 관련해 제대로 개입하였을 경우, 다음과 같게 될 것으로 본다.

ㄱ '고전적 실험설계' 부분의 실험집단에 대한 사후검사 점수는, '고전적 실험설계' 부분의 통제집단에 대한 사후검사보다 더 변화하였다.

ㄴ '사후검사 통제집단 설계' 부분의 실험집단에 대한 사후검사 점수는 '사후검사 통제집단 설계' 부분의 통제집단에 대한 사후검사 점수보다 더 변화하였다.

솔로몬 4집단 설계는 모든 형태의 실험설계 중에서 인과관계를 가장 완전하게 확인할 수 있는 방법이라고 볼 수 있다. 따라서 솔로몬 4집단 설계에서는 내적 타당도가 매우 높을 가능성이 크다.

그러나 솔로몬 4집단 설계에서는 네 집단을 확보하여야 하는데, 이는 쉽지 않을 수 있다. 즉, 솔로몬 4집단 설계는 시간이 오래 걸리고 조사대상자가 많이 필요하므로 실시하기 어려울 수 있다(DeCarlo, 2018). 따라서 솔로몬 4집단 설계를 사용하는 것은 현실적으로 어려울 수 있다.

2) 유사 실험설계

(1) 유사 실험설계의 특징과 평가

유사 실험설계는 조사대상자를 실험집단과 통제집단에 배정할 때 무작위 할당을 하지 않는 설계를 말한다. 어느 상황에서는 조사대상자를 실험집단과 통제집단에 무작위 할당을 하기가 어렵거나 할 필요가 없을 수 있다. 예를 들어, 때에 따라서는 시간이 부족하거나 연구비가 부족하거나 윤리적 문제 때문에, 조사자는 실험설계를 사용할 수 없거나 사용하기 어려울 수 있다(DeCarlo, 2018). 이때 사용할 수 있는 방법이 유사 실험설계이다.

아동을 대상으로 미술치료 프로그램을 실시하는 장면

무작위 할당을 해서 실험집단이나 통제집단에 배정하기 어려울 때 유사 실험설계를 사용할 수 있다. [출처 : 저자 촬영]

유사 실험설계에서도 내적 타당도를 위협하는 요인을 통제하려고 하고 있다. 그러나 유사 실험설계에서는 조사대상자를 실험집단이나 통제집단에 무작위로 할당하지 않고 있다. 이런 점에서, 유사 실험설계는 실험설계와 차이가 나고 있다. 그리고 이런 탓에, 유사 실험설계에서는 실험집단과 통제집단에 대해서 종속변수를 과학적으로 비교할 수 있다고 확신할 수 없다(Yegidis, Weinbach & Myers, 2018).

(2) 유사 실험설계에서의 할당

유사 실험설계에서 조사대상자를 실험집단과 통제집단(비교집단)에 배정하는 방법의 하나는 배합(matching)이다. 배합을 할 경우, 실험집단과 통제집단을 더 잘 비교할 수 있다. 배합을 하기 위해서, 조사자는 자신의 연구에서 어떤 변수가 중요한지를 잘 알고 있어야 한다.

배합의 형태를 구체적으로 제시하면 다음과 같다(DeCarlo, 2018).

① 개별 배합(individual matching)이 있다. 개별 배합은 집단을 배정하기 위해 조사대상자를 비슷한 범주를 가지게 짝짓는 것을 말한다. 개별 배합의 경우, 짝을 나누어서 한 조사대상자는 실험집단에 배정하고 다른 조사대상자는 통제집단에 배정한다.

② 집합 배합(aggregate matching)이 있다. 집합 배합은 중요한 변수에서 실험집단과 통제집단을 유사하게 하는 것을 말한다.

(3) 유사 실험설계의 주요한 형태

유사실험 설계의 주요한 형태에는 비동일 비교집단 설계(nonequivalent comparison groups design), 시계열 설계(time series design)가 있다.

(가) 비동일 비교집단 설계

비동일 비교집단 설계는 고전적 실험설계와 비슷하나, 무작위 할당을 사용하지 않는 유사 실험설계를 말한다. 비동일 비교집단 설계는 사전검사 사후검사 비교집단 설계(pretest-posttest comparison group design)라고도 부르고 있다. 비동일 비교집단 설계는 윤리적 문제나 자원 문제 때문에 무작위 할당을 할 수 없을 때 사용할 수 있다(DeCarlo, 2018; Yegidis, Weinbach & Myers, 2018).

비동일 비교집단 설계에서는 다음과 같은 과정을 거치고 있다.

① 조사대상자를 실험집단과 통제집단의 하나에 할당을 한다. 단, 이때 무작위 할당은 하지 않는다.

② 독립변수와 관련해 개입하기 전에, 실험집단과 통제집단 모두에서 종속변수에 대해 사전검사를 한다.

③ 실험집단에 대해서만 독립변수와 관련해 개입한다.

④ 독립변수와 관련해 개입한 후에, 실험집단과 통제집단 모두에서 종속변수에 대해 사후검사를 한다.

위의 과정을 그림으로 간단히 표시하면 ❙그림 8-4❙와 같다.

O_1 X O_2

O_1 O_2

❙그림 8-4❙ **비동일 비교집단 설계**

비동일 비교집단 설계의 경우, 다음과 같이 비교하고 있다(Yegidis, Weinbach & Myers, 2018).

① 실험집단과 통제집단 모두에 대해서, 독립변수와 관련해 개입하기 전의 종속변수 점수(O_1)를 살펴본다. 이때, 무작위 할당을 하지 않았기 때문에, 독립변수와 관련해 개입하기 전의 종속변수 점수(O_1)는 실험집단과 통제집단에서 서로 차이가 날 수도 있다. 사후검사의 결과를 평가할 때는 이런 차이를 고려할 필요가 있다.

② 실험집단과 비교집단 모두에 대해서, 독립변수와 관련해 개입한 후의 종속변수 점수(O_2)를 살펴본다. 이때, 독립변수와 관련해 개입한 후의 종속변수 점수가 실험집단에서는 예상한 방향으로 변하지만, 통제집단에서는 변하지 않거나 매우 적게 변할 것이라고 본다. 왜냐하면 통제집단에

서는 독립변수와 관련해 개입하지 않았기 때문이다. 독립변수와 관련해 개입한 후의 종속변수 점수가 실험집단에서는 예상대로 변하고 통제집단에서는 변하지 않거나 매우 적게 변한 경우, 실험집단에서의 변화는 독립변수와 관련해 개입하였기 때문이라고 볼 수 있다.

비동일 비교집단 설계는 실제 세상에서 매우 편리할 수 있다. 그러나 비동일 비교집단 설계에서 조사자는 두 집단을 비교할 수 있는지에 관해 확신할 수 없다(DeCarlo, 2018). 또한 비동일 비교집단 설계에서는 무작위 할당을 하지 않기 때문에, 독립변수와 관련해 개입한 것 이외의 요인이 종속변수에 영향을 미칠 수 있다. 이렇게 될 경우, 내적 타당도가 낮아지게 된다.

(나) 시계열 설계

시계열 설계는 개입하기 전과 개입한 후에 종속변수에 대해 여러 차례 측정하는 유사 실험설계를 말한다(DeCarlo, 2018). 때에 따라서는 독립변수와 관련해 개입하기 전이나 개입한 후에, 종속변수에 대해 여러 차례 측정하는 것이 필요할 수 있다. 이때 사용할 수 있는 방법이 단순 시계열 설계이다.[91)]

단순 시계열 설계에서는 종속변수에 대해서 시간에 걸쳐서 여러 차례 측정하고 있다. 이때에는 독립변수와 관련해 개입하기 전과 개입한 후에 측정하는 경우가 많다.

단순 시계열 설계의 과정을 그림으로 간단히 표시하면 ❙그림 8-5❙와 같다.

O_1 O_2 O_3 X O_4 O_5 O_6

❙그림 8-5❙ **단순 시계열 설계**

91) 일반적으로 시계열은 정해진 시간 간격마다 연속해서 수집한 자료를 모아 놓은 것을 말한다(Merriam-Webster Dictionary, 2023).

❙그림 8－5❙에서 O_1과 O_2와 O_3는 독립변수와 관련해 개입하기 전에 종속변수를 측정한 것(즉, 사전검사)을 나타내고, O_4와 O_5와 O_6는 독립변수와 관련해 개입한 후에 종속변수를 측정한 것(즉, 사후검사)을 나타낸다.[92)]

단순 시계열 설계의 경우, 다음과 같이 비교하고 있다(Yegidis, Weinbach & Myers, 2018).

① 사전검사의 평균 점수를 사후검사의 평균 점수와 비교한다. 이렇게 할 경우, 독립변수와 관련해 개입한 것이 예상한 대로 종속변수에 변화를 가져왔는지를 알 수 있다.

② 독립변수와 관련해 개입한 후의 종속변수 점수(O_4와 O_5와 O_6)를 비교한다. 이렇게 할 경우, 종속변수가 예상한 방향으로 시간에 걸쳐서 변하였는지를 알 수 있다.

단순 시계열 설계를 통해서 종속변수를 계속해서 측정할 경우, 자료가 어떤 경향을 보이는지를 알 수 있다. 즉, 독립변수와 관련해 개입할 때 이런 경향이 크게 변할 경우, 독립변수 때문에 종속변수가 변하였을 가능성이 있다고 볼 수 있다. 이런 탓에, 통제집단을 만들 수 없을 경우, 단순 시계열 설계는 프로그램의 효과성을 평가하는 데 도움이 될 수 있다(Yegidis, Weinbach & Myers, 2018).

한편, 단순 시계열 설계에 통제집단을 추가할 수도 있다. 이것을 다중 시계열 설계(multiple time series design)라고 부르고 있다. 다중 시계열 설계에서는 실험집단과 통제집단을 사용하고 있다.

3) 전 실험설계

(1) 전 실험설계의 특징과 평가

전 실험설계는 실험의 요소가 부족한 것이 많은 설계를 말한다. 실험설계나 유사 실험설계를 할 수 없을 경우에는 전 실험설계를 할 수 있다(DeCarlo, 2018).

92) 여기에서는 사전검사와 사후검사를 각각 세 차례 한 것을 제시한다.

어떤 면에서 보면, 전 실험설계는 조사의 내적 타당도를 위협하는 요인을 통제하려고 하지 않는 설계를 말한다.

전 실험설계에서는 통제집단을 사용하지 않는 경우가 많다. 그리고 전 실험설계에서 통제집단을 사용할 때는, 종속변수를 한 차례만 측정하고 있다(Yegidis, Weinbach & Myers, 2018).

전 실험설계는 가장 낮은 수준의 방법이라고 볼 수 있다. 그러나 현실적인 이유 때문에, 전 실험설계를 사용하는 경우도 많다.

(2) 전 실험설계의 주요한 형태

전 실험설계의 주요한 형태에는 1회 사례 연구(one-shot case study), 단일집단 사전검사 사후검사 설계(one-group pretest-posttest design), 정태적 집단비교 설계(static group comparison design)가 있다.

(가) 1회 사례 연구

1회 사례 연구는 한 집단에만 사전검사 없이 개입하는 전 실험설계를 말한다. 개입하는 것이 비용이 많이 들거나 기타 이유로 가능하지 않을 경우, 1회 사례 연구를 할 수 있다(DeCarlo, 2018). 1회 사례 연구는 단일집단 사후검사 설계(one-group, posttest-only design)라고도 부르고 있다. 1회 사례 연구에는 실험집단만 존재한다.

1회 사례 연구에서는 다음과 같은 과정을 거치고 있다.

① 실험집단에 대해서만 독립변수와 관련해 개입한다.

② 독립변수와 관련해 개입한 후에, 실험집단에서 종속변수에 대해 사후검사를 한다.

위의 과정을 그림으로 간단히 표시하면 ❙그림 8-6❙과 같다.

X O

❙그림 8-6❙ 1회 사례 연구

1회 사례 연구는 간단하다. 또한 1회 사례 연구는 측정도구를 검증하거나 새로운 연구가 가능한지 알고자 하는 탐색적 조사에서 쓸모가 있을 수 있다(DeCarlo, 2018).

그러나 1회 사례 연구에서는, 독립변수와 관련해 개입하기 전과 개입한 후의 종속변수를 비교할 수 없다. 예를 들어, 미술치료 프로그램의 경우, 미술치료 프로그램을 실시하기 전의 자아존중감과 10주 동안 미술치료 프로그램을 실시한 후의 자아존중감을 비교할 수 없다. 따라서 1회 사례 연구에서는 미술치료 프로그램이 조사대상자의 자아존중감을 향상하는 데 도움을 주었는지를 알 수 없다.

(나) 단일집단 사전검사 사후검사 설계

단일집단 사전검사 사후검사 설계는 한 집단에게만 개입하지만 사전검사는 하는 전 실험설계를 말한다. 조사대상자를 실험집단과 통제집단으로 나누어 배정할 만큼의 큰 표본을 구하기 어렵거나 또는 단순히 통제집단을 구할 수 없을 경우, 단일집단 사전검사 사후검사 설계를 사용할 수 있다(DeCarlo, 2018).

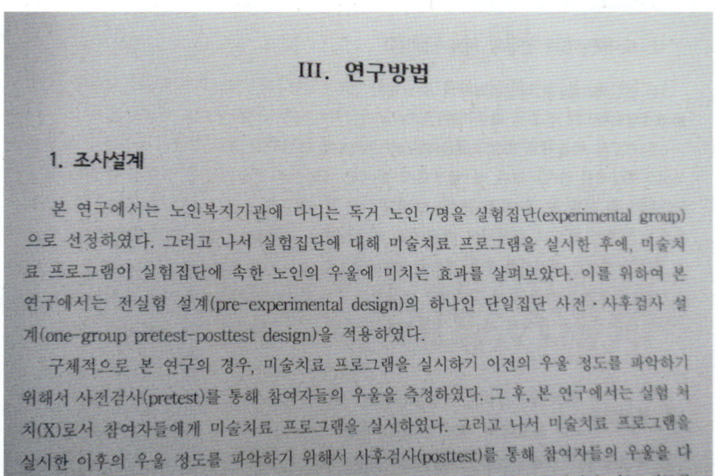
III. 연구방법

1. 조사설계

본 연구에서는 노인복지기관에 다니는 독거 노인 7명을 실험집단(experimental group)으로 선정하였다. 그리고 나서 실험집단에 대해 미술치료 프로그램을 실시한 후에, 미술치료 프로그램이 실험집단에 속한 노인의 우울에 미치는 효과를 살펴보았다. 이를 위하여 본 연구에서는 전실험 설계(pre-experimental design)의 하나인 단일집단 사전·사후검사 설계(one-group pretest-posttest design)을 적용하였다.

구체적으로 본 연구의 경우, 미술치료 프로그램을 실시하기 이전의 우울 정도를 파악하기 위해서 사전검사(pretest)를 통해 참여자들의 우울을 측정하였다. 그 후, 본 연구에서는 실험 처치(X)로서 참여자들에게 미술치료 프로그램을 실시하였다. 그리고 나서 미술치료 프로그램을 실시한 이후의 우울 정도를 파악하기 위해서 사후검사(posttest)를 통해 참여자들의 우울을 다

단일집단 사전검사 사후검사 설계를 적용한 조사 결과를 제시한 논문(일부)

조사대상자를 실험집단과 통제집단으로 나누어 배정할 만큼의 큰 표본을 구하기 어려울 때, 단일집단 사전검사 사후검사 설계를 사용할 수 있다. [출처 : 전영신 · 노지용(2012)]

단일집단 사전검사 사후검사 설계에는 통제집단이 존재하지 않는다. 따라서 단일집단 사전검사 사후검사 설계에는 실험집단만 존재한다.

단일집단 사전검사 사후검사 설계에서는 다음과 같은 과정을 거치고 있다.

① 독립변수와 관련해 개입하기 전에, 실험집단에서 종속변수에 대해 사전검사를 한다.

② 독립변수와 관련해 개입한 후에, 실험집단에서 종속변수에 대해 사후검사를 한다.

위의 과정을 그림으로 간단히 표시하면 ❙그림 8-7❙과 같다.

O_1 X O_2

❙그림 8-7❙ 단일집단 사전검사 사후검사 설계

단일집단 사전검사 사후검사 설계의 경우, 조사대상자의 사전검사 점수와 사후검사 점수를 비교하고 있다.

단일집단 사전검사 사후검사 설계에서는 사전검사를 하기 때문에, 독립변수와 관련해 개입하는 과정에서 종속변수가 실제로 얼마나 변하였는지를 알 수 있다. 그러나 단일집단 사전검사 사후검사 설계에서는 독립변수와 관련된 개입이 어떤 변화를 유발하였다는 식으로 결론을 내릴 수는 없다. 왜냐하면 단일집단 사전검사 사후검사 설계에는 통제집단이 없기 때문이다.

(다) 정태적 집단비교 설계

정태적 집단비교 설계는 실험집단과 비교집단을 모두 사용하지만, 무작위 할당을 하지 않고 또한 사전검사를 하지 않는 설계를 말한다. 정태적 집단비교 설계는 비동일집단 사후검사 설계(posttest-only design with nonequivalent groups)라고도 부르고 있다. 정태적 집단비교 설계에는 실험집단과 통제집단이 존재한다.

정태적 집단비교 설계에서는 다음과 같은 과정을 거치고 있다.

① 조사대상자를 실험집단과 통제집단의 하나에 배정한다. 단, 이때 무작위 할당을 하지 않는다.

② 독립변수와 관련해 개입한 후에, 실험집단과 통제집단 모두에서 종속변수에 대해 사후검사를 한다.

위의 과정을 그림으로 간단히 표시하면 ❙그림 8-8❙과 같다.

X	O
	O

❙그림 8-8❙ 정태적 집단비교 설계

정태적 집단비교 설계에서는 실험집단과 통제집단에 대해 사전검사를 하지 않고 있다. 따라서 정태적 집단비교 설계의 경우, 실험집단과 통제집단에 대해서 독립변수와 관련해 개입하기 전에 실험집단과 통제집단이 종속변수에서 동등하였는지를 알 수 없다(DeCarlo, 2018; Yegidis, Weinbach & Myers, 2018).

POINT

* 실험설계에서는 실험집단과 통제집단이 있고, 조사대상자를 실험집단과 통제집단에 무작위 할당하고, 독립변수를 조작한다. 고전적 실험설계는 무작위 할당, 실험집단, 통제집단, 사전검사, 사후검사를 사용하는 실험설계이다. 사후검사 통제집단 설계는 무작위 할당을 하고, 실험집단과 통제집단을 사용하고, 사후검사를 하지만 사전검사는 하지 않는 실험설계이다. 솔로몬 4집단 설계는 무작위 할당을 하고, 두 개의 실험집단과 두 개의 통제집단을 사용하고, 모든 집단에 대해 사후검사를 하나, 사전검사는 두 집단에게만 하는 실험설계이다.
* 유사 실험설계는 조사대상자를 실험집단과 통제집단에 배정할 때 무작위 할당을 하지 않는 설계이다. 유사 실험설계에서 조사대상자를 실험집단과 통제집단에 배정하는 방법의 하나는 배합이다. 비동일 비교집단 설계는 고전적 실험설계와 비슷하나, 무작위 할당을 사용하지 않는 유사 실험설계이다. 시계열 설계는 개입하기 전과 개입한 후에 종속변수에 대해 여러 차례 측정하는 유사 실험설계이다.
* 전 실험설계는 실험의 요소가 부족한 것이 많은 설계이다. 1회 사례 연구는 한 집단에만 사전검사 없이 개입하는 전 실험설계이다. 단일집단 사전검사 사후검사 설계는 한 집단에게만 개입하지만 사전검사는 하는 전 실험설계이다. 정태적 집단비교 설계는 실험집단과 비교집단을 모두 사용하지만, 무작위 할당이나 사전검사를 하지 않는 설계이다.

5. 단일사례설계

1) 단일사례설계의 정의와 명칭

단일사례설계(single-case design)는 적은 수의 조사대상자 각각의 행동을 자세하게 살펴보는 조사를 말한다. 단일사례설계는 단일체계 조사(single-system research), 단일대상 설계(single-subject design), 단일대상 조사설계(single subject research design), 단일참여자 실험설계(single-participant experimental design), 소표본 설계(small-n design) 등 여러 가지 이름으로 부르고 있다(Price, Jhangiani, Chiang, Leighton & Cuttler, 2017; Coffee, 2011; Yegidis, Weinbach & Myers, 2018).

2) 단일사례설계의 대상과 목적

'단일사례설계'라는 용어에 '단일사례'라는 표현이 포함되어 있다고 해서, 단일사례설계에서 한 사람의 조사대상자만 조사하는 것은 아니다. 단일사례설계에서는 조사자가 관심을 가지는 모든 수준의 체계가 대상이 될 수 있다. 예를 들어, 단일사례설계의 대상은 한 명의 개인일 수도 있고, 한 가족일 수도 있고, 하나의 학교일 수도 있고, 하나의 지역사회일 수도 있다.

단일사례설계의 목적은 클라이언트에게[93] 개입한 것을 평가하는 데 있는 경우가 많다. 실제로 단일사례설계는 중요한 연구에서 사용된 바 있다(Coffee, 2011; Price et al., 2017; Yegidis, Weinbach & Myers, 2018).

• 단일사례설계에서의 독립변수와 종속변수

단일사례설계에서 독립변수는 개입하거나 개입하지 않는 것을 말한다. 그리고 종속변수는 클라이언트의 문제를 말한다. 이때, 종속변수는 개입해서 변화시키고자 하는 것인 경우가 많다(Yegidis, Weinbach & Myers, 2018).

93) 단일사례설계는 사회복지 실천과 관련되는 경우가 많다. 따라서 이 책에서 단일사례설계에 관해 설명할 때는, '조사대상자'라는 표현 대신에 '클라이언트'라는 표현을 사용한다.

3) 단일사례설계의 특징

단일사례설계는 독특한 특징을 지니고 있다. 단일사례설계의 일반적 특징을 몇 가지 제시하면 다음과 같다(Price et al., 2017; Coffee, 2011; Yegidis, Weinbach & Myers, 2018).

① 단일사례설계에서는 종속변수를 일정한 간격으로 시간에 걸쳐서 반복해 측정한다.

② 단일사례설계에서는 단계를 분명하게 구분한다. 그리고 각 단계에서 클라이언트의 종속변수에 대해 측정한다. 단일사례설계에서는 단계를 나타내기 위해서 A, B, C와 같은 문자를 사용하는 경우가 많다.

③ 단일사례설계에서는 한 단계에서 클라이언트의 행동이 일관성이 있을 때까지 기다린 후에, 다음 단계로 넘어간다.

일반적으로 단일사례설계는 현장에서 서비스를 제공하는 사람이 자기 나름의 목적을 위해서 실시하는 경우가 많다. 예를 들어, 자신이 제공하는 서비스가 효과가 있는지 알기 위해 실시하는 경우가 많다.

한편, 단일사례설계를 실시하기 위해서는 다음과 같은 것을 할 수 있어야 한다(Yegidis, Weinbach & Myers, 2018).

① 클라이언트의 문제에서 변화시키려는 것이 무엇인지를 정확히 구체적으로 제시한다.

② 이런 변화를 어떻게 측정할 것인지를 정확히 구체적으로 제시한다.

③ 이런 문제를 변화시키기 위해 사용할 개입방법을 정확히 구체적으로 제시한다.

4) 단일사례설계와 관련된 용어

단일사례설계에서는 나름의 용어를 몇 가지 사용하고 있다. 이런 용어로 기초선 단계(baseline phase), 개입 단계(intervention phase), 목표 문제(target problem)가 있다.

(1) 기초선 단계

기초선 단계는 독립변수와 관련해 개입하지 않는 동안에 종속변수를 측정하는 단계를 말한다. 기초선 단계는 A 단계라고 부르고 있다.

기초선 단계에서는 종속변수에 대한 기초선을 만들고 있다. 기초선은 독립변수와 관련해 개입하기 전에 클라이언트가 반응한 수준을 정리한 것이라고 볼 수 있다.

기초선 단계는 실험설계에서 통제집단이 하는 역할을 하고 있다. 따라서 기초선 단계의 자료는 개입 단계의 자료와 비교할 수 있다. 기초선 단계에서 종속변수를 측정하는 데 필요한 횟수를 쉽게 정할 수 없을 경우, 경향이 분명히 나타날 만큼의 기초선 자료를 수집하면 된다(Price et al., 2017; Yegidis, Weinbach & Myers, 2018).

(2) 개입 단계

개입 단계는 독립변수와 관련해 개입하고 종속변수를 계속해서 측정하는 단계를 말한다. 개입 단계는 B 단계라고 부르고 있다.

개입 단계에서 조사자는 종속변수가 안정된 상태에 이를 때까지 기다린다. 그러고 나서 조사자는 종속변수에 얼마나 변화가 나타났는지를 확인하고 있다(Price et al., 2017).

두 가지 이상의 개입방법을 사용할 경우, B 단계 이후의 개입 단계를 C 단계, D 단계 등으로 부르고 있다.

(3) 목표 문제

목표 문제는 개입해서 영향을 미치고자 하는 클라이언트 문제를 말한다. 구체적으로 목표 문제는 변화시킬 행동이나 태도와 같은 것을 말한다(Yegidis, Weinbach & Myers, 2018). 단일사례설계에서 목표 문제는 종속변수와 직접 관련되고 있다.

5) 단일사례설계의 단계

단일사례설계를 실시할 때는 몇 가지 일반적인 단계를 거치고 있다. 단일사례설계의 일반적 단계를 구체적으로 살펴보면 다음과 같다(Yegidis, Weinbach & Myers, 2018).

① 클라이언트의 문제를 제시한다.
② 목표 문제와 이것을 측정하는 방법을 구체적으로 제시한다.
③ 목표 문제의 예상되는 유형을 파악한다. 즉, 목표 문제가 안정된 경향을 보이는지, 증가하는 경향을 보이는지, 감소하는 경향을 보이는지를 파악한다.
④ 목표 문제를 줄이는 데 효과적일 수 있는 개입방법을 제시하는 문헌을 검토한다.
⑤ 사용할 개입방법을 간단히 제시하고, 이런 개입방법이 현재 제공하는 기타 서비스와 어떻게 관련될 것인지를 제시한다.
⑥ 여러 형태의 단일사례설계 중에서 사용할 형태를 선정한다.
⑦ 독립변수와 관련해 개입한 것이 문제 목표를 해결하는 데 효과가 있음을 보여주는 기준을 결정한다.
⑧ 조사를 한다. 이때, 목표 문제를 시간에 걸쳐서 측정한 것을 그래프로 그린다.
⑨ 목표를 달성하였는지와 관련시키면서 조사 결과를 분석한다.

• 그래프 그리기

기초선 단계와 개입 단계에서 종속변수를 측정한 후에는, 측정한 자료를 그래프로 그려야 한다. 이때, X축(수평 축)에는 적절한 시간 간격을 표시하고, Y축(수직 축)에는 종속변수를 측정한 것을 표시하고 있다. 이런 식으로 할 경우, 종속변수가 시간이 지나면서 변하고 있는지 또는 그대로인지를 시각적으로 알 수 있게 된다.

개입이 존재하는지 또는 존재하지 않는지를 나타내기 위해서, 그래프에 기초선 단계의 시기에는 A로 표시하고 개입 단계의 시기에는 B로 표시하고 있다(Price et al., 2017; Yegidis, Weinbach & Myers, 2018).

6) 단일사례설계의 형태

단일사례설계의 형태에는 여러 가지가 있다. 단일사례설계의 주요한 형태로 AB 설계(AB design), ABA 설계(ABA design), ABC 설계(ABC design), BAB 설계(BAB design), 복수 기초선 설계(multiple-baseline design)가 있다.

(1) AB 설계

AB 설계는 기초선(A) 단계를 거친 후에, 개입하는(B) 설계를 말한다. 따라서 AB 설계는 다음과 같은 두 단계로 구성되어 있다.

① 기초선(A) 단계가 있다. 기초선 단계에서는 종속변수를 측정하고 그래프로 그리지만, 개입은 하지 않는다.

② 개입(B) 단계가 있다. 개입 단계에서는 개입하고, 종속변수를 계속해서 측정한다.

AB 설계의 예를 그래프로 표시하면 **|그림 8-9|**와 같다. **|그림 8-9|**의 경우, 개입하였을 때 시간이 지나면서 문제 행동이 줄어드는 상황을 보여주고 있다.

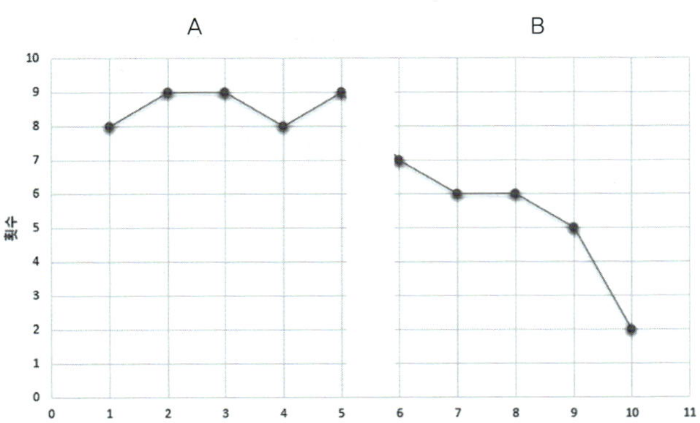

|그림 8-9| AB 설계

AB 설계는 단일사례설계에서 가장 기본이 되는 형태이다.

(2) ABA 설계

ABA 설계는 기초선(A) 단계를 거친 후에 개입하고(B), 그러고 나서 다시 개입을 중단해 기초선(A) 단계로 오는 설계를 말한다. 따라서 ABA 설계는 첫 번째 기초선 단계, 이후의 개입 단계, 두 번째 기초선 단계로 구성되어 있다.

ABA 설계의 예를 그래프로 표시하면 ❙그림 8－10❙과 같다. ❙그림 8－10❙의 경우, 개입할 때 문제 행동이 줄어들다가, 개입을 중단하였을 때 문제 행동이 다시 늘어나는 상황을 보여주고 있다.

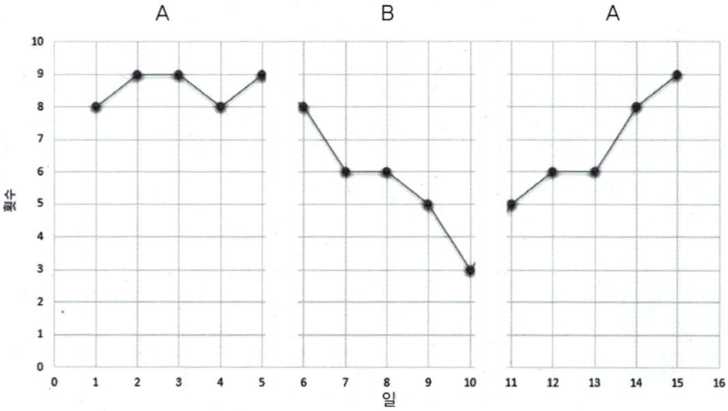

❙그림 8–10❙ ABA 설계

ABA 설계는 개입을 중단한 후에 문제 행동이 어떻게 변할지를 아는 데 도움을 주고 있다. 개입하였을 때(B 단계) 종속변수가 변하지만 개입을 중단하였을 때(A 단계)에는 종속변수가 다시 원래 상태로 돌아온다면, 개입한 것이 종속변수를 변하게 한 원인임을 더 분명하게 알 수 있다(Price et al., 2017; Yegidis, Weinbach & Myers, 2018).

그러나 ABA 설계에서는 윤리적 문제가 나타날 수 있다. 예를 들어, 효과적으로 보이는 개입을 중단하는 것은 윤리적으로 문제가 될 수 있다(Price et al., 2017).

한편, ABA 설계에서 다시 개입하면 ABAB 설계가 된다. ABAB 설계는 기초선(A) 단계를 거친 후에 개입하고(B), 다시 개입을 중단해 기초선(A) 단계로 오고, 그러고 나서 다시 개입하는(B) 설계를 말한다. 따라서 ABAB 설계는 첫 번째 기초선 단계, 이후의 개입 단계, 두 번째 기초선 단계, 두 번째 개입 단계로 구성되어 있다.

(3) ABC 설계

ABC 설계는 기초선(A) 단계를 거친 후에 한 형태의 개입을 하고(B), 그러고 나서 다른 형태의 개입을 하는(C) 설계를 말한다. 어느 때에는 조사자는 효과적일 수 있는 개입방법을 여러 가지 알고 있지만, 이 중에서 어떤 방법이 가장 효과적인지를 분명히 알지 못할 수 있다. 이때 사용할 수 있는 형태가 ABC 설계이다.

ABC 설계는 여러 개입방법과 하나의 종속변수 사이의 관계를 살펴보기 위해 사용하고 있다(Yegidis, Weinbach & Myers, 2018; Price et al., 2017). 세 가지 개입방법을 사용하는 설계는 ABCD 설계라고 부를 수 있다.

(4) BAB 설계

BAB 설계는 우선 개입하고 나서(B), 안정된 상태를 이르면 개입을 중단해 기초선(A) 단계로 오고, 그러고 나서 다시 개입하는(B) 설계를 말한다. BAB 설계의 특징은 먼저 개입한다는 데 있다.

ABA 설계가 바람직하지만 개입하기 전에 측정하는 것이 현실적이지 않은 상황에서는, BAB 설계를 사용할 수 있다. 짧은 기간 동안 개입한 후에 안전하게 개입을 중단할 수 있을 것으로 보이는 위기 상황에서, BAB 설계는 특히 쓸모가 있다(Price et al., 2017; Yegidis, Weinbach & Myers, 2018).

(5) 복수 기초선 설계

복수 기초선 설계는 여러 가지 기초선을 사용하는 설계를 말한다. 복수 기초선 설계의 형태로 서로 다른 클라이언트에 대해 기초선을 만드는 설계, 서로 다른 종속변수에 대해 기초선을 만드는 설계, 서로 다른 상황에 대해 기초선을 만드는 설계가 있다. 이때, 각 기초선에 대해서 서로 다른 시기에 개입하고 있다. 각 기초선에 대해서 개입한 후에 종속변수가 변할 경우, 개입은 효과가 있다고 볼 수 있다(Price et al., 2017).

복수 기초선 설계는 내적 타당도가 비교적 높은 설계이다. 즉, 복수 기초선 설계는 개입 이외의 다른 요인이 종속변수에 영향을 미쳤을 가능성을 결정하는 데 도움을 줄 수 있다(Yegidis, Weinbach & Myers, 2018; Price et al., 2017).

7) 단일사례설계 자료의 분석

단일사례설계의 자료는 여러 가지 방식으로 분석할 수 있다. 단일사례설계에서는, 자료를 그래프로 그린 다음에 독립변수가 종속변수에 영향을 미치고 있는지를 판단하는 식으로 자료를 분석하는 경우가 많다.

단일사례설계의 자료를 분석하는 방법을 구체적으로 제시하면 다음과 같다(Yegidis, Weinbach & Myers, 2018; Price et al., 2017).

① 시각적 분석(visual analysis)이 있다. 시각적 분석은 단일사례설계에서 자료를 분석하기 위해 가장 일반적으로 사용하는 방법이다.

② 경향 분석(trend analysis)이 있다. 경향 분석의 경우, 개입 단계에서 종속변수를 측정한 것과 기초선 단계에서 측정한 것을 비교하면서 경향을 살펴본다.

③ 통계적 분석(statistical analysis)이 있다. 통계적 분석의 경우, 기초선 단계와 개입 단계 사이에 종속변수를 측정한 것에서 차이가 나는 것이 정상적인 변화를 보여줄 확률을 파악하고자 할 때 사용한다. 단일사례설계에서 시각적 분석이 완전하지 않을 경우, 시각적 분석을 보완하기 위해 통계적 분석을 사용할 수 있다.

8) 단일사례설계의 장점과 단점

(1) 단일사례설계의 장점

단일사례설계는 나름의 장점을 지니고 있다. 단일사례설계의 장점을 몇 가지 제시하면 다음과 같다(Price et al., 2017; Yegidis, Weinbach & Myers, 2018).

① 단일사례설계는 개입이 개인에게 효과가 있는지 검증하려고 할 때, 특히 쓸모가 있다.
② 단일사례설계는 특정한 개인의 행동에 주목할 때 특히 쓸모가 있다.
③ 단일사례설계는 실시하는 데 자원이 많이 들지 않는다. 예를 들어, 단일사례 설계를 실시하는 데에는 비용과 기타 자원이 많이 필요하지 않다.
④ 단일사례설계는 쉽게 이해할 수 있다. 예를 들어, 직원에게 간단한 교육만 하면, 해당 직원은 서비스를 평가하는 데 단일사례설계를 바로 사용할 수 있다
⑤ 단일사례설계에서는 조사 결과를 얻고 분석하는 데 오래 기다릴 필요가 없다. 따라서 단일사례설계의 결과는 쉽고 빠르게 응용할 수 있다.

결국, 단일사례설계는 사회복지사가 제공하는 서비스의 효과성을 쉽고 빠르게 평가하는 데 쓸모가 있는 방법이라고 볼 수 있다.

(2) 단일사례설계의 단점

단일사례설계는 단점도 지니고 있다. 예를 들어, 단일사례설계에서는 종속변수를 측정한 것이 정확하지 않을 수 있다. 왜냐하면 단일사례설계에서는 클라이언트가 종속변수를 측정한 것이나 다른 사람(예컨대, 친구나 친척)이 보고한 것에서 자료를 구하여야 하는 경우가 많기 때문이다.

또한 단일사례설계에서는 조사대상자의 수가 적다. 따라서 단일사례설계의 결과를 다른 상황에 적용하기 어려울 수 있다(Yegidis, Weinbach & Myers, 2018; Price et al., 2017). 이런 탓에, 단일사례설계는 외적 타당도와 관련해 문제가 될 수 있다.

POINT

* 단일사례설계는 적은 수의 조사대상자 각각의 행동을 자세하게 살펴보는 조사이다.
* 기초선 단계는 독립변수와 관련해 개입하지 않는 동안에 종속변수를 측정하는 단계이다. 개입 단계는 독립변수와 관련해 개입하고 종속변수를 계속해서 측정하는 단계이다. 목표 문제는 개입해서 영향을 미치고자 하는 클라이언트 문제이다.
* AB 설계는 기초선 단계를 거친 후에, 개입하는 설계이다. ABA 설계는 기초선 단계를 거친 후에 개입하고, 다시 개입을 중단해 기초선 단계로 오는 설계이다. ABC 설계는 기초선 단계를 거친 후에 한 형태의 개입을 하고, 그러고 나서 다른 형태의 개입을 하는 설계이다. BAB 설계는 우선 개입하고 나서, 안정된 상태를 이르면 개입을 중단해 기초선 단계로 오고, 다시 개입하는 설계이다. 복수 기초선 설계는 여러 가지 기초선을 사용하는 설계이다.
* 단일사례설계의 자료를 분석하는 방법으로 시각적 분석, 경향 분석, 통계적 분석이 있다.
* 단일사례설계는 서비스의 효과성을 쉽고 빠르게 평가하는 데 쓸모가 있는 방법이다. 단일사례설계는 외적 타당도와 관련해 문제가 될 수 있다.

PART 04

조사방법

CHAPTER 09

설문조사

차례 CONTENTS

1. 설문조사의 정의와 목적

사회과학에서 사용하는 조사방법 중에서 주위에서 가장 많이 볼 수 있는 방법은, 질문을 적은 문서를 조사대상자에게 배포해서[94] 답하게 하는 방법이다. 이런 방법을 설문조사(survey)라고 부르고 있고, 이때 배포하는 문서를 설문지(질문지, questionnaire)라고 부르고 있다.

설문조사는 대규모의 양적 자료를 수집하는 방법을 말한다(Mathers, Fox & Hunn, 2009). 그러나 일반적으로 설문조사는 정해진 설문지를 사용해서 조사대상자로부터 자료를 수집하는 방법을 가리키는 경우가 많다.

설문조사의 목적은 많은 조사대상자에게서 조사자가 관심을 가지는 자료를 수집하는 데 있다.

94) 때에 따라서는 이런 문서를 읽어줄 수도 있다.

POINT

* 설문조사는 설문지를 사용해서 조사대상자로부터 자료를 수집하는 방법이다.
* 설문조사의 목적은 많은 조사대상자에게서 조사자가 관심을 가지는 자료를 수집하는 것이다.

2. 설문조사의 활용

설문조사는 사회복지 영역의 조사에서 자주 사용하고 있다. 특히, 양적 조사에서 설문조사는 대표적인 조사방법으로 사용되고 있다.

설문조사를 사용하는 상황을 몇 가지 제시하면 다음과 같다(Mathers, Fox & Hunn, 2009; Yegidis, Weinbach & Myers, 2018).

① 설문조사는 실태를 파악하는 조사를 할 때 쓸모가 있다. 따라서 설문조사는 어떤 문제가 발생하는 정도를 파악하기 위해서 사용하는 경우가 많다.

② 설문조사는 인간의 태도와 행동을 파악하는 조사를 할 때 쓸모가 있다. 따라서 설문조사는 조사대상자의 태도와 행동에 관한 정보를 수집하기 위해서 사용하는 경우가 많다.

③ 설문조사는 프로그램을 평가하는 조사를 할 때 쓸모가 있다. 따라서 프로그램 평가에서는 클라이언트가 프로그램에 만족하는지를 살펴보는 설문조사를 하는 경우가 많다.

그리고 설문조사는 많은 사람에게 익숙한 조사방법에 속하고 있다. 사실, 설문조사는 사회에 있는 거의 모든 성인이 한번은 참여해 본 적이 있는 조사방법이라고 볼 수도 있다.

설문조사에 참여하고 있는 성인

설문조사는 많은 사람에게 익숙한 조사방법이다. [출처 : 저자 촬영]

POINT

* 설문조사는 사회복지조사에서 자주 사용한다.

3. 설문조사의 장점과 단점

1) 설문조사의 장점

설문조사는 나름의 장점을 지니고 있다. 설문조사의 장점을 몇 가지 제시하면 다음과 같다(Jones, Baxter & Khanduja, 2013; Mathers, Fox & Hunn, 2009).

① 설문조사에서는 많은 사람에게서 많은 자료를 수집할 수 있다. 특히 우편을 이용할 경우, 조사대상자의 수에 제한이 없을 수도 있다.

② 일부 설문조사에서는 조사자가 지리적으로 접근하기 어려운 사람에게서 자료를 수집할 수 있다. 예를 들어, 우편이나 전화나 인터넷을 이용할 경우, 조사대상자가 거주하는 위치와 상관없이 설문조사를 할 수 있다.
③ 설문조사는 융통성이 있다. 따라서 설문조사는 다양한 주제를 조사하는 데 사용할 수 있다.

결국, 설문조사에서는 다른 조사방법에 비해서 적은 비용으로 많은 자료를 수집할 수 있다. 따라서 설문조사는 들어간 비용에 비해서 효과가 매우 큰 조사방법이라고 볼 수도 있다.

2) 설문조사의 단점

설문조사는 단점도 지니고 있다. 설문조사의 단점을 몇 가지 제시하면 다음과 같다(Mathers, Fox & Hunn, 2009).

① 설문조사를 통해서는 조사대상자가 설문지에서 해당 답을 선정한 '이유'를 알 수 없는 경우가 많다. 물론, 때에 따라서는 조사대상자가 답을 자유롭게 적게 함으로써, 왜 이렇게 답하였는지를 알 수도 있다. 그러나 이것은 한계가 있다.[95]
② 일부 설문조사에서는 조사대상자가 아닌 사람이 답을 적을 수도 있다. 예를 들어, 우편을 이용하는 설문조사에서는 조사대상자의 가족구성원이 설문조사를 대신할 수도 있다.

POINT

* 설문조사는 나름의 장점과 단점이 있다.
* 설문조사에서는 적은 비용으로 많은 자료를 수집할 수 있다.

95) '이유'를 알기 위해서는, 설문조사보다는 질적 조사가 훨씬 더 적절하다.

4. 설문조사의 형태

설문조사의 형태에는 여러 가지가 있다. 그리고 앞으로 새로운 형태의 설문조사가 등장할 수도 있다.

1) 설문조사의 형태를 선정하는 데 영향을 미치는 요인

여러 가지 요인이 설문조사의 형태를 선정하는 데 영향을 미치고 있다. 설문조사의 형태를 선정하는 데 영향을 미치는 요인의 예로 조사대상자를 접근할 수 있는 정도, 조사대상자의 교육 수준, 조사하는 주제, 조사대상자가 조사에 참여하려는 동기, 경제적 자원이 있다(Mathers, Fox & Hunn, 2009).

2) 설문조사의 주요한 형태

설문조사의 주요한 형태로 대면(face-to-face) 설문조사, 전화(telephone) 설문조사, 우편(mail) 설문조사, 전자(online) 설문조사가 있다.

(1) 대면 설문조사

(가) 대면 설문조사의 정의와 특징

대면 설문조사는 조사대상자를 직접 만나서 자료를 수집하는 설문조사를 말한다. 대면 설문조사를 할 때는, 일반적으로 다음과 같은 단계를 거치고 있다(Yegidis, Weinbach & Myers, 2018).

① 조사대상자와 접촉해서, 설문조사와 관련해 허락을 받는다.

② 조사자와 조사대상자가 서로 상의해 정한 시간과 장소에서 설문조사를 한다.

그리고 문자로 된 도구를 사용하기 어려운 조사대상자에게는 대면 설문조사가 가장 좋은 방법일 수 있다. 이런 조사대상자의 예로 매우 어린 아동, 나이든 노인, 학습 장애를 겪는 사람, 글을 읽지 못하는 사람이 있다(Yegidis, Weinbach & Myers, 2018).

(나) 대면 설문조사의 장점과 단점

대면 설문조사는 나름의 장점을 지니고 있다. 대면 설문조사의 장점을 몇 가지 제시하면 다음과 같다(Jones, Baxter & Khanduja, 2013; Yegidis, Weinbach & Myers, 2018).

① 대면 설문조사에서는 복잡한 질문을 할 수 있다.
② 대면 설문조사에서는 시각적 자료를 사용할 수 있다.
③ 대면 설문조사에서는 보충 자료를 구할 수 있다. 예를 들어, 조사대상자가 설문조사에서 답하는 동안, 조사자는 조사대상자를 관찰할 수 있다. 이때, 이런 관찰을 통해서 조사자는 중요한 자료를 추가로 수집할 수 있다.
④ 대면 설문조사에서는 응답하는 비율이 높다. 즉, 대면 설문조사에서 조사대상자는 설문조사를 끝까지 하는 경우가 많다.

그러나 대면 설문조사는 단점도 지니고 있다. 대면 설문조사의 단점을 몇 가지 제시하면 다음과 같다(Jones, Baxter & Khanduja, 2013; Mathers, Fox & Hunn, 2009; Yegidis, Weinbach & Myers, 2018).

① 대면 설문조사에서는 비용이 많이 들 수 있다. 예를 들어, 대면 설문조사에서는 면접자를 교육하고 파견하는 등의 작업이 필요하므로, 다른 형태의 설문조사보다 비용이 더 많이 들 수 있다.
② 대면 설문조사에서는 시간이 오래 걸릴 수 있다.
③ 대면 설문조사는 민감한 질문을 할 때는 어울리지 않을 수 있다. 따라서 매우 개인적인 질문을 할 때는 대면 설문조사를 하지 않는 것이 좋다. 왜냐하면 조사대상자가 제공하는 정보가 정확하지 않을 가능성이 있기 때문이다. 이런 질문의 예로 성행위에 관한 질문, 마약을 사용하는 것에 관한 질문이 있다.
④ 대면 설문조사에서는 면접자의 존재가 영향을 미칠 수 있다. 즉, 면접자가 조사대상자의 앞에서 직접 질문하는 상황은, 조사대상자가 답하는

바에 영향을 미칠 수 있다. 예를 들어, 조사대상자는 조사자가 원하는 답만 할 수 있다.

(2) 전화 설문조사

(가) 전화 설문조사의 정의와 특징

전화 설문조사는 조사대상자와 전화를 통해서 자료를 수집하는 설문조사를 말한다. 오늘날에 전화 설문조사를 하는 사례는 늘어나고 있다.

전화 설문조사는 만족도와 같은 것을 간단히 조사할 때 많이 사용하고 있다. 전화 설문조사를 자주 사용하는 예로, 사회복지 기관에서 클라이언트의 서비스 만족도를 조사하는 것이 있다. 이 경우, 클라이언트에게 전화해서 서비스에 만족한 정도를 파악할 수 있다.

전화하는 여성

오늘날, 전화 설문조사는 만족도를 간단히 조사할 때 많이 사용한다. [출처 : 언스플래시]

(나) 전화 설문조사의 장점과 단점

전화 설문조사는 나름의 장점을 지니고 있다. 전화 설문조사의 장점을 몇 가지 제시하면 다음과 같다(Jones, Baxter & Khanduja, 2013; Yegidis, Weinbach & Myers, 2018).

① 전화 설문조사는 지리적으로 멀리 거주하는 사람에게도 쉽게 할 수 있다.

② 전화 설문조사에서는 비용이 적게 든다. 따라서 필요한 자료의 양이 적고 너무 개인적인 내용을 담고 있지 않을 경우, 전화 설문조사는 많은 조사대상자로부터 자료를 수집하는 경제적인 방법이 될 수 있다.

그러나 전화 설문조사는 단점도 지니고 있다. 전화 설문조사의 단점을 몇 가지 제시하면 다음과 같다(Yegidis, Weinbach & Myers, 2018; Jones, Baxter & Khanduja, 2013).

① 전화 설문조사에서는 조사대상자를 처음에 확보하기가 어려울 수 있다. 무엇보다도, 앞으로는 조사자가 조사대상자에게 전화로 설문조사를 하는 것이 더 어려울 수 있다. 왜냐하면 오늘날에는 물건을 팔거나 보험에 가입시키려는 전화가 걸려오는 사례가 많기 때문이다. 그 결과, 일반인은 전화 설문조사를 의심하는 경우가 많다.

② 전화 설문조사에서는 친근한 관계를 형성하기 어렵다. 따라서 전화 설문조사에서는 오래 통화하기가 어렵다.

③ 전화 설문조사에서는 조사대상자의 사정으로 조사가 중간에 갑자기 중단될 수 있다. 예를 들어, 조사대상자는 조사자와 전화를 하다가 아이가 울거나 손님이 오면 전화를 급히 끊을 수 있다. 이 경우, 이 조사대상자에게 다시 또 전화해서 설문조사를 계속 하기는 현실적으로 어려울 수 있다.

④ 전화 설문조사에서는 대표성을 확보하기 어려울 수 있다. 사실, 전화 설문조사의 주요한 단점은 조사하는 집단을 대표하는 표본을 얻는 것이 어렵다는 데 있다. 특히, 오늘날에는 일반 전화를 사용하지 않는 사람이 많다. 따라서 일반 전화의 목록(전화번호부)에서 표본을 선정할 경우에는 휴대전화만 사용하는 사람, 집에 일반 전화가 없는 사람, 전화번호부에 자신의 전화번호를 올리지 않은 사람은 표본으로 선정될 수 없다.

⑤ 전화 설문조사에서는 시각적 자료를 사용할 수 없다.

(3) 우편 설문조사

(가) 우편 설문조사의 정의와 특징

우편 설문조사는 우편을 이용해 자료를 수집하는 설문조사를 말한다.

답하지 않은 설문지를 더 회수하기 위해서, 우편 설문조사에서는 얼마 후에 설문지를 다시 보내는 경우가 많다.

(나) 우편 설문조사의 장점과 단점

우편 설문조사는 나름의 장점을 지니고 있다. 우편 설문조사의 장점을 몇 가지 제시하면 다음과 같다(Jones, Baxter & Khanduja, 2013; Yegidis, Weinbach & Myers, 2018).

① 우편 설문조사에서는 지리적으로 멀리 있는 조사대상자에게도 쉽게 설문지를 보낼 수 있다. 따라서 우편 설문조사는 많은 사람에게 접근하기가 쉽다.

② 우편 설문조사에서는 시각적 자료를 사용할 수 있다.

그러나 우편 설문조사는 단점도 지니고 있다. 우편 설문조사의 단점을 몇 가지 제시하면 다음과 같다(Jones, Baxter & Khanduja, 2013; Yegidis, Weinbach & Myers, 2018; DeCarlo, 2018).

① 우편 설문조사에서는 시간이 오래 걸릴 수 있다. 예를 들어, 우편 설문조사에서는 설문지를 보내고 나서 답을 기다리고, 그리고 설문지를 또 보내고 나서 답을 기다리느라고 시간이 오래 걸리는 경우가 많다.

② 우편 설문조사에서는 조사대상자가 설문지의 질문 내용을 이해하였는지를 알 수 없고, 또한 조사대상자가 정직하게 답하였는지를 알 수 없다.

③ 우편 설문조사에서는 설문지를 마친 후에 돌려주는 비율(회수율)이 낮은 경우가 많다. 이런 점은 설문조사의 결과를 일반화하는 데 부정적으로 영향을 미치고 있다.

(다) 우편 설문조사에서 회수율을 높이는 방법

일부 형태의 설문조사에서는 설문지의 회수율이 높게 나올 수 있다.[96] 그러나 일반적으로 우편 설문조사에서 설문지의 회수율은 낮은 편이다.[97] 따라서 우편 설문조사에서는 설문지의 회수율을 높이는 데 특히 관심을 가지고 있다.

우편 설문조사에서 설문지의 회수율을 높이기 위한 방법을 몇 가지 제시하면 다음과 같다(DeCarlo, 2018; Yegidis, Weinbach & Myers, 2018; Jones, Baxter & Khanduja, 2013).

① 설문지의 길이를 짧게 한다.

② 민감한 질문을 하지 않는다.

③ 조사대상자가 설문지 작성을 마치고 보낼 때 사용할 봉투를 넣는다.

④ 선물이나 기타 혜택을 준다. 이런 방법을 구체적으로 제시하면 다음과 같다.

㉠ 설문지를 우편으로 보낼 때 조그만 선물도 함께 보낸다.

㉡ 설문지를 작성해서 보내면 선물을 주겠다고 약속한다. 그러나 이 방법은 위의 방법보다 회수율을 높이는 데 덜 효과적인 것으로 알려져 있다.

㉢ 조사 결과 보고서나 조사 결과의 주요한 부분을 요약해 제공하겠다고 약속한다.

⑤ 설문지에 표지를 사용한다.

⑥ 조사자 개인 주소보다 기관의 주소를 넣는 것이 더 유리한 것으로 보일 경우, 기관의 주소를 사용한다.

(4) 전자 설문조사

(가) 전자 설문조사의 정의와 특징

전자 설문조사는 이메일이나 사회적 네트워크 서비스(SNS) 등을 통해서 자

96) 어느 정도의 회수율이 좋은 회수율인지에 관해서는 조사자들 사이에 의견이 항상 일치하지 않고 있다.

97) 이에 관해서는 앞에서 이미 설명한 바 있다.

료를 수집하는 설문조사를 말한다

오늘날에 정보통신 기술을 널리 사용함에 따라서, 전자 설문조사는 자료를 편하게 수집하기에 좋은 방법이 되고 있다. 전자 설문조사를 하는 데 도움을 주는 소프트웨어를 사용할 경우, 설문조사를 더 쉽게 할 수 있다(Yegidis, Weinbach & Myers, 2018).

(나) 전자 설문조사의 장점과 단점

전자 설문조사는 나름의 장점을 지니고 있다. 전자 설문조사의 장점을 몇 가지 제시하면 다음과 같다(Yegidis, Weinbach & Myers, 2018; Jones, Baxter & Khanduja, 2013).

① 전자 설문조사에서는 적은 비용으로 자료를 수집할 수 있다. 이것은 전자 설문조사의 주요한 장점에 속한다.

② 전자 설문조사는 지리적으로 멀리 있는 많은 사람에게 할 수 있다.

③ 전자 설문조사에서는 시각적 자료를 사용할 수 있다.

④ 전자 설문조사에서는 자료를 빨리 수집하고 편집할 수 있다.

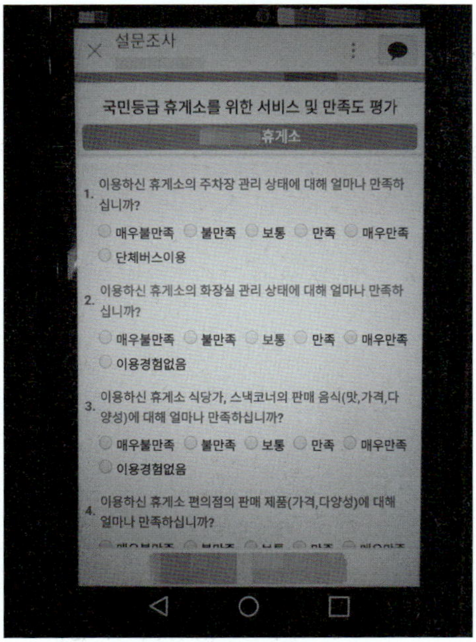

휴대전화를 이용해 만족도를 파악하는 설문조사

전자 설문조사에서는 자료를 빨리 수집할 수 있다. [출처 : 저자 휴대전화의 화면을 캡처]

그러나 전자 설문조사는 단점도 지니고 있다. 전자 설문조사의 단점을 몇 가지 제시하면 다음과 같다(Jones, Baxter & Khanduja, 2013; Yegidis, Weinbach & Myers, 2018).

① 전자 설문조사는 모든 사람에게 하기 어려울 수 있다. 예를 들어, 일부 사람은 컴퓨터나 휴대전화를 정기적으로 이용하지 않을 수 있다. 이런 사람은 전자 설문조사에 참여할 가능성이 작게 된다. 그리고 정보통신 기술을 이용하는 정도는 성별이나 나이와 같은 변수에 따라서 차이가 날 수 있다. 따라서 전자 설문조사의 경우, 다른 형태의 설문조사보다 이런 변수와 관련해 대표성이 있는 표본을 확보하기가 더 어려울 수 있다.

② 일부 조사대상자는 전자 설문조사에 응답하지 않을 수 있다. 따라서 전자 설문조사에서는 조사대상자가 답하는 비율이 낮을 수 있다.

POINT

* 설문조사의 주요한 형태로 대면 설문조사, 전화 설문조사, 우편 설문조사, 전자 설문조사가 있다.
* 우편 설문조사에서 설문지의 회수율은 낮은 편이다.

5. 설문지

1) 설문지의 정의와 중요성

설문조사를 하기 위해서는, 조사자가 관심을 가지는 변수와 관련해 질문하여야 한다. 이때 필요한 것이 설문지이다. 일반적으로 설문지는 자료를 수집하는 데 사용하는 질문을 모아 놓은 것을 말한다.

설문지를 만드는 작업은 간단하고 쉽다고 생각할 수 있다. 그러나 설문지를 만드는 것은 어려운 과정일 수 있다. 조사대상자가 설문지에서 질문하는 내용을 잘 이해하게 하기 위해서는, 설문지에서 질문하는 형태를 잘 선정하고, 설문지에서 질문하는 내용을 잘 표현하고, 설문지를 잘 구성하여야 한다.

설문지를 잘 만들 경우, 조사대상자가 설문조사에 끝까지 참여할 가능성이 커지게 된다. 이런 탓에, 설문지를 잘 만드는 것은 중요하다.

2) 설문지에서 질문하는 형태

변수를 측정하기 위해 질문할 경우, 조사대상자는 미리 정해져 있는 응답 범주 중에서 선택하게 되어 있는 경우가 많다. 그러나 때에 따라서는 조사대상자가 자유롭게 적을 수도 있다. 이와 관련되는 것이 폐쇄형(객관식, closed-ended 또는 fixed-alternative) 질문과 개방형(주관식, open-ended) 질문이다.

(1) 폐쇄형 질문

폐쇄형 질문은 조사자가 미리 정한 응답 범주 중에서 조사대상자가 선택해 답하게 되어 있는 질문을 말한다.

폐쇄형 질문의 예

1. 귀하의 월평균 소득은?
   ___① 100만원 미만
   ___② 100만원 이상~200만원 미만
   ___③ 200만원 이상~300만원 미만
   ___④ 300만원 이상~400만원 미만
   ___⑤ 400만원 이상

2. 귀하는 현재 생활에 대해 전반적으로 얼마나 만족하십니까?
   ___① 매우 만족하지 않는다
   ___② 만족하지 않는다
   ___③ 보통이다
   ___④ 만족한다
   ___⑤ 매우 만족한다

폐쇄형 질문은 나름의 장점을 지니고 있다. 폐쇄형 질문의 장점을 몇 가지 제시하면 다음과 같다.

① 폐쇄형 질문은 답하기가 간단하고 편하다. 따라서 조사대상자는 폐쇄형 질문에는 답할 가능성이 크다.

② 폐쇄형 질문은 분석하는 것과 정리해 제시하는 것이 개방형 질문보다 더 쉽다.

그러나 폐쇄형 질문은 단점도 지니고 있다. 무엇보다도, 폐쇄형 질문의 응답 범주에 조사대상자의 상황에 정확히 해당하는 것이 없을 수도 있다. 이렇게 되면, 조사대상자는 자신의 상황에 정확히 해당하지 않는 것을 선택할 수밖에 없다. 그 결과, 조사대상자의 정확한 상황을 파악하지 못할 수도 있다.

• 응답 범주의 수

서열변수에서는 응답 범주 사이에 서열이 있다. 설문조사에서 자주 사용하는 서열변수에서는 응답 범주를 '매우 그렇지 않다', '그렇지 않다', '보통이다', '그렇다', '매우 그렇다' 식으로 제시하는 경우가 많다. 이때 응답 범주를 2개로 할 수도 있고(예컨대, '그렇지 않다'와 '그렇다'), 3개로 할 수도 있고(예컨대, '그렇지 않다', '보통이다', '그렇다'), 4개로 할 수도 있고(예컨대, '매우 그렇지 않다', '그렇지 않다', '그렇다', '매우 그렇다'), 5개로 할 수도 있다.[98] 이때 응답 범주를 몇 개로 할 것인지는 조사자가 정하고 있다.

그러나 응답 범주의 개수에 따라서, 조사 결과가 달라질 수도 있다. 예를 들어, 청소년에게 학교생활에 만족하는 정도(학교생활 만족도)를 '만족하지 못한다'와 '만족한다' 중에서 선택하게 하는 것(즉, 두 가지 중에서 선택)과 '만족하지 못한다', '보통이다', '만족한다' 중에서 선택하게 하는 것(즉, 세 가지 중에서 선택) 사이에는 만족하는 비율(만족률)에서 차이가 날 수 있다.

(2) 개방형 질문

개방형 질문은 조사대상자가 자신의 답을 자유롭게 적게 되어 있는 질문을 말한다.

개방형 질문은 다음과 같은 상황에서 사용하고 있다(Yegidis, Weinbach & Myers, 2018).

98) 물론, 응답 범주를 5개가 넘게 할 수도 있다.

① 조사대상자가 답할 수 있는 범위가 넓기 때문에, 조사자는 답할 수 있는 모든 범위를 미리 파악할 수 없다.

② 그동안 조사 주제에 관해 체계적으로 연구하지 않았기 때문에, 조사자는 조사대상자가 어떻게 답할지를 알지 못한다.

개방형 질문의 예

1. 귀하가 학교에서 생활하면서 겪는 어려운 점을 아래에 간단히 적어 주세요.

____

____

개방형 질문은 나름의 장점을 지니고 있다. 개방형 질문의 장점을 몇 가지 제시하면 다음과 같다(Yegidis, Weinbach & Myers, 2018; Jones, Baxter & Khanduja, 2013).

① 개방형 질문에서는 조사대상자가 자신의 상황을 구체적으로 설명할 수 있다. 따라서 개방형 질문은 폐쇄형 질문보다 조사대상자의 태도나 감정을 더 잘 파악하는 데 도움을 줄 수 있다.

② 개방형 질문에서는 상황에 맞게 질문을 바꿀 수 있다. 따라서 개방형 질문은 더 융통성이 있다.

그러나 개방형 질문은 단점도 지니고 있다. 개방형 질문의 단점을 몇 가지 제시하면 다음과 같다(Yegidis, Weinbach & Myers, 2018; Jones, Baxter & Khanduja, 2013).

① 개방형 질문에 대해서는 답하는 비율이 낮을 수 있다. 자신이 답을 직접 쓰는 것은 피곤하고 귀찮은 일일 수 있다. 따라서 조사대상자는 개방형 질문에 답하기를 꺼릴 가능성이 크다. 이것은 개방형 질문이 많아질수록 더욱 그렇다.

② 개방형 질문은 나중에 분석하는 데 시간과 노력이 더 필요하다. 개방형 질문에서 조사자는 조사대상자가 답할 내용을 미리 예상할 수 없다. 따라서 조사자는 조사대상자가 답한 것을 컴퓨터에 입력할 수 있게 응답

범주를 미리 정할 수 없다. 이런 탓에, 조사자는 조사대상자가 개방형 질문에 답한 것을 모두 읽은 다음에 몇 개의 범주를 만들어서 다시 분류하여야 한다.

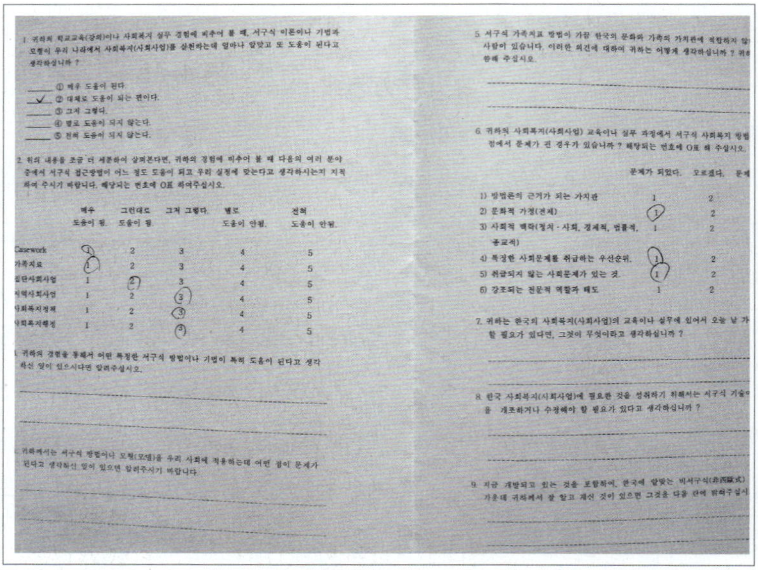

개방형 질문이 많은 설문지

개방형 질문에 답하는 비율은 낮을 수 있다. [출처 : 저자 촬영]

3) 설문지의 질문을 만들 때 고려할 점

설문지의 질문은 조사대상자에게 맞게 표현하여야 한다. 특히, 설문지에서는 조사대상자에게 적절한 용어를 사용하고, 조사대상자에게 맞게 질문의 형식과 내용을 제시하여야 한다.

설문지에서 질문을 만들 때 고려하여야 할 점을 몇 가지 제시하면 다음과 같다(Rubin, 2020; Cleave, 2016; Yegidis, Weinbach & Myers, 2018; Jones, Baxter & Khanduja, 2013).

① 질문은 분명하게 표현하여야 한다. 조사대상자가 질문을 분명하게 이해하지 못할 경우, 조사대상자가 답한 것은 변수를 정확하게 측정하지 못할 수 있다. 따라서 설문지에서는 이해하기 어려운 표현을 사용하지 말

아야 한다. 이와 관련된 예로 "귀하는 혼란스러운 상황을 얼마나 자주 겪습니까?"라고 질문하는 것이 있다. 이 경우, '혼란스러운 상황'은 서로 다른 사람에게 서로 다른 것을 의미할 수 있다.

② 질문은 가능하다면 짧게 하여야 한다.

③ 답할 수 없는 질문을 하지 말아야 한다. 답할 수 없는 질문은 조사대상자가 정확하게 답하는 것이 어렵거나 가능하지 않은 질문을 말한다. 이와 관련된 예로 70~80세 노인에게 "귀하가 이성과 처음 사귄 것은 몇 세입니까?"라고 질문하는 것이 있다. 이 경우, 노인은 이런 것을 기억하지 못할 가능성이 크다.

④ 매우 민감한 질문을 하지 말아야 한다. 모든 조사대상자가 자신의 개인 정보를 편하게 제공하는 것은 아니다. 따라서 설문지에 조사대상자를 크게 불편하게 하는 질문은 하지 말아야 한다.

⑤ 이중 질문(쌍열 질문, double-barreled question)을 하지 말아야 한다. 이중 질문은 두 개의 질문을 하나의 질문으로 합친 탓에, 조사대상자가 정확하게 답하기 어려운 질문을 말한다. 이중 질문의 예로 "귀하는 사회복지 지출을 늘리기 위해서 세금을 더 많이 걷고 또한 기부금을 더 많이 모으는 방안에 찬성하십니까?"라고 질문하는 것이 있다. 이 경우에는, '세금을 더 걷는 방안'에 관한 질문과 '기부금을 더 많이 모으는 방안'에 관한 질문을 따로 만들어야 한다.

⑥ 유도하는 질문을 하지 말아야 한다. 유도 질문은 조사자가 원하는 답에 답하도록 이끄는 질문을 말한다. 유도 질문의 예로 "세종대왕은 사람은 주위의 빈곤한 사람을 도와야 한다는 말을 자주 하였습니다. 귀하는 빈곤층을 돕는 것에 대해 찬성합니까?"와 같은 질문이 있다. 이 경우에는 앞에 세종대왕의 이야기를 넣었기 때문에, 찬성하는 비율이 실제보다 더 나올 가능성이 있다.

⑦ 응답 범주에 균형을 맞추어야 한다. 응답 범주에 균형을 맞추지 않을 경우, 조사대상자를 유도하는 식으로 영향을 미칠 수도 있다. 그 결과, 조

사대상자의 전체 의견을 잘못 해석하게 될 수도 있다. 따라서 긍정적으로 더 답하게 하거나 부정적으로 더 답하게 하는 식으로 응답 범주를 만들지 않는 것이 좋다. 이와 관련된 예로 “귀하는 우리나라의 노인복지 수준이 ‘낮다’, ‘보통이다’, ‘높다’, ‘매우 높다’에서 어디에 해당한다고 생각합니까?”라고 질문하는 것이 있다. 이 경우에는 응답 범주에 ‘낮다’ 쪽보다는 ‘높다’ 쪽이 더 많아서, 조사대상자 전체로는 ‘높다’ 쪽으로 더 기울 가능성이 있다.

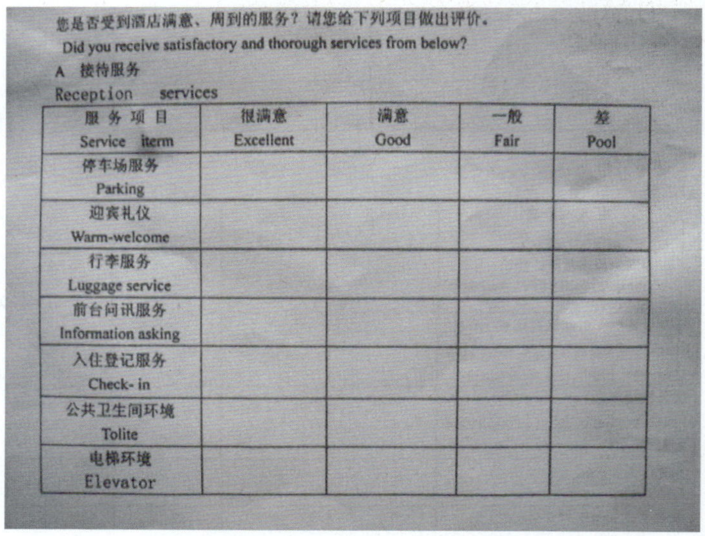

您是否受到酒店满意、周到的服务？请您给下列项目做出评价。
Did you receive satisfactory and thorough services from below?
A 接待服务
Reception services

服务项目 Service iterm	很满意 Excellent	满意 Good	一般 Fair	差 Pool
停车场服务 Parking				
迎宾礼仪 Warm-welcome				
行李服务 Luggage service				
前台问讯服务 Information asking				
入住登记服务 Check- in				
公共卫生间环境 Tolite				
电梯环境 Elevator				

응답 범주가 한 쪽으로 기운 설문지

응답 범주에 균형을 맞추지 않으면, 조사대상자를 유도하는 식으로 영향을 미칠 수 있다.
[출처 : 중국에서 저자 촬영]

그리고 설문지에서는 질문의 형식을 다양하게 하는 것이 좋다. 왜냐하면 이렇게 하면 조사대상자가 설문지에 흥미를 더 가질 수 있기 때문이다.

4) 설문지의 구성

설문지에 있는 질문의 내용도 중요하지만, 설문지 전체의 구성도 중요하다. 설문지의 구성과 관련된 주요한 측면으로 표지, 지시문(instruction), 질문의 순서, 부수적(contingency) 질문, 설문지의 길이, 설문지의 편집이 있다.

(1) 표지

설문지의 표지는 조사대상자가 설문지에서 처음으로 보는 부분이다. 설문지의 표지에서는 조사의 내용, 조사의 목적, 조사대상자를 선정한 방법 등을 제시할 필요가 있다. 조사대상자는 자신이 왜 선정되었는지를 궁금해 할 수 있다. 이를 위해서, 조사대상자를 선정한 방법을 제시할 필요가 있다. 또한 표지에서는 조사대상자가 설문 내용에 답한 것이 조사가 성공하는 데 중요하다는 점을 강조할 필요가 있다.

그리고 조사대상자의 신분을 보호해준다는 점도 제시할 필요가 있다. 더불어, 조사대상자가 궁금한 것을 문의하게 해주기 위해서, 조사자의 연락처나 조사기관(담당자)의 연락처를 제시할 필요가 있다.

• 민감한 주제를 다루는 설문지의 표지에 넣을 내용

조사자가 민감한 주제를 다룰 경우, 조사대상자는 다음과 같은 것을 알고자 할 수 있다(Yegidis, Weinbach & Myers, 2018).

① 조사자가 자신의 이름을 어떻게 구하였는지 알기를 원한다.
② 조사자가 자료를 어떻게 사용할 것인지 알기를 원한다.
③ 답한 내용에 대해 비밀이 보장되는지 알기를 원한다.

이런 탓에, 이때에는 표지에 앞에서와 관련된 내용을 제시할 필요가 있다.

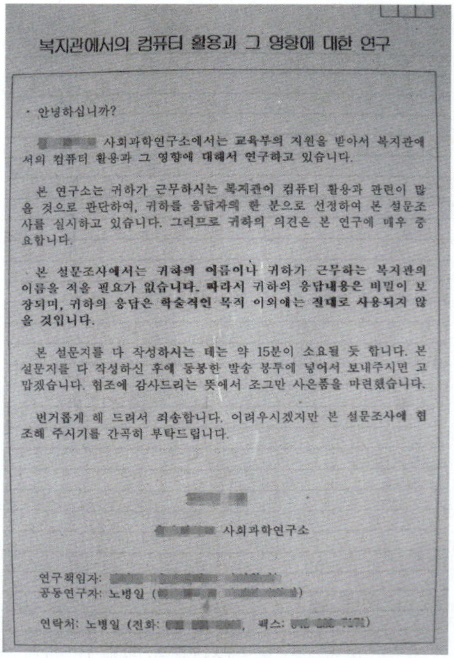

복지관에서의 컴퓨터 활용과 그 영향에 대한 연구

· 안녕하십니까?

사회과학연구소에서는 교육부의 지원을 받아서 복지관에서의 컴퓨터 활용과 그 영향에 대해서 연구하고 있습니다.

본 연구소는 귀하가 근무하시는 복지관이 컴퓨터 활용과 관련이 많을 것으로 판단하여, 귀하를 응답자의 한 분으로 선정하여 본 설문조사를 실시하고 있습니다. 그러므로 귀하의 의견은 본 연구에 매우 중요합니다.

본 설문조사에서는 귀하의 이름이나 귀하가 근무하는 복지관의 이름을 적을 필요가 없습니다. 따라서 귀하의 응답내용은 비밀이 보장되며, 귀하의 응답은 학술적인 목적 이외에는 절대로 사용되지 않을 것입니다.

본 설문지를 다 작성하시는 데는 약 15분이 소요될 듯 합니다. 본 설문지를 다 작성하신 후에 동봉한 발송 봉투에 넣어서 보내주시면 고맙겠습니다. 협조에 감사드리는 뜻에서 조그만 사은품을 마련했습니다.

번거롭게 해 드려서 죄송합니다. 어려우시겠지만 본 설문조사에 협조해 주시기를 간곡히 부탁드립니다.

사회과학연구소

연구책임자:
공동연구자: 노병일 ( )

연락처: 노병일 (전화: , 팩스:)

우편 설문조사에서의 표지(저자도 조사에 참여)

설문지의 표지에서는 조사의 내용과 목적, 조사대상자를 선정한 방법, 신분보호 등에 관해 제시할 필요가 있다. [출처 : 저자 촬영]

(2) 지시문

조사대상자는 설문지에 있는 각 질문에 어떻게 답하는지를 알고 있어야 한다. 조사자는 조사대상자가 설문지의 질문에 답하는 올바른 방법을 분명히 알고 있을 것이라고 가정하는 경우가 많다. 이에 따라서, 조사자는 답하는 방법을 조사대상자에게 자세히 알려주지 않을 수 있다. 그러나 모든 조사대상자가 설문지의 질문에 답하는 방법에 익숙하다고 볼 수는 없다. 따라서 설문지에는 지시문이 필요하다. 지시문은 설문지의 질문에 답하는 방법을 안내하는 문장을 말한다.

설문지의 질문에 어떻게 답하는지를 잘 안내하는 것은 질문을 잘 표현하는 것 못지않게 중요하다(Yegidis, Weinbach & Myers, 2018). 이것은 조사대상자가 설문지에 직접 답하게 되어 있는 경우에 특히 그렇다. 이런 탓에, 설문지에서 지시문을 잘 제시하는 것은 중요하다.

설문지에서 다루는 내용이 두 가지 이상의 영역으로 나뉘어 있거나 또는 두 가지 이상의 형태로 답하게 되어 있는 경우, 각 영역이나 각 형태에 대해서 답하는 방법을 별도로 안내할 필요가 있다. 즉, 이런 경우에는 지시문을 별도로 각각 제시할 필요가 있다.

(3) 질문의 순서

설문지에서 질문의 순서는 중요하다. 설문지에 있는 질문들은 논리적으로 순서를 정해서 배치하여야 한다.

설문지에서는 가장 일반적인 내용을 먼저 질문하고, 이후에 더 구체적인 내용을 질문하는 식으로 진행하는 경우가 많다. 또한 조사대상자가 더 부담스럽게 인식하는 내용은 설문지의 뒷부분에서 질문하는 경우가 많다. 개인적 질문이나 부담을 덜 주는 질문을 처음에 넣는 것은, 조사대상자가 신뢰를 더 가지게 하는 데 유리할 수 있다. 그리고 이렇게 하여야만 조사대상자가 설문조사를 중간에 포기하지 않고 마칠 가능성이 크다(Yegidis, Weinbach & Myers, 2018; Jones, Baxter & Khanduja, 2013; Cleave, 2016).

한편, 설문지에서는 질문을 죽 나열해 제시하기보다는, 서로 관련되는 질문들을 모아서 제시할 필요가 있다. 이렇게 할 경우, 조사대상자가 질문을 더 편하게 답할 가능성이 커지게 된다. 그리고 그 결과, 조사대상자가 설문조사를 끝까지 마칠 가능성이 더 커지게 된다(Cleave, 2016).

(4) 부수적 질문

어떤 질문은 어떤 상황에 있는 사람에게만 해당할 수 있다. 이때에는 부수적 질문을 적절하게 사용할 필요가 있다. 부수적 질문은 특정한 상황에 있는 사람에게만 해당하는 질문을 말한다.

부수적 질문의 예

노인의 자원봉사활동에 관해 조사할 경우, 노인에게 자원봉사활동에 참여하는지를 먼저 질문하고('질문 1'), 이어서 자원봉사활동에 참여한다고 답한 노인에게만 자원봉사활동에 참여할 때의 만족도에 관해 질문할 수 있다('질문 2'). 이 경우, '질문 1'에 '예'라고 답한 노인은 '질문 2'에 이어서 답하고, '질문 1'에 '아니요'라고 답한 노인은 '질문 2'는 건너뛰어야 한다. 이런 상황에서는 부수적 질문으로 만들 필요가 있다.

이런 상황을 고려해 질문한 것을 제시하면 다음과 같다.

1. 귀하는 자원봉사활동에 참여해 본 적이 있습니까?
   ___① 예
   ___② 아니요 [→ 질문 3으로 가시오]

2. 귀하는 자원봉사활동에 만족합니까?
   ___① 매우 그렇지 않다.
   ___② 그렇지 않다.
   ___③ 보통이다.
   ___④ 그렇다.
   ___⑤ 매우 그렇다.

3. 귀하는 최근 1년 사이에 해외 여행을 가본 적이 있습니까?

[...]

부수적 질문은 나름의 장점을 지니고 있다. 부수적 질문을 사용할 경우의 장점을 몇 가지 제시하면 다음과 같다(Yegidis, Weinbach & Myers, 2018).

① 조사대상자가 효율적으로 답하는 데 도움을 준다.

② 조사대상자가 답하는 문항의 수를 줄여준다. 왜냐하면 부수적 질문은 조사대상자가 자신에게 해당하지 않는 질문에 답하지 않게 하는 데 도움을 주기 때문이다.

(5) 설문지의 길이

설문지의 길이는 조사대상자가 설문조사를 끝까지 마치는 정도에 크게 영향을 미칠 수 있다. 설문지에 질문이 많으면, 조사대상자는 피곤할 수 있다.

따라서 설문지의 길이가 길어질수록, 조사대상자는 설문지를 끝까지 마치지 않을 가능성이 커지게 된다. 이런 탓에, 설문지는 짧게 만드는 것 좋다(Yegidis, Weinbach & Myers, 2018; Cleave, 2016).

(6) 설문지의 편집

말할 것도 없이, 조사대상자는 겉으로 보기에 깔끔한 설문지에 더 진지하게 끝까지 답할 가능성이 크다. 따라서 설문지는 깔끔하게 보이도록 편집할 필요가 있다.

조사대상자가 답할 공간을 적절하게 제공하고 질문들을 잘 배치할 경우, 조사대상자는 설문지를 끝까지 마칠 가능성이 크다. 또한 설문지에는 철자, 문법, 문장의 구조 등에서 문제가 생기지 않도록 할 필요가 있다. 이렇게 할 경우, 조사대상자가 설문지에 있는 모든 질문에 편하게 답할 가능성이 커지게 된다(Yegidis, Weinbach & Myers, 2018).

5) 예비조사

설문지를 완성하면, 설문지를 가지고 예비조사(pilot study)를 할 필요가 있다. 예비조사는 완성한 설문지를 조사대상자와 같거나 유사한 사람 몇 명에게 미리 적용해 보는 것을 말한다.

설문지를 예비조사하는 것은, 설문지의 내용을 더 좋게 하는 데 도움을 주고 있다. 설문지를 예비조사하는 것이 도움을 주는 측면을 몇 가지 제시하면 다음과 같다(Yegidis, Weinbach & Myers, 2018; Jones, Baxter & Khanduja, 2013).

① 질문의 표현이 분명한지 알 수 있다.
② 문법과 철자가 잘못된 부분을 알 수 있다.
③ 조사대상자에게 쓸데없이 부담을 주는 부분을 알 수 있다.
④ 설문지를 완성하는 데 걸리는 시간을 알 수 있다.

예비조사에 참여한 사람은 설문지에 답하면서, 위에서 제시한 내용에 관한 정보를 제공할 수 있다. 예비조사를 잘하고 그 결과를 반영해 설문지를 잘 수정할 경우, 나중에 조사대상자에게서 자료를 수집할 때 어려움을 더 적게 겪고 측정을 더 잘 하게 된다(Yegidis, Weinbach & Myers, 2018).

POINT

* 설문지는 자료를 수집하는 데 사용하는 질문을 모아놓은 것이다.
* 설문지에서는 질문 형태를 잘 선정하고, 질문 내용을 잘 표현하고, 질문을 잘 구성하여야 한다.
* 폐쇄형 질문은 미리 정한 응답 범주 중에서 조사대상자가 선택해 답하게 되어 있는 질문이다. 개방형 질문은 조사대상자가 자신의 답을 자유롭게 적게 되어 있는 질문이다.
* 설문지의 질문은 조사대상자에게 맞게 표현하여야 한다.
* 부수적 질문은 특정한 상황에 있는 사람에게만 해당하는 질문이다.
* 설문지를 완성하면, 예비조사를 할 필요가 있다.

CHAPTER 10

비반응성 조사와 2차 자료 분석 및 내용 분석

차례 CONTENTS

1. 비반응성 조사

1) 비반응성 조사의 정의

비반응성 조사(nonreactive research)는 조사대상자에게 관여하지 않기 때문에 조사자가 조사대상자에게 영향을 미치지 않는 방식으로 자료를 수집하는 것을 말한다. 구체적으로 비반응성 조사는 조사대상자와 직접 접촉하는 것이 조사대상자의 행동에 영향을 미치지 않게 하기 위해서, 조사자가 직접 수집하지 않은 자료를 사용하는 것을 말한다(DeCarlo, 2018; Bell, 2023).

비반응성 조사는 비관여 조사(unobtrusive research)라고 부르는 경우도 있다.

2) 비반응성 조사의 특징

비반응성 조사에 관한 정의에서 알 수 있듯이, 비반응성 조사에서는 조사자가 조사대상자와 직접 교류하지 않아도 된다. 그리고 비반응성 조사는 양적 조사와 질적 조사에서 모두 사용할 수 있다(DeCarlo, 2018).

3) 비반응성 조사를 사용하는 상황

때에 따라서는 여러 가지 이유 때문에, 조사자는 조사대상자와 직접 접촉하기 어려운 상황을 겪거나 조사대상자와 직접 교류하지 않기를 원하는 상황을 겪을 수 있다. 비반응성 조사는 이런 상황과 주로 관련되고 있다.

그리고 비반응성 조사는 역사와 관련된 영역에서 조사하는데 잘 사용할 수 있다. 예를 들어, 비반응성 조사는 사회복지 역사를 살펴볼 때 잘 사용할 수 있다.

4) 비반응성 조사의 형태

비반응성 조사의 형태에는 여러 가지가 있을 수 있다. 그러나 비반응성 조사의 형태를 일반적으로 다음과 같이 분류할 수 있다(DeCarlo, 2018).

① 이미 존재하는 자료를 살펴보는 조사가 있다. 이와 관련된 자료의 예로 정부의 통계 자료, 일기가 있다.

② 인간의 행동이나 의식을 보여주는 흔적이나 물품을 살펴보는 조사가 있다. 이와 관련된 흔적이나 물품의 예로 거리의 잔디밭에서 사람이 많이 지나가 닳은 부분, 버린 가구, 길거리의 낙서가 있다.

마차가 지나가 닳은 자리

비반응성 조사의 예로 흔적을 살펴보는 조사가 있다. [출처 : 이탈리아(폼페이)에서 저자 촬영]

사회과학에서 하는 비반응성 조사는 이미 존재하는 자료를 살펴보는 조사인 경우가 많다. 이런 조사의 구체적 예로 2차 자료 분석(secondary data analysis)과 내용 분석(content analysis)이 있다.[99] 2차 자료 분석과 내용 분석에서는 조사대상자와 직접 접촉할 필요가 없는 자료를 사용하고 있다.

5) 비반응성 조사의 장점과 단점

비반응성 조사는 나름의 장점을 지니고 있다. 비반응성 조사의 장점을 몇 가지 제시하면 다음과 같다(DeCarlo, 2018).

99) 2차 자료 분석과 내용 분석에 관해서는 뒤에서 자세히 설명한다.

① 비반응성 조사에서는 조사자가 직접 자료를 수집할 필요가 없다. 따라서 비반응성 조사에서는 다른 형태의 조사에서보다 비용과 자원이 더 적게 들 수 있다.

② 비반응성 조사에서는 조사자의 존재가 조사대상자에게 영향을 미치는 문제가 나타나지 않는다. 조사하는 동안에 조사자가 존재하는 것은 조사대상자에게 영향을 미치는 경우가 많다. 그러나 비반응성 조사에서는 이런 문제가 등장하지 않는다. 즉, 비반응성 조사에서는 호손 효과(Hawthorne effect)가 나타날 가능성이 없다.[100)]

③ 비반응성 조사에서는 매우 융통성이 있다. 다른 형태의 조사에 비해서, 비반응성 조사에서는 자료를 수집하다가 조사자가 잘못 하였을 때 수정하기가 더 쉽다.

그러나 비반응성 조사는 단점도 지니고 있다. 비반응성 조사의 단점을 몇 가지 제시하면 다음과 같다(DeCarlo, 2018).

① 비반응성 조사에서 사용하는 자료는 조사자가 살펴보려는 주제와 완전히 맞지 않을 수 있다. 예를 들어, 비반응성 조사에서 사용하는 자료는 조사자가 바라는 목적과는 완전히 다른 목적을 가지고 수집한 자료일 수도 있다.

② 비반응성 조사에서 사용하는 자료에는 조사자가 관심을 가지는 변수에 관한 자료가 존재하지 않을 수 있다. 이렇게 될 경우, 조사자는 자신이 처음에 관심을 가지는 주제나 변수를 조사하지 못하거나, 조사하는 데 제약을 받을 수 있다.

③ 비반응성 조사에서는 상황을 이해하거나 설명하기 어려울 수 있다. 왜냐하면 비반응성 조사에서 사용하는 자료를 수집한 구체적인 상황을 조사자는 모를 수 있기 때문이다.

100) 호손 효과에 관해서는 외적 타당도를 다루는 장(제7장)에서 이미 설명한 바 있다.

POINT

* 비반응성 조사는 조사자가 조사대상자에게 영향을 미치지 않는 방식으로 자료를 수집하는 것이다.
* 비반응성 조사의 예로 2차 자료 분석과 내용 분석이 있다.

2. 2차 자료 분석

1) 2차 자료와 2차 자료 분석의 정의

조사자가 관심을 가지는 주제는 이미 존재하는 자료를 사용해서 조사할 수 있는 경우도 많다. 이 경우에 사용하는 자료를 2차 자료(secondary data)라고 부르고 있다.

2차 자료 분석은 2차 자료를 분석하는 것을 말한다. 구체적으로, 2차 자료 분석은 새로운 가설을 검증하거나 새로운 주제를 살펴보기 위해서, 이미 존재하는 자료를 사용해 분석하는 것을 말한다(Dunn, Arslanian-Engoren, DeKoekkoek, Jadack & Scott, 2015; Yegidis, Weinbach & Myers, 2018; Donnellan & Lucas, 2013; Bookstaver, 2021; DeCarlo, 2018).

2) 2차 자료 분석의 특징[101)]

조사자가 직접 자료를 수집하고자 할 때는, 시간이 오래 걸리고 비용이 많이 드는 경우가 많다. 그러나 2차 자료 분석에서는 조사자가 자료를 새로 수집할 필요가 없다. 따라서 2차 자료 분석은 시간을 절약하고 비용을 절약하는데 도움을 주기 때문에 유리할 수 있다. 그 결과, 시간과 경제적 자원이 부족한 상황에서는 2차 자료 분석이 효과적인 조사방법이 될 수 있다.

101) 이 부분은 2차 자료 분석의 장점 부분과 크게 관련되고 있다.

• 2차 자료 분석이 시간과 자원을 절약하는 데 도움을 주는 이유

2차 자료 분석은 시간과 자원을 절약하는 데 도움을 주고 있다. 2차 자료 분석이 시간과 자원을 절약하는 데 도움을 주는 이유를 몇 가지 제시하면 다음과 같다(Dunn et al., 2015).

① 자료를 무료로 얻거나 적은 비용으로 얻는 경우가 많기 때문이다.
② 자료를 쉽게 구할 수 있기 때문이다.
③ 조사대상자에게 조사에 참여한 것에 대해 보상할 필요가 없기 때문이다.

그리고 2차 자료 분석에서는 이미 존재하는 자료를 사용해서 새로운 가설을 검증하거나 새로운 주제를 살펴볼 수 있다(Bookstaver, 2021; Dunn et al., 2015). 따라서 2차 자료 분석은 조사자가 연구할 수 있는 범위를 넓혀줄 수 있다.

3) 2차 자료 분석의 사용 현황

2차 자료 분석은 여러 학문 분야에서 사용하고 있다. 그리고 2차 자료 분석은 질적 조사보다 양적 조사에서 사용하는 경우가 더 많다(Dunn et al., 2015; Yegidis, Weinbach & Myers, 2018).

4) 2차 자료 분석을 위한 자료

(1) 자료의 형태

2차 자료 분석을 하기 위해 자유롭게 사용할 수 있는 자료에는 여러 가지가 있을 수 있다(Yegidis, Weinbach & Myers, 2018). 2차 자료 분석을 하기 위한 자료의 형태를 분류하는 주요한 방법으로 출처에 따라 분류하는 방법과 내용에 따라 분류하는 방법이 있다.

(가) 출처에 따른 형태

2차 자료 분석을 위한 자료의 형태는 자료의 출처에 따라 분류할 수 있다. 이때, 2차 자료 분석에서 사용할 수 있는 자료의 출처에는 여러 가지가 있다(Dunn et al., 2015).

출처에 근거할 경우, 2차 자료 분석에서 사용할 수 있는 자료의 형태로 정부의 자료, 공공기관의 자료, 민간기관의 자료, 기타 자료가 있다. 정부의 자료는 정부가 수집해 제공하는 자료이고, 공공기관의 자료는 공공기관이 수집해 제공하는 자료이고, 민간기관의 자료는 민간기관이 수집해 제공하는 자료를 말한다. 그리고 기타 자료는 개인이나 기타 출처가 수집한 자료를 말한다.

이 중에서 정부의 자료나 공공기관의 자료는 2차 자료 분석을 하는 데 특히 쓸모가 있다. 무엇보다도, 정부의 자료나 공공기관의 자료는 표본의 크기가 크고 취약한 집단에 대한 정보를 담고 있는 경우가 많다. 이런 탓에, 정부의 자료나 공공기관의 자료는 2차 자료 분석의 결과를 다른 상황에도 적용하는 데 유리할 수 있다(Dunn et al., 2015).

정부나 공공자료에서 제공하는 자료의 예로 인구조사 자료가 있다(Yegidis, Weinbach & Myers, 2018). 인구조사 자료는 많은 세금을 들여서 수집한 것인데, 인구조사 자료에는 조사할 가치가 있는 정보가 많이 포함되어 있다. 또한 정부와 공공기관은 이외에도 많은 귀중한 자료를 수집하고 있는데, 조사자는 이런 자료를 연구에 사용할 수 있다. 예를 들어, 어느 연구에서는 장애인 고용과 관련된 공공기관이 수집한 자료를 사용해서, 발달장애인의 생활만족에 관해 분석한 바 있다(전향숙 · 유현숙 · 노병일, 2022; Yegidis, Weinbach & Myers, 2018).

(나) 내용에 따른 형태

2차 자료 분석을 위한 자료의 형태는 자료의 내용에 따라 분류할 수 있다. 2차 자료 분석을 위해 사용할 수 있는 자료의 내용은 매우 다양하다. 이런 자료의 예로 설문조사 자료, 신문 자료, 방송 자료, 통계 자료, 학문적 연구 자료, 회의록, 일기, 편지가 있다.

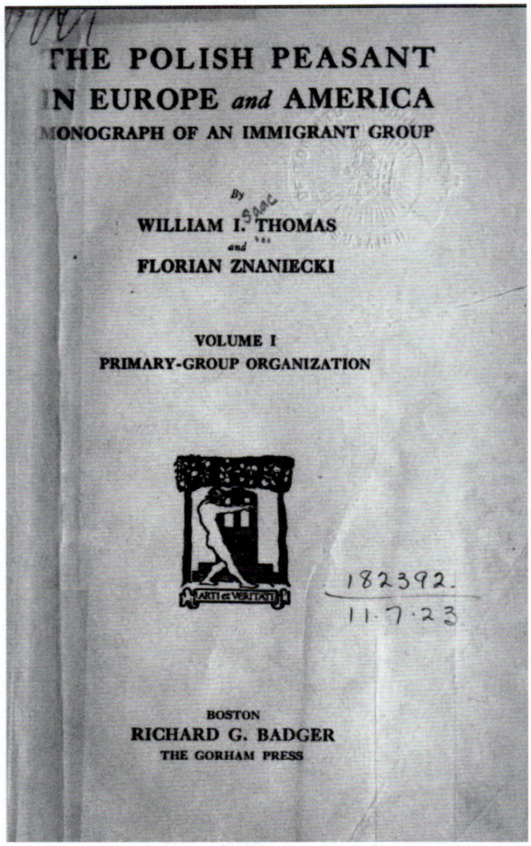

THE POLISH PEASANT
IN EUROPE *and* AMERICA
MONOGRAPH OF AN IMMIGRANT GROUP

By
WILLIAM I. THOMAS
and
FLORIAN ZNANIECKI

VOLUME I
PRIMARY-GROUP ORGANIZATION

182392.
11·7·23

BOSTON
RICHARD G. BADGER
THE GORHAM PRESS

개인의 편지를 주로 사용해 이민자들의 삶을 분석한 『유럽과 미국에서의 폴란드 농민』(표지)
2차 자료 분석에서는 다양한 자료를 사용할 수 있다. [출처 : 위키피디어(public domain)]

(2) 2차 자료 분석에 사용할 자료 구하기

2차 자료 분석을 위해서, 조사자는 처음에 자료를 수집한 사람에게 개인적으로 접촉해서 자료를 구할 수도 있고, 공적으로 이용할 수 있는 출처를 통해서 자료를 구할 수도 있다(DeCarlo, 2018).

2차 자료 분석을 위한 자료를 구할 수 있는 정도는, 조사가 양적 조사의 성격을 지니는지 또는 질적 조사의 성격을 지니는지에 따라 차이가 날 수 있다. 2차 자료 분석에 사용할 양적 자료는 일반 사람이 이용할 수 있게 되어 있는 경우가 많다. 이에 비해서, 2차 자료 분석에 사용할 질적 자료는 무료로 쉽게 구하기가 어려운 편이다. 하지만 기술이 더 발달하고 질적 자료를 디지털로 바꾸는 것이 더 쉬워짐에 따라서, 앞으로 2차 자료 분석에 사용할 질적 자료를 구하는 것이 더 쉬워질 가능성이 크다(DeCarlo, 2018).

5) 2차 자료 분석과 관련해 고려할 점

2차 자료 분석을 하는 조사자의 경우, 원래 자료를 수집한 절차를 살펴볼 필요가 있다. 그리고 가능하다면, 양적 자료를 사용할 때는 코드북(codebook)을[102] 확보할 필요가 있고, 질적 자료를 사용할 때는 코딩체계(coding scheme)를[103] 확보할 필요가 있다(DeCarlo, 2018).

또한 2차 자료 분석을 하는 조사자의 경우, 다음과 같이 할 필요가 있다(DeCarlo, 2018).

① 조사대상자가 답하지 않은 질문이나 제대로 답하지 않은 질문을 어떻게 처리하였는지 살펴본다.

② 자신이 조사하는 변수를 구체적으로 정의하고 측정한 것이 원래의 자료에 있는 것과 일치하는지 확인한다. 이것은 양적 조사의 경우에 특히 해당한다.

• 변수의 측정과 관련된 예

2차 자료 분석에서는 변수의 이름이 같을지라도, 원래의 자료에서 해당 변수를 정의한 내용과 2차 자료 분석을 하는 조사자가 해당 변수를 정의한 내용이 같은지 확인할 필요가 있다.

예를 들어, 2차 자료 분석을 하는 조사자는 노인이 삶의 여러 영역에서 만족하는 정도를 알기를 원할 수 있다. 그러나 원래의 자료에서는 노인이 삶에 만족하는 정도를 한 문장으로만 간단히 질문하였을 수 있다. 이렇게 될 경우, 원래의 자료를 사용해서는 노인이 삶의 '여러' 영역에서 만족하는 정도를 파악하기 어렵게 된다. 이런 탓에, 2차 자료 분석에서는 이와 같은 측면을 꼼꼼히 살펴볼 필요가 있다.

102) 일반적으로 코드북에서는 질문 번호, 변수, 변수의 속성을 정리해 제시하고 있다(DeCarlo, 2018).

103) 일반적으로 코딩체계에서는 주제나 단어 등을 범주로 분류하는 방식에 관해 설명하고 있다(DeCarlo, 2018).

6) 2차 자료 분석의 장점과 단점[104]

2차 자료 분석은 나름의 장점을 지니고 있다. 2차 자료 분석의 장점을 몇 가지 제시하면 다음과 같다(Yegidis, Weinbach & Myers, 2018; DeCarlo, 2018; Dunn et al., 2015; Donnellan & Lucas, 2013; Bookstaver, 2021).

① 다른 조사방법에 비해서, 2차 자료 분석에서는 시간이 덜 걸릴 수 있다. 왜냐하면 2차 자료 분석에서는 이미 수집된 자료를 사용하기 때문이다.

② 2차 자료 분석에서는 다른 조사방법보다 비용과 기타 자원이 더 적게 들 수 있다.[105] 따라서 2차 자료 분석은 연구비가 충분하지 않을 때 잘 사용할 수 있다.

③ 2차 자료 분석에서는 대규모 자료를 이용할 수도 있다. 따라서 이런 자료를 이용하는 2차 자료 분석은 결과를 다른 상황에 적용하는 데 유리할 수 있다. 그리고 이런 대규모 자료는 취약한 집단에 관한 정보를 담고 있는 경우가 많다.

발달장애인에 관한 대규모 전시회

발달장애인에 관한 자료는 개인이 수집하기 어려운데, 대규모의 2차 자료에서는 취약한 집단에 관한 정보를 제공하는 경우가 많다. [출처 : 저자 촬영]

---

104) 2차 자료 분석은 비반응성 조사의 한 형태이기 때문에, 2차 자료 분석의 장점과 단점 부분은 '비반응성 조사의 장점과 단점'을 다루는 부분과 많이 중복될 수 있다.

105) 이것은 2차 자료 분석이 시간이 덜 걸리는 것과도 관련되고 있다.

④ 2차 자료 분석은 종단적 조사에[106] 유리할 수 있다. 정부나 일부 기관은 여러 해에 걸쳐서 자료를 계속 제공한다. 따라서 이런 자료를 이용하는 2차 자료 분석에서는 종단적 분석을 할 수도 있다. 종단적 성격을 지니는 2차 자료 분석은 특별한 현상의 유형이나 경향을 파악하는 데 도움을 줄 수 있다.

⑤ 2차 자료 분석에서는 원래의 자료를 수집한 조사자가 생각하지 못하는 새로운 주제를 살펴볼 수도 있다.

그러나 2차 자료 분석은 단점도 지니고 있다. 2차 자료 분석의 단점을 몇 가지 제시하면 다음과 같다(Dunn et al., 2015; Yegidis, Weinbach & Myers, 2018; DeCarlo, 2018).

① 2차 자료 분석에서 사용하는 자료는 완전하지 않거나 적절하지 않을 수 있다.[107] 그리고 2차 자료 분석을 위해 자료를 사용할 수 있을 때도, 2차 자료 분석을 위해 사용할 수 있는 자료는 매우 제한된 경우가 많다. 따라서 2차 자료 분석에서는, 현재 존재하는 자료를 가지고는 조사자가 관심을 가지는 주제를 살펴보기 어렵거나 가설을 검증하기 어려울 수도 있다. 이 경우, 조사자는 주제나 가설을 원래의 자료에 맞게 수정할 필요가 있을 수 있다.

② 원래의 자료를 수집하고 나서 오랜 시간이 흐른 후에 2차 자료 분석을 하고자 할 때, 자료가 오래되어서 2차 자료 분석을 하지 못할 수도 있다.

③ 2차 자료 분석에서는 인과관계를 조사하지 못할 수도 있다. 왜냐하면 2차 자료 분석에서 사용하는 원래의 자료에서는 단순한 실태만 제시하는 경우가 많기 때문이다.

---

106) 종단적 조사에 관해서는 조사의 형태를 다루는 장(제3장)에서 이미 설명한 바 있다.

107) 이렇게 되는 이유를 몇 가지 제시하면 다음과 같다(Dunn et al., 2015). ㉠ 빠진 자료가 많기 때문이다. ㉡ 변수를 적절하게 측정하지 못하기 때문이다. ㉢ 2차 자료 분석의 대상자나 사례 수가 너무 적기 때문이다.

④ 2차 자료 분석에서는 원래의 자료를 수집할 때의 상황을 알지 못할 수 있다. 이런 점 때문에, 2차 자료 분석의 결과를 해석하는 데 어려움을 겪을 수 있다.

POINT

* 2차 자료 분석은 이미 존재하는 자료를 분석하는 것이다.
* 2차 자료 분석을 하기 위한 자료에는 여러 가지가 있다.
* 2차 자료 분석에서는 원래 자료를 수집한 절차를 살펴볼 필요가 있다.

3. 내용 분석

1) 내용 분석의 정의

문자 그대로 볼 때, 내용 분석은 자료의 내용을 분석하는 것이다. 그러나 일부 학자와 기관은 내용 분석에 관해 더 구체적으로 정의해 왔다. 예를 들어 어느 학자(Berelson)의 경우, 내용 분석은 자료의 분명한 내용을 객관적이고 체계적이고 수량적으로 살펴보는 조사방법이라고 보고 있다. 또한 미국의 어느 대학기관의 경우, 내용 분석은 특정한 질적 자료에서 특정한 단어나 주제나 개념이 존재하는지를 살펴보는 것이라고 보고 있다(Columbia University, 2023).

정리하건대, 내용 분석은 의미에 주목하면서 자료의 내용을 체계적으로 분석하는 것이라고 볼 수 있다.

2) 내용 분석의 특징

내용 분석에서는 특정한 단어나 주제나 개념이 존재하는 정도와 이런 것의 의미 등을 수로 바꾸어서 살펴볼 수 있다. 특히 내용 분석에서는 내용의 의미를 파악하려고 하고 있다. 구체적으로 내용 분석에서는 “누가 무엇을 누구에게 왜 어떻게 이야기하고, 이것이 어떻게 영향을 미쳤는지를 분석하고 있다(Columbia University, 2023; Gheyle & Jacobs, 2017; DeCarlo, 2018).

3) 내용 분석의 사용 상황

내용 분석은 질적 접근방식을 주로 취하는 조사에서 많이 사용하고 있다. 그러나 내용 분석의 경우, 대상자가 답한 것이나 생각한 것을 범주로 나누고 계산함으로써, 질적 자료를 양적 자료로 바꾸어 분석할 수도 있다(Yegidis, Weinbach & Myers, 2018; Gheyle & Jacobs, 2017). 결국, 내용 분석은 양적 조사과 질적 조사에서 모두 사용할 수 있다.

그리고 내용 분석은 다양한 상황에서 사용할 수 있다. 내용 분석을 사용할 수 있는 상황을 구체적으로 제시하면 다음과 같다(Columbia University, 2023).

① 개인이나 집단의 심리적 상태나 정서적 상태를 파악하고자 한다.

② 교류하는 내용에서 유형을 파악하고자 한다.

• 내용 분석의 단순한 예

조사자는 다양한 대상자나 사례에 관한 자료에 대해 내용 분석을 할 수 있다. 단순하게 내용 분석을 하는 예를 몇 가지 제시하면 다음과 같다.

① 장애인에 대해 편견을 가지는 정도를 살펴보기 위해서, 조사자는 신문이나 방송의 기사에서 사용하는 단어를 분석할 수 있다.

② 조사자는 특정한 드라마에서 여성의 특성을 어떻게 표현하는지를 분석할 수 있다.

앞으로 내용 분석은 더 사용할 가능성이 있다. 무엇보다도, 인간이 교류한 여러 가지 내용을 빠르게 처리하고 여기에 있는 단어의 수를 계산할 수 있는 컴퓨터 프로그램이 발달함에 따라서, 내용 분석이 훨씬 더 쉬워지게 되었다. 그 결과, 앞으로 내용 분석을 많이 활용할 가능성이 커지고 있다(Yegidis, Weinbach & Myers, 2018).

4) 내용 분석에서 사용하는 자료

내용 분석에서 사용하는 자료에는 여러 가지가 있다. 사실, 이야기하거나 전달하는 내용을 담은 자료라면, 어느 것이나 내용 분석에서 사용할 수 있다. 따라서 거의 모든 형태의 자료를 내용 분석에서 사용할 수 있다.

내용 분석에서는 인간의 삶을 더 시각적으로 보여주는 자료를 분석할 수도 있다. 이런 예로 영화나 광고가 있다. 따라서 내용 분석에서 사용하는 자료의 예로 글로 된 일반적 자료, 이미지로 된 자료, 음성으로 된 자료, 영상으로 된 자료를 들 수 있다(DeCarlo, 2018; Gheyle & Jacobs, 2017; Yegidis, Weinbach & Myers, 2018). 구체적으로, 내용 분석에서 사용할 수 있는 자료로 신문이나 방송의 내용, 영화나 연극, 소설이나 수필, 토론한 내용, 회의록, 연설문, 일기, 이메일, 문자(SMS), 역사적 자료가 있다.

영화 현장을 체험할 수 있게 한 스튜디오

내용 분석에서는 영화의 내용을 분석할 수 있다. [출처 : 일본에서 저자 촬영]

5) 내용 분석의 형태

내용 분석의 형태는 다양한 방식으로 분류할 수 있다. 일반적으로 내용 분석의 형태는 주목하는 측면에 따라 분류할 수도 있고, 질적 조사인지 양적 조사인지에 따라 분류할 수도 있다.

(1) 주목하는 측면에 따른 분류

내용 분석의 형태는 주목하는 측면에 따라 개념 내용 분석(conceptual content analysis)과 관계 내용 분석(relational content analysis)으로 분류할 수 있다. 이 경우, 내용 분석의 형태에 따라서 결과, 결론, 해석, 의미가 서로 달라질 수 있다(Columbia University, 2023).

(가) 개념 내용 분석

내용 분석을 이야기할 때는 개념 내용 분석을 떠올리는 경우가 많다. 개념 내용 분석은 내용에서 개념에 주목하는 내용 분석을 말한다.

개념 내용 분석의 주요한 목적은 개념과 관련된 용어가 자료에 나타나는 정도를 살펴보는 데 있다. 따라서 개념 내용 분석에서는 조사할 개념을 정한 다음에, 해당 개념이 존재하는 정도를 살펴보고 있다.

개념 내용 분석에서 주목하는 용어는 겉으로 분명할 수도 있고, 겉으로 분명하지 않을 수도 있다. 겉으로 분명한 용어는 파악하기가 쉽다. 그러나 겉에서 보기에 분명하지 않은 용어는 범주로 구분하기가 더 어려울 수 있다(Columbia University, 2023).

(나) 관계 내용 분석

관계 내용 분석은 개념 내용 분석을 더 발전시킨 형태이다. 관계 내용 분석은 내용에서 개념들 사이의 관계에 주목하는 내용 분석을 말한다.

개념 내용 분석에서와 마찬가지로, 처음에 관계 내용 분석에서는 살펴볼 개념을 정하고 있다. 그러나 관계 내용 분석에서는, 각 개념은 본래의 의미가 없다고 보고 있다. 그 대신에 관계 내용 분석에서는, 개념의 의미는 개념들 사이의 관계에서 드러난다고 보고 있다. 따라서 관계 내용 분석에서는 개념들 사이의 관계를 살펴보고 있다(Columbia University, 2023).

(2) 양적 · 질적 조사와 관련된 분류

내용 분석은 양적 조사의 성격을 지닐 수도 있고 질적 조사의 성격을 지닐 수도 있다.[108] 더 나은 조사 결과를 얻기 위해서, 내용 분석에서는 양적 조사와 질적 조사를 모두 사용하는 경우도 많다.

양적 조사의 성격을 지니는 내용 분석의 경우, 원래의 자료에 있는 응답 범주에 수나 수치를 할당한 후에 통계적으로 분석하고 있다. 그리고 질적 조사의 성격을 지니는 내용 분석의 경우, 분석하는 자료에서 주제를 파악하고 이런 주제의 밑에 깔린 의미를 파악하는 데 주목하고 있다(DeCarlo, 2018).

6) 내용 분석의 과정

(1) 내용 분석의 일반적 과정

일반적인 내용 분석에서는 다음과 같은 과정을 거치고 있다(Columbia University, 2023).

① 연구문제를 정한다.

② 분석하기 위한 표본을 선정한다.

③ 자료를 범주로 구분해서 부호로 바꾼다. 이것은 코딩(coding)이라고 부른다.

(2) 코딩

코딩은 내용 분석에서 자료를 분석하는 주요한 기법이다. 따라서 내용 분석에서 코딩은 중요한 역할을 하고 있다. 코딩을 할 경우, 조사자는 연구문제와 관련된 특정한 단어나 유형에 주목할 수 있게 된다(Columbia University, 2023; Yegidis, Weinbach & Myers, 2018).

---

108) 이에 관해서는 앞에서 이미 설명한 바 있다.

코딩에서는 다음과 같이 할 수 있다(Yegidis, Weinbach & Myers, 2018).

① 자료의 겉에 드러난 내용에만 주목한다. 이런 예로 자료에 있는 실제 단어에만 주목하는 것이 있다.

② 자료의 더 밑에 들어 있는 의미에 주목한다.

조사대상자가 제시하는 의견의 바탕에 깔린 의미를 분류하는 데 더 관심을 가지는 코딩은 질적 조사에서 하는 경우가 많다. 그러나 분석하는 자료를 더 잘 이해하기 위해서, 자료의 겉에 드러난 내용에만 주목하는 코딩과 자료의 밑에 깔린 의미에 주목하는 코딩을 모두 하는 경우가 많다.

그리고 내용 분석에서 코딩할 경우, 내용과 연관된 상황에 주목하고 있다. 왜냐하면 두 개의 문장이나 단어가 비슷하더라도, 상황이 서로 다르면 서로 다른 것을 의미할 수도 있기 때문이다(Gheyle & Jacobs, 2017; Yegidis, Weinbach & Myers, 2018).

7) 내용 분석의 장점과 단점[109)]

내용 분석은 나름의 장점을 지니고 있다. 내용 분석의 장점을 몇 가지 제시하면 다음과 같다(Columbia University, 2023).

① 내용 분석은 비용이 적게 든다.

② 내용 분석에서는 상호작용하는 것을 직접 접촉하지 않고서도 살펴볼 수 있다.

109) 내용 분석은 비반응성 조사의 한 형태이기 때문에, 내용 분석의 장점과 단점 부분은 '비반응성 조사의 장점과 단점' 부분이나 '2차 자료 분석의 장점 및 단점' 부분과 많이 중복될 수 있다.

신문을 읽고 있는 사람들

내용 분석에서는 직접 접촉하지 않고도 상호작용을 살펴볼 수 있다. [출처 : 언스플래시]

③ 내용 분석에서는 사람이 생각하고 언어를 사용하는 것에 관해 자세히 알 수 있다.

④ 내용 분석은 역사적 자료를 분석하는 데 매우 쓸모가 있다. 이것은 시간이 지나면서 나타나는 경향을 파악할 때 특히 그렇다.

⑤ 내용 분석에서는 질적 분석과 양적 분석을 모두 할 수 있다.

그러나 내용 분석은 단점도 지니고 있다. 내용 분석의 단점을 몇 가지 제시하면 다음과 같다(Yegidis, Weinbach & Myers, 2018; Columbia University, 2023).

① 내용 분석을 하는 데에는 시간이 매우 오래 걸릴 수 있다. 왜냐하면 내용 분석은 범주로 나누고 계산하는 과정을 포함하는 경우가 많기 때문이다. 그리고 이에 따라서, 내용 분석은 지루한 과정일 수 있다.

② 내용 분석에서는 오류가 많을 수 있다. 우선, 내용 분석을 하는 데 주관적 해석이 필요할 수 있으므로, 내용 분석에서는 오류가 많을 수 있다. 이것은 개념들 사이의 관계를 분석할 때 특히 그렇다.

③ 내용 분석에서는 자료의 배경이 되는 상황을 무시하는 경우가 많다.

④ 내용 분석은 컴퓨터 프로그램으로 작업하기 어려울 수 있다.

POINT

* 내용 분석은 의미에 주목하면서 자료의 내용을 체계적으로 분석하는 것이다.
* 내용 분석은 양적 조사과 질적 조사에서 모두 사용할 수 있다.
* 거의 모든 형태의 자료를 내용 분석에서 사용할 수 있다.
* 내용 분석에서는 연구문제를 정하고, 분석하기 위한 표본을 선정하고, 자료를 범주로 구분해서 부호로 바꾸는 과정(코딩 과정)을 거친다.

CHAPTER 11

욕구조사와 평가조사

차례 CONTENTS

1. 욕구조사

1) 욕구의 정의와 중요성

일반적으로 욕구(need)는 생물의 복리를 위해서 신체적 · 심리적으로 필요한 것을 말한다. 그러나 구체적으로 볼 때, 욕구는 없거나 부족하면 어려운 상태를 유발하는 물질이나 상황과 같은 것을 말한다. 이런 물질이나 상황의 예로 음식물과 안전한 것이 있다. 정리하건대, 욕구는 인간을 포함한 생물이 건강하게 생존하고 성장하는 데 필요한 물질이나 상황이라고 볼 수 있다(노병일, 2017; Merriam-Webster Dictionary, 2023; American Psychological Association, 2023).

사회복지는 인간의 욕구를 직접 충족시켜 주거나 인간의 욕구를 충족시켜 주는 것을 도와주는 활동이라고 볼 수 있다. 따라서 사회복지조사에서 욕구는 중요한 관심거리가 될 수밖에 없다(노병일, 2017).

2) 욕구의 형태

욕구의 형태에는 여러 가지가 있을 수 있다. 그동안 일부 학자는 욕구의 형태를 분류해 왔다. 학문적으로 욕구의 형태를 분류한 대표적인 학자로 매슬로우(Maslow), 브래드쇼(Bradshaw), 도얄과 거프(Doyal & Gough)가 있다(노병일, 2017).[110]

(1) 매슬로우의 분류

욕구의 형태를 분류한 것과 관련해 가장 유명하고 널리 인용하는 것은 매슬로우가 분류한 것이다. 매슬로우는 생존에 중요한 정도와 인간에게 동기를 주는 정도를 기준으로 해서, 욕구에 단계가 있는 식으로 제시하고 있다(노병일, 2017).

매슬로우의 경우, 주요한 욕구의 형태를 다음과 같이 제시하고 있다(노병일, 2017; Harris & White, 2013).

① 생리적(physiological) 욕구가 있다. 생리적 욕구는 신체적으로 생존하는 데 기본적으로 필요한 욕구를 말한다. 생리적 욕구를 충족시키는 예로 숨을 쉬는 것, 음식을 먹는 것, 물을 마시는 것이 있다.

② 안전(safety)의 욕구가 있다. 안전의 욕구는 안전하다고 느끼고 예측할 수 있다고 느끼고자 하는 욕구를 말한다. 안전의 욕구를 충족시키는 예로 신체가 안전한 것, 고용 상태가 안정된 것이 있다.

③ 애정과 소속(love and belonging)의 욕구가 있다. 애정과 소속의 욕구를 충족시키는 예로 다른 사람과 친한 관계를 맺는 것, 집단에 속하는 것이 있다.

④ 존중(esteem)의 욕구가 있다. 존중의 욕구를 충족시키는 예로 자신을 가치 있게 보는 것, 다른 사람의 존경을 받는 것이 있다.

⑤ 자아실현(self-actualization)의 욕구가 있다. 자아실현의 욕구는 인간이 가진 잠재력을 실현하는 것과 관련된 욕구를 말한다. 자아실현의 욕구를 충족시키는 예로 창의적인 것, 문제를 해결하는 것이 있다.

매슬로우가 제시하는 욕구 단계(hierarchy)에서 가장 낮은 수준의 욕구는 생리적 욕구이다. 그 다음으로 높은 수준의 욕구는 안전의 욕구, 애정과 소속의 욕구, 존중의 욕구의 순으로 되어 있다. 그리고 가장 높은 수준의 욕구는 자아실현의 욕구이다(노병일, 2017).

---

110) 여기에서는 매슬로우와 브래드쇼가 분류한 것만 제시한다. 도얄과 거프가 분류한 것에 관해서는 노병일(2017)을 참고하면 된다.

(2) 브래드쇼의 분류

브래드쇼의 경우, '사회적 욕구의 분류'에서 욕구에 대한 정의를 제시하고 있다. 브래드쇼가 제시하는 정의는 욕구의 형태를 분류하는 것과 관련되고 있다.

브래드쇼의 경우, 주요한 욕구의 형태를 다음과 같이 제시하고 있다(Bradshaw, [1972] 2013; Spicker, 2023).

① 규범적(normative) 욕구가 있다. 규범적 욕구는 전문가나 행정가나 사회과학자가 특정한 상황에서 욕구라고 정의한 욕구를 말한다. 구체적으로 규범적 욕구는 규범(즉, 정해진 기준)에 따라 파악하는 욕구를 말한다.

② 인지적(felt) 욕구가 있다. 인지적 욕구는 어떤 것이 필요하다고 느끼는 욕구를 말한다. 구체적으로 인지적 욕구는 사람이 느끼는 욕구를 말한다. 따라서 인지적 욕구는 욕구를 가진 사람의 관점에서 본 욕구라고 볼 수 있다.

③ 표현적(expressed) 욕구가 있다. 표현적 욕구는 인지적 욕구를 이루어 달라고 요구한 것을 말한다. 구체적으로 표현적 욕구는 사람이 가지고 있다고 이야기하는 욕구를 말한다. 사람은 욕구를 느끼지만 표현하지 않을 수도 있고, 또한 욕구를 표현하지 않지만 욕구를 느낄 수도 있다. 즉, 인지적 욕구는 가지지만 표현적 욕구는 가지지 않을 수도 있고, 표현적 욕구는 가지지만 인지된 욕구는 가지지 않을 수도 있다.

④ 비교적(comparative) 욕구가 있다. 비교적 욕구는 욕구를 가지지 않은 다른 사람과 비교할 때 나타나는 욕구를 말한다.

• 욕구의 형태

욕구의 형태는 내용에 따라서 다양할 수 있다. 내용에 주목하면서 욕구의 형태를 몇 가지 제시하면 다음과 같다(Ohmer & Underwood, 2022).

① 욕구는 인간이나 집단이나 전체 지역사회에게 필요한 구체적인 것일 수 있다. 이런 예로 깨끗한 물을 마시는 것이 있다.

② 욕구는 사회적 특성을 지니는 것일 수 있다. 이런 예로 지역사회에 있는 모임에 참여하는 것이 있다.

③ 욕구는 정치적 특성을 지니는 것일 수 있다. 이런 예로 투표에 참여하는 것이 있다.

3) 욕구조사의 정의와 목적

(1) 욕구조사의 정의

욕구조사(needs assessment)는 특정한 단위(예컨대, 개인이나 집단)의 욕구를 파악하는 것을 말한다. 그러나 사회복지 영역의 욕구조사에서는 지역사회의 욕구에 주목하는 경우가 많다. 따라서 이를 위해 '지역사회 욕구조사(community needs assessment)'라는 용어를 사용하기도 한다.[111)]

지역사회에 주목할 경우, 일반적으로 욕구조사는 지역사회에 있는 사람이나 집단의 욕구에 관한 정보를 수집하기 위해 실시하는 조사를 말한다. 구체적으로 욕구조사는 지역사회에 있는 욕구와 자원의 특성과 현황을 파악하는 데 지역사회의 관련자들이 관여하는 과정을 말한다(Tutty & Rothery, 2001; Chow & Peng, 2015).

111) 따라서 본 장에서의 욕구조사는 지역사회 욕구조사를 의미하는 식으로 사용한다.

어느 지역사회의 모습

욕구조사에서는 지역사회의 욕구에 관심을 가지는 경우가 많다.
[출처 : 이탈리아에서 저자 촬영]

(2) 욕구조사의 목적

욕구조사는 여러 가지 목적을 추구하고 있다. 특히, 자원이 부족한 상황에서는 욕구조사에서 다음과 같은 목적을 추구하는 경우가 많다(Chow & Peng, 2015).

① 지역사회에서 어떤 문제에 특히 주목하여야 하는지에 관한 자료를 수집한다.

② 해당 문제가 얼마나 심각한지를 파악한다.

③ 해당 문제를 해결하는 데 필요한 자원의 양을 파악한다.

가장 넓게 볼 경우, 욕구조사의 목적은 어떤 프로그램이 필요하다는 점을 제시하는 데 있다. 그리고 해당 프로그램이 필요한 것으로 판단될 경우, 욕구조사의 목적은 이와 관련된 욕구를 가장 잘 충족시켜 주는 프로그램을 제시하는 데 있다(Yegidis, Weinbach & Myers, 2018).

4) 욕구조사의 특징과 중요성

(1) 욕구조사의 특징

욕구조사에서는 지역사회에 있는 특정한 문제를 파악해서 해결하는 데 관심을 가지는 경우가 많다.[112] 특히, 욕구조사에서는 지역사회의 문제를 해결하는 데 있어 부족한 측면에도 주목하고 있다.

그리고 욕구조사는 실천적 특성을 많이 지니고 있다. 따라서 욕구조사는 새로운 서비스를 개발하는 데 사용하거나, 현재의 프로그램이 지역사회 주민의 욕구를 해결하는 데 도움이 되는 정도를 평가하는 데 사용하는 경우가 많다(Chow & Peng, 2015; Tutty & Rothery, 2001; Yegidis, Weinbach & Myers, 2018; Ohmer & Underwood, 2022).

욕구조사 보고서(표지, 저자도 조사에 참여함)

욕구조사에서는 지역사회의 특정한 문제를 파악해 해결하는 데 관심을 가진다.
[출처 : 저자 촬영]

112) 이런 점은 욕구조사의 목적과도 관련된다.

(2) 욕구조사의 중요성

(가) 일반적 중요성

욕구조사를 통해서, 지역사회의 관련자들은 지역사회의 현재 상황을 알 수 있게 된다. 따라서 욕구조사는 지역사회에서 개선할 영역을 파악하는 데 도움을 줄 수 있다.

그리고 욕구조사를 통해 수집한 정보는 지역사회의 여러 중요한 문제를 해결하는 데 사용할 수 있다. 예를 들어, 이런 정보는 지역사회에서 물리적 환경과 관련된 문제, 사회복지 서비스와 관련된 문제, 의료와 관련된 문제, 교육과 관련된 문제, 교통과 관련된 문제를 해결하는 데 사용할 수 있다. 또한 욕구조사를 통해 수집한 정보는, 지역사회가 문제에 더 잘 대처하고 문제를 더 잘 해결하게 하는 데 도움을 줄 수 있다(Centers for Disease Control and Prevention, 2013; Ohmer & Underwood, 2022).

이 외에, 욕구조사는 다음과 같은 것을 하는 데 도움을 줄 수 있다(Chow & Peng, 2015).

① 재정적 자원을 지역사회에서 가장 필요한 서비스를 제공하는 데 사용한다.
② 필요하지 않거나 효과적이지 않은 서비스를 없애거나 줄인다.
③ 중요하고 효과적인 서비스를 늘린다.
④ 지역사회에서 자신의 의견을 제대로 반영시키지 못하는 층을 파악한다.
⑤ 지역사회에서 서비스를 제대로 받지 못하는 층을 파악한다.

이런 탓에, 욕구조사는 개인과 지역사회의 복리 수준을 높이는 데 있어 중요한 역할을 하고 있다.

(나) 기타

욕구조사에 근거해서 지역사회의 주민은 해당 문제에 대한 결정을 내리는 데 참여할 수 있게 된다. 따라서 욕구조사는 지역사회 주민이 적극적으로 활동하는 데 도움을 주고 있다. 이런 탓에, 욕구조사는 지역사회 수준에서 문제를 해결하고 지역사회 주민이 능력을 갖추게 하는 데 있어 중요한 역할을 하고 있다(Ohmer & Underwood, 2022; Chow & Peng, 2015).

그리고 욕구조사에서 수집한 자료는 다음과 같이 하는 데 사용할 수 있다(Yegidis, Weinbach & Myers, 2018).

① 프로그램을 계속할 필요가 있다는 점을 다른 사람들에게 설득한다.
② 프로그램의 규모를 늘리거나 줄이기 위해서 예산을 변경하기 위한 근거로 제시한다.

이런 탓에, 욕구조사는 프로그램을 실시하는 데 있어 중요한 역할을 하고 있다.

결국, 욕구조사는 지역사회에 거주하는 주민과 지역사회 모두에게 긍정적으로 영향을 미치고 있다.

5) 욕구조사의 내용

욕구조사에서는 여러 가지 측면을 살펴보고 있다. 일반적으로 욕구조사에서는 다음과 같은 것을 하고 있다(Yegidis, Weinbach & Myers, 2018; Chow & Peng, 2015).

① 해당 문제의 원인을 파악한다.
② 해당 문제가 심각한 정도를 파악한다. 그리고 해당 문제 때문에 가장 어려움을 겪는 사람을 파악한다.
③ 해당 문제를 해결하고자 실시하는 현재의 프로그램이 적절한지를 파악한다.
④ 해당 문제를 해결하기 위해 추가로 필요한 서비스를 파악한다.
⑤ 해당 문제를 해결하고자 하는 프로그램의 구체적인 목적을 파악한다.
⑥ 해당 프로그램을 실시하기 위해 필요한 재정과 인원을 파악한다.
⑦ 지역사회의 문제를 해결하기 위해서 지역사회가 현재 가지고 있는 자원을 파악한다.
⑧ 해당 프로그램에 대해 외부에서 재정 지원을 받을 가능성을 파악한다.

⑨ 나중에 해당 프로그램을 자체적으로 운영할 수 있는지를 파악한다.
⑩ 해당 프로그램을 실시하는 것을 찬성할 조직이나 사람을 파악한다. 또한 해당 프로그램을 실시하는 것을 반대할 조직이나 사람을 파악한다.
⑪ 해당 프로그램을 실시하는 것이 조직의 내부와 외부에 있는 다른 프로그램에 미치는 영향을 파악한다.
⑫ 해당 프로그램을 실시할 경우, 대상자로 삼아야 할 클라이언트를 파악한다.
⑬ 대상자로 삼은 클라이언트가 해당 프로그램에 참여할 가능성은 얼마나 되는지를 파악한다.
⑭ 해당 프로그램과 관련해 의뢰할 수 있는 외부 자원을 파악한다.
⑮ 해당 프로그램을 홍보하는 방법을 파악한다.
⑯ 대상자가 해당 프로그램에 참여할 때 겪을 수 있는 문제와 이런 문제를 해결할 수 있는 방법을 파악한다.
⑰ 해당 프로그램을 실시하기 위한 구체적인 일정을 파악한다.
⑱ 해당 프로그램을 어떻게, 언제, 누가 평가하여야 하는지를 파악한다.

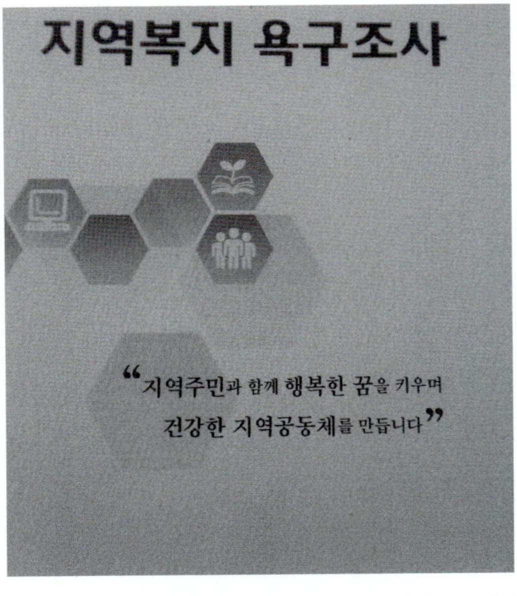

지역사회 욕구조사를 한 내용을 담은 보고서(표지, 저자도 조사에 참여함)
욕구조사에서는 여러 측면을 살펴본다. [출처 : 저자 촬영]

6) 욕구조사의 일반적 단계

욕구조사는 여러 단계를 거치고 있다. 욕구조사를 하는 일반적 단계를 제시하면 다음과 같다(Centers for Disease Control and Prevention, 2013).

① 첫째 단계는 욕구조사에 대한 계획을 짜는 단계이다. 욕구조사에 대한 계획을 짜는 것은 욕구조사를 실제로 하는 것만큼이나 중요하다. 이 단계에서 하는 활동을 구체적으로 살펴보면 다음과 같다.

㉠ 욕구조사를 할 영역을 파악한다. 이런 영역의 예로 소득 영역, 사회복지 서비스 영역이 있다.

㉡ 각 영역에서 조사할 요소를 정한다. 예를 들어, 소득 영역과 관련된 요소의 예로 공공 일자리 사업이 있다.

㉢ 각 요소에 대해 질문할 문항을 만든다.

㉣ 이미 존재하는 자료 중에서 어떤 자료를 사용할 것인지 결정하거나, 새로운 자료를 수집하기 위해 사용할 방법을 결정한다.

㉤ 접촉할 주요한 정보제공자를 파악한다.

② 둘째 단계는 욕구조사를 하는 단계이다.

③ 셋째 단계는 수집한 자료를 검토해서 평가하는 단계이다.

④ 넷째 단계는 지역사회에서 활동할 계획을 짜는 단계이다. 이 단계에서 하는 활동을 구체적으로 살펴보면 다음과 같다.

㉠ 지역사회의 욕구와 자원을 파악한다.

㉡ 우선적으로 충족하여야 하는 욕구의 순서를 정한다.

㉢ 지역사회를 더 발전시키기 위한 전략을 짠다. 그리고 이런 전략 중에서, 우선적으로 실시하여야 하는 전략의 순서를 정한다.

• 욕구의 우선순위 정하기

지역사회 욕구를 파악한 다음에는, 이런 욕구 중에서 우선적으로 충족시켜야 하는 욕구의 순서를 정할 필요가 있다. 이때 사용할 수 있는 기준을 몇 가지 제시하면 다음과 같다(Centers for Disease Control and Prevention, 2013).

① 문제의 크기가 있다.
② 문제가 심각한 정도가 있다.
③ 문제에 대해서 현재 개입할 수 있는 정도가 있다.
④ 문제가 미치는 경제적 영향이나 사회적 영향이 있다.
⑤ 일반 사람이 문제에 대해 관심을 가지는 정도가 있다.
⑥ 문제를 해결하기 위해 자원을 이용할 수 있는 정도가 있다.

7) 욕구조사에서 사용하는 방법

욕구조사를 위해 자료를 수집하는 방법에는 여러 가지가 있다. 사실, 사회복지조사에서 제시하는 거의 모든 방법을 욕구조사에서 사용할 수 있다.

욕구조사를 위해 자료를 수집하는 방법을 몇 가지 제시하면 다음과 같다(Ohmer & Underwood, 2022; Yegidis, Weinbach & Myers, 2018; Chow & Peng, 2015).

① 이미 나와 있는 자료를 이용한다. 이런 자료의 예로 인구조사 자료, 공공기관의 자료, 기타 조직이 수집한 자료가 있다.
② 설문조사를 한다.

욕구조사 안내문

설문조사는 욕구조사에서 자료를 수집하는 방법의 하나이다. [출처 : Fry(2023)]

③ 주요한 정보제공자와 접촉한다. 지역사회에 있는 주요한 정보제공자의 예로 서비스가 필요한 주민, 서비스를 제공하는 사람, 지역사회의 지도자가 있다.

④ 지역사회를 관찰한다. 이때 직접 관찰할 수도 있고, 참여하면서 관찰할 수도 있다. 직접 관찰의 예로 지역사회에서 걸어가면서 관찰하는 것이 있다. 참여 관찰의 예로 지역사회의 모임에 참여하는 것이 있다.

⑤ 소규모의 초점집단(focus group)을 이용한다. 초점집단은 어떤 경험이나 문제나 프로그램에 관한 의견을 가진 클라이언트, 직원, 기타 사람의 의견이나 생각을 알고자 할 때 사용한다.[113)]

⑥ 지역사회 주민 전체가 모이는 자리를 마련한다. 이런 예로 특정한 주제에 대해 공개 토론회(포럼, forum)를 여는 것이 있다. 이때 참석자의 반응을 통해서, 지역사회 주민이나 관련자의 의견이나 생각을 알 수 있게 된

113) 초점집단에 관해서는 질적 조사를 다루는 장(제12장)에서 추가로 설명한다.

다. 이런 모임에는 지역사회의 주민과 관련자가 참여하는데, 일반적 모임보다 규모가 큰 경우가 많다.

POINT

* 욕구는 인간을 포함한 생물이 건강하게 생존하고 성장하는 데 필요한 물질이나 상황이다.
* 욕구조사는 지역사회에 있는 사람이나 집단의 욕구에 관한 정보를 수집하기 위해 하는 조사이다.
* 욕구조사의 목적은 욕구를 가장 잘 충족시켜 주는 프로그램을 제시하는 것이다.
* 욕구조사는 주민과 지역사회 모두에게 긍정적 영향을 미친다.
* 욕구조사에서는 여러 측면을 살펴본다.
* 사회복지조사에서 제시하는 거의 모든 방법을 욕구조사에서 사용할 수 있다.

2. 평가조사

1) 평가조사의 정의와 목적

(1) 평가조사의 정의

구체적으로 평가조사는 프로그램이나 제도 등이 지니는 가치를 살펴보기 위해서 이와 관련된 정보를 수집하고 분석하고 해석하는 것을 말한다(노병일, 2021a; Kellaghan, 2010; DeCarlo, 2018).

사회복지 영역에서의 평가는 사회복지와 관련된 프로그램이나 정책을 체계적으로 살펴보는 것을 일컫는 경우가 많다. 따라서 사회복지 영역에서의 평가조사는 사회복지와 관련된 프로그램이나 정책이 자원을 투자할 가치가 있는지를 체계적으로 살펴보는 것을 일컫는 경우가 많다.

(2) 평가조사의 목적

평가조사의 주요한 목적은 해당 프로그램이나 정책이 처음에 정한 목표를 달성한 정도를 파악하는 데 있다. 그리고 더 나아가서, 평가조사의 목적은 결정을 내리는 데 사용할 정보를 제공하는 데 있다(Kellaghan, 2010). 왜냐하면 평가조사의 결과를 검토한 후에 프로그램이나 정책을 계속 이어나갈 것인지나 수정할 것인지를 결정하기 때문이다.

한편, 사회복지 영역에서의 평가조사에서는 사회복지와 관련된 프로그램이나 정책의 영향이나 효과를 측정하는 경우가 많다. 따라서 사회복지 영역에서 실시하는 평가조사의 주요한 목적은 해당 프로그램이나 정책이 효과가 있는 정도를 살펴보고, 또한 해당 프로그램이나 정책이 대상자들의 상황을 개선하는 데 가치가 있는지를 살펴보는 데 있다(노병일, 2021a).

2) 평가조사의 중요성

(1) 일반적 중요성

평가조사를 할 경우, 프로그램이나 정책이 제대로 진행되는지를 알 수 있고, 또한 어떤 것을 개선할 필요가 있는지를 알 수 있다. 특히, 평가조사에서는 수집한 자료에 근거해서 프로그램이나 정책이 효율적인 정도나 효과적인 정도를 파악할 수 있다. 따라서 평가조사는 자금을 지원받은 프로그램이나 정책이 자금을 제대로 사용하였는지를 파악하는 데 도움을 주고 있다. 또한 평가조사는 프로그램이나 정책이 다른 프로그램이나 정책보다 더 낫다는 것을 확인하는 데 도움을 주고 있다.

결국, 평가조사에서 수집한 결과는 현재의 프로그램이나 정책을 그대로 계속 실시하여야 하는지, 또는 프로그램이나 정책이 목표를 더 잘 달성하기 위해서 어떤 측면을 수정하여야 하는지를 결정하는 데 도움을 주고 있다(DeCarlo, 2018; Taylor, 2023). 이런 탓에, 평가조사는 프로그램이나 정책을 계속 이어나갈 것인지 또는 수정할 것인지를 결정하는 데 있어 중요한 역할을 하고 있다.[114]

114) 이 부분은 '평가조사의 목적' 부분에서도 설명한 바 있다.

관광지를 평가한 결과를 표시한 것

평가조사는 프로그램이나 정책을 개선하는 데 중요한 역할을 한다.
[출처 : 중국에서 저자 촬영]

(2) 프로그램이나 정책의 개선과 관련된 중요성

평가조사를 하지 않을 경우, 분명한 증거가 없기 때문에 해당 프로그램이나 정책을 계속 그대로 실시하여야 하는지를 결정하기 어려울 수 있고, 또한 해당 프로그램이나 정책의 어떤 측면을 수정하여야 하는지를 결정하기 어려울 수 있다. 이런 상황에서, 평가조사는 프로그램이나 정책의 좋은 측면과 문제가 되는 측면을 파악하는 데 도움을 주고 있다. 따라서 평가조사의 경우, 이후의 프로그램이나 정책이 좋은 측면과 관련된 요인은 계속 이어나가고, 문제가 되는 측면과 관련된 요인은 수정하는 방향으로 나아가게 하는 데 도움을 주고 있다(Taylor, 2023). 이런 탓에, 평가조사는 이후에 더 나은 프로그램이나 정책을 실시하는 데 있어 중요한 역할을 하고 있다.

3) 평가조사의 형태

평가조사의 형태에는 여러 가지가 있을 수 있다. 이 중에서 자주 사용하는 평가조사로 총괄(summative) 평가와 형성(formative) 평가가 있다. 그리고 때에 따라서 경제적(economic) 평가를 하기도 한다. 이때 자주 사용하는 평가조사 방법으로 비용효과 분석(cost-effectiveness analysis)과 비용편익 분석(cost-benefit analysis)이 있다(노병일, 2021a).

(1) 총괄 평가와 형성 평가

총괄 평가와 형성 평가는 평가조사를 할 때 가장 많이 사용하는 형태에 속하고 있다(노병일, 2021a).

(가) 총괄 평가

총괄 평가는 영향(impact) 평가 또는 성과(outcome) 평가라고도 부르고 있다. 총괄 평가는 가장 잘 알려진 형태의 평가조사에 속하고 있다. 총괄 평가의 경우, 프로그램이나 정책이 특정한 결과에 미치는 영향에 관해 살펴보고 있고, 또한 서로 다른 대상 집단에게 미치는 영향에 관해 살펴보고 있다(노병일, 2021a; Yegidis, Weinbach & Myers, 2018).

총괄 평가는 미래의 대상자에게 유리하게 작용하고 있다. 왜냐하면 총괄 평가를 실시할 경우, 해당 프로그램이나 정책에서 어떤 서비스는 효과적이고 어떤 서비스는 효과적이지 않을지를 알 수 있기 때문이다. 이런 탓에, 총괄 평가는 미래의 대상자에게 효과적인 서비스는 제공하고 효과적이지 않은 서비스는 제공하지 않게 하는 데 있어 중요한 역할을 하고 있다.

또한 다른 형태의 평가조사에 비해서, 총괄 평가는 해당 프로그램이나 정책과 직접 관련이 없는 사람에게도 유리하게 작용하고 있다. 왜냐하면 해당 프로그램이나 정책과 직접 관련이 없는 사람도 해당 총괄 평가의 결과를 참고할 수 있기 때문이다(Yegidis, Weinbach & Myers, 2018). 이런 탓에, 총괄 평가는 다른 사람이 비슷한 프로그램이나 정책을 설계하는 데 있어 중요한 역할을 하고 있다.

평가위원이 총괄 평가를 하고 있는 장면(저자도 참여함)

총괄 평가에서는 프로그램이나 정책이 처음에 의도한 목적을 달성한 정도를 살펴본다.
[출처 : 저자 촬영]

(나) 형성 평가

형성 평가는 프로그램이나 정책을 운영하는 측면을 살펴보는 평가를 말한다. 형성 평가는 과정(process) 평가라고도 부르고 있다(노병일, 2021a). 형성 평가의 경우, 프로그램이나 정책이 어떻게 왜 성공적인지(또는 실패하는지)에 관해 살펴보고 있다. 구체적으로 형성 평가에서는 프로그램이나 정책을 계획한 대로 실시하고 있는 정도에 관해 분석하고 있다. 또한 형성 평가에서는 프로그램이나 정책 목적을 더 이루기 위해서 프로그램이나 정책이 어떻게 변하는 것이 좋은지에 관해 분석하고 있다.

형성 평가는 새로운 프로그램이나 정책을 실시할 때 하는 경우가 많다(노병일, 2021a; Yegidis, Weinbach & Myers, 2018; Taylor, 2023).

• 형성 평가에서 제공하는 자료

형성 평가에서는 다음과 같은 형태의 자료를 제공하는 경우가 많다(Yegidis, Weinbach & Myers, 2018).

① 프로그램이나 정책이 계획한 대로 실제로 실시되고 있는지에 관한 자료가 있다.
② 프로그램이나 정책과 관련된 활동을 잘 관리하는 데 도움을 줄 수 있는 자료가 있다.
③ 프로그램이나 정책을 실시하면서 나타난 문제에 관한 자료와 프로그램이나 정책에서 나타난 바람직하지 않은 결과와 관련된 자료가 있다.

형성 평가는 프로그램이나 정책을 실시한 횟수, 프로그램이나 정책에서 혜택을 본 사람, 새롭게 사용한 자원, 프로그램이나 정책을 실시하면서 나타난 문제와 같은 것을 파악하는 데 도움을 주고 있다(Taylor, 2023). 이런 탓에, 형성 평가는 프로그램이나 정책이 더 나은 방향으로 나아가게 하는 데 있어 중요한 역할을 하고 있다.

또한 형성 평가에서는 프로그램이나 정책의 좋은 점과 문제가 되는 점을 일찍 파악하려고 하고 있다. 이런 탓에, 형성 평가에서는 프로그램이나 정책에서 수정할 필요가 있는 부분를 일찍 파악하는 데 있어 중요한 역할을 하고 있다.

(2) 비용효과 분석과 비용편익 분석

비용효과 분석과 비용편익 분석은 경제적 평가를 할 때 자주 사용하는 형태에 속하고 있다(노병일, 2021a).

(가) 비용효과 분석

비용효과 분석은 주어진 목적이나 성과를 달성하는 데 사용된 비용을 비교하는 것을 말한다. 비용효과 분석의 경우, 각 프로그램이나 정책의 비용과 효과를 금전으로 반드시 바꾸어 따져보지 않아도 된다.[115] 프로그램이나 정책을 평가하는 사람은 해당 편익[116]의 화폐 가치가 얼마인지 알지 못할 수 있

115) 이런 점에서 비용효과 분석은 비용편익 분석과 차이가 난다(노병일, 2021a).

116) 일반적으로 편익은 “좋거나 도움이 되는 결과나 효과”를 말한다(Britannica Dictionary, 2023).

다. 그렇지라도, 동일한 목적을 달성하는 데 어떤 프로그램이나 정책이 비용이 덜 드는지를 비교할 수 있다(노병일, 2021a).

(나) 비용편익 분석

비용편익 분석은 프로그램이나 정책을 실시하는 데 들어가는 직접·간접적 비용과 해당 프로그램이나 정책이 가져오는 직접·간접적 편익을 서로 관련시켜 따져보는 것을 말한다. 이때 편익은 개입한 결과로 나타난 것을 말한다. 편익의 예로 내지 않아도 된 의료비, 줄어든 생산비, 건강이 좋아진 것이 있다. 비용편익 분석의 경우, 주어진 자원을 사용해 얻을 수 있는 편익을 비용과 비교하고 있다. 비용편익 분석에서는 개입해서 얻은 순수한 이득을 알 수 있다. 이때 순수한 이득은 편익에서 비용을 뺀 것을 말한다(Centers for Disease Control and Prevention, 2021).

비용편익 분석을 하기 위해서는, 해당 프로그램이나 정책의 비용과 편익을 모두 금전으로 계산할 수 있어야 한다. 그러나 사회복지 영역에서 비용과 편익을 금전으로 바꾸어 따져보는 작업은 어려울 수 있다. 왜냐하면 사회복지 영역의 활동은 화폐 가치로 정확하게 측정할 수 없는 경우가 많기 때문이다. 예를 들어, 빈곤한 노인의 우울을 줄이는 데 드는 금전적 비용과 우울을 줄였을 때 얻는 가치를 정확하게 계산하는 것은 쉬운 일이 아니다(노병일, 2021a).

4) 평가조사에서 사용하는 방법

평가조사에서는 다양한 방법을 사용할 수 있다. 평가조사에서는 조사의 목적에 따라서 양적 조사방법만 사용할 수도 있고, 질적 조사방법만 사용할 수 있고, 양적 조사방법과 질적 조사방법을 함께 사용할 수도 있다(노병일, 2021a; Taylor, 2023).

POINT

* 평가조사는 프로그램이나 서비스나 활동이나 제도를 평가하기 위해 실시하는 전문적이고 체계적인 조사이다.
* 평가조사의 주요한 목적은 해당 프로그램이나 정책이 효과가 있는지와 대상자들의 상황을 개선하는 데 가치가 있는지를 살펴보는 것이다.
* 총괄 평가는 프로그램이나 정책이 처음 의도한 목적을 달성한 정도를 살펴보는 평가이다. 형성 평가는 프로그램이나 정책을 운영하는 측면을 살펴보는 평가이다.
* 비용효과 분석은 주어진 목적이나 성과를 달성하는 데 사용된 비용을 비교하는 것이다. 비용편익 분석은 프로그램이나 정책을 실시하는 데 들어가는 직접·간접 비용과 편익을 관련시켜 따져보는 것이다.
* 평가조사에서는 다양한 방법을 사용할 수 있다.

CHAPTER 12

질적 조사

차례 CONTENTS

1. 질적 조사의 정의

조사의 형태는 조사에서 수의 측면에 주목하는 정도에 따라서 양적 조사(quantitative research)와 질적 조사(qualitative research)로 분류하고 있다.[117] 따라서 질적 조사는 양적 조사와 대조되는 형태의 조사이다. 한 마디로, 질적 조사는 숫자로 된 자료보다는 단어로 된 자료에 주목하는 조사라고 볼 수 있다(Busetto, Wick & Gumbinger, 2020; Mathers, Fox & Hunn, 2009).

그러나 질적 조사에 관해서 모든 학자가 동의하는 정의는 없는 편이다.[118] 하지만 일반적으로 질적 조사는 인간의 경험을 깊게 이해하는 것을 강조하는 조사를 말한다. 다른 한편으로, 질적 조사는 관계의 진짜 의미와 유형을 발견하기 위해서, 수에 주목하지 않으면서 살펴보고 해석하는 것을 말한다(Yegidis,

117) 이에 관해서는 조사의 형태를 다루는 장(제3장)에서 이미 설명한 바 있다.

118) 사실, 뒤에서 설명하듯이, 질적 조사의 형태는 매우 다양하다. 이런 점에서도, 질적 조사를 간단하게 정의하기 어려운 측면이 있다.

Weinbach & Myers, 2018; Rubin & Babbie, 2015).

결국, 질적 조사는 인간의 경험이나 관계 등을 깊게 이해하는 데 주목하는 조사라고 볼 수 있다.

POINT

* 질적 조사는 인간의 경험이나 관계 등을 깊게 이해하는 데 주목하는 조사이다.

2. 질적 조사가 등장한 배경

양적 조사에서는 수의 측면에 주로 주목하고 있지만, 질적 조사에서는 수의 측면에 관해서는 크게 주목하고 있지 않다. 그러나 그동안의 조사에서는 질적 조사방법보다는 양적 조사방법을 사용한 경우가 훨씬 더 많았다. 사실, 아직도 조사방법을 교육할 때는 양적 조사를 다루는 경우가 많다. 실제로, 조사방법을 다루는 과목의 상당 부분은 양적 조사에 관해 다루고 있다.

그러나 어떤 주제는 양적 조사로 파악하기 어려울 수 있다. 그리고 사회의 현상이나 인간의 태도와 같은 것은 양적 조사로 자세하게 파악하기 어려운 경우가 많다. 또한 양적 조사로는 어떤 상황을 유발하는 새로운 요인을 파악하지 못할 수 있다(Busetto, Wick & Gumbinger, 2020). 이런 탓에, 사회의 현상과 조사대상자의 태도에 관해 더 깊이 살펴보는 방법이나 겉으로 드러나지 않은 요인이나 전혀 생각하지 못한 요인을 파악하는 방법이 필요한데, 이와 관련되는 것이 질적 조사이다.

질적 조사는 양적 조사만 사용해서는 적절하게 파악할 수 없는 주제를 살펴보는 데 도움을 줄 수 있다. 예를 들어, 양적 조사를 통해서 아동학대가 아동의 자아존중감에 부정적으로 영향을 미친다는 것을 알 수는 있다(노병일, 2020b). 그러나 양적 조사를 통해서는, 아동학대가 아동의 자아존중감에 '어떤 방식으로' 부정적으로 영향을 미치는지에 관해서는 자세히 알기 어렵다. 따라서 아동학대가 아동의 자아존중감에 부정적으로 영향을 미치는 과정을 알기 위해서는 질적 조사가 필요하다.

결국, 양적 조사가 한계를 지님에 따라서 양적 조사를 보완하는 접근방식이 필요하게 되었고, 그 결과로 질적 조사가 등장하게 되었다.

POINT

* 양적 조사를 보완하는 접근방식으로 질적 조사가 등장하게 되었다.

3. 질적 조사의 특징

1) 질적 조사의 일반적 특징

질적 조사는 나름의 특징을 지니고 있다. 일부 학자의 경우, 질적 조사의 주요한 특징을 다음과 같이 제시하고 있다(Anastas, 2004; Yegidis, Weinbach & Myers, 2018).

① 조사대상자를 자연스러운 상황에서 살펴본다. 따라서 질적 조사는 현상이 자연스럽게 존재하는 상태에서 실시하는 경우가 많다.

② 주어진 상황이나 현상과 관련해 밑에 깔린 의미와 의견과 이유를 따져본다.

③ 조사하는 동안에 결정하면서 관찰한다.

④ 조사자가 관심을 가지는 현상을 조사대상자의 언어나 행동을 통해 제시하기 위해서, 비교적 형식이 정해지지 않은 자료를 모은다.

⑤ 조사자와 조사대상자의 주관적 경험을 자료로 사용한다.

⑥ 조사를 진행하는 동안에 방법과 절차에서 융통성이 있다. 따라서 질적 조사에서는 결과가 나타나면, 조사방법과 절차를 이런 결과에 맞게 바꾸는 경우가 많다.

면접하고 있는 사람들

질적 조사에서는 조사를 진행하는 동안에 방법과 절차에서 융통성이 있다.
[출처 : 언스플래시]

⑦ 어떤 정해진 관점에 얽매이지 않고 자료를 해석한다. 그러나 질적 조사는 후기 실증주의(postpositivism), 실용주의(pragmatism), 현상학(phenomenology), 해석주의(interpretivism), 구성주의(constructivism)와 같은 관점과 관련되는 경우가 많다.[119)]

• **질적 조사와 관련된 관점**

일부 관점은 어떤 특징을 지니고 있어서, 질적 조사에서 특히 쓸모가 있을 수 있다. 이런 관점에 관해 구체적으로 살펴보면 다음과 같다(Yegidis, Weinbach & Myers, 2018; Rubin & Babbie, 2015).

① 후기 실증주의는 조사자의 가치·편견과 조사와 관련된 이론·지식은 조사 과정에서 관찰하는 것에 영향을 미칠 것이라고 보는 관점을 말한다.

② 실용주의는 이론과 지식을 실제로 사용하는 것을 강조하는 관점을 말한다.

③ 현상학은 모든 경험은 주관적이라는 점을 인정하는 관점을 말한다.

④ 해석주의는 사람이 내적으로 어떻게 느끼는지를 그 사람의 입장에서 이해하는 데 주목하는 관점을 말한다.

⑤ 구성주의는 인간이 세상에 관해 알고 있는 지식과 경험은 인간 스스로가 만든 것이라고 보는 관점을 말한다.

119) 이런 관점에 관해서는 아래의 박스에 설명되어 있다.

결국, 질적 조사에서는 행동을 관찰하고, 융통성 있는 자료(예컨대, 심층 면접을 통한 자료)를 수집하고, 통계 기법을 사용하기보다는 이야기를 분석하고 있다. 이렇게 함으로써, 질적 조사에서는 사람이 주관적으로 경험한 것을 이해하는 데 주목하고 있다(Price et al., 2017).

2) 구체적 영역에서의 특징

(1) 연구문제 및 가설과 관련된 특징

질적 조사에서는 연구문제를 제시할 수 있다. 또한 질적 조사에서 일부 연구문제는 문헌을 검토한 것에 근거해서 수정할 수 있다. 그러나 질적 조사에서는 연구문제를 수정하는 작업을 계속하고 있고, 어느 때는 연구문제를 추가하고 있다.

그리고 질적 조사에서는 검증할 가설을 포함하지 않는 경우가 많다. 다만, 질적 조사에서는 조사 과정의 마지막 부분에서 가설을 제시할 수도 있다(Yegidis, Weinbach & Myers, 2018).

(2) 문헌 검토와 관련된 특징

질적 조사에서는 매우 이른 단계에서 자료를 수집하기 시작하는 경우가 많다. 질적 조사에서는 그러고 나서 문헌 검토를 하고 있다. 하지만 질적 조사에서는 양적 조사에서보다 덜 체계적으로 문헌 검토를 하는 경우가 많다(Yegidis, Weinbach & Myers, 2018).

(3) 표집과 관련된 특징

모든 조사에서는 대표성을 확보할 필요가 있다. 그러나 양적 조사에 비해서, 대부분의 질적 조사에서는 대표성이 덜 중요하다. 왜냐하면 대부분의 질적 조사에서는 가설을 검증하려고 하지 않는 경우가 많기 때문이다. 따라서 질적 조사에서는 표본이 모집단을 대표하는지에 관해서는 크게 관심을 가지지 않는 경우가 많다. 그리고 이런 탓에, 질적 조사에서는 특정한 크기의 표본이 필요하지 않다. 또한 질적 조사에서는 표본 크기를 미리 결정할 필요가 없다(Busetto, Wick & Gumbinger, 2020; Yegidis, Weinbach & Myers, 2018).

양적 조사에서 사용하는 표집방법은 질적 조사에서도 사용하고 있다. 그러나 질적 조사에서는 비확률 표집을 사용하는 경우가 많다. 비확률 표집의 경우, 규모가 큰 모집단에서 무작위로 표본을 선정하는 작업이 필요하지 않을 수 있다(Yegidis, Weinbach & Myers, 2018).

- **질적 조사에서 자주 사용하는 표집방법**

질적 조사에서는 다음과 같은 비확률 표집방법을 많이 사용하고 있다(Yegidis, Weinbach & Myers, 2018; Rubin & Babbie, 2015).

① 눈덩이 표집이 있다.[120)]

② 할당 표집이 있다.[121)]

③ 목적 표집이 있다. 목적 표집의 경우, 조사하는 현상을 가장 완전하고 편견이 없이 이해하는 데 도움을 줄 조사대상자를 선정한다. 질적 조사에서 사용하는 목적 표집의 예를 몇 가지 제시하면 다음과 같다.

㉠ 일탈적 사례 표집(deviant case sampling)이 있다. 일탈적 사례 표집은 질적 조사에서 가끔 사용한다. 일탈적 사례 표집에서 선정하는 사례는 일반적인 유형에 들어맞지 않는다고 생각하는 사례이다. 일탈적 사례의 예로 어떤 것보다 정도가 훨씬 더 심한 사례나 덜 한 사례가 있다.

㉡ 최대 편차 표집(maximum variation sampling)이 있다. 최대 편차 표집의 경우, 조사자가 관심을 가지는 특성을 가장 다양하게 지닌 조사대상자에게 주목한다.

㉢ 동질성 표집(homogeneous sampling)이 있다. 동질성 표집의 경우, 조사자가 특히 관심을 가지는 특성을 지닌 조사대상자에게 주목한다. 이런 예로 불안을 측정하는 척도에서 점수가 매우 높게 나온 사람을 표본으로 삼는 것이 있다.

한편, 일부 질적 조사에서는 표본을 선정하지 않고 있다. 이런 예로 사례 연구(case study)가 있다.[122)]

120) 눈덩이 표집에 관해서는 표집을 다루는 장(제6장)에서 이미 설명한 바 있다.

121) 할당 표집에 관해서는 표집을 다루는 장(제6장)에서 이미 설명한 바 있다.

122) 사례 연구에 관해서는 뒤에서 자세히 설명한다.

3) 양적 조사와 질적 조사의 비교

질적 조사는 양적 조사와 대조가 되고 있다. 이런 탓에, 양적 조사와 질적 조사를 비교할 경우, 질적 조사의 특징을 더욱더 잘 알 수 있다.

몇 가지 측면에서 양적 조사와 질적 조사의 특징을 비교하면 다음과 같다 (Yegidis, Weinbach & Myers, 2018; Mathers, Fox & Hunn, 2009; DeCarlo, 2018).[123]

① 양적 조사에는 객관적인 면이 많다. 그러나 질적 조사에는 주관적인 면이 많다.

② 양적 조사에서는 설명하고 예측하는 데 관심을 가진다. 그러나 질적 조사에서는 이해하는 데 관심을 가진다.

서로 이야기를 나누고 있는 있는 청소년들

상호작용을 이해하고자 할 때는 양적 조사보다 질적 조사가 더 유리할 수 있다.
[출처 : 일본에서 저자 촬영]

③ 양적 조사에서는 연역법을 사용한다. 그러나 질적 조사에서는 귀납법을 사용한다.

---

123) 아래 내용의 일부는 앞에서 이미 설명한 바 있다.

④ 양적 조사에서는 연구문제를 정한 후에는 어떤 방식으로든 수정하거나 추가하지 않는 경우가 많다. 그러나 질적 조사에서는 조사 과정에서 연구문제를 다시 가다듬을 수 있다.

⑤ 양적 조사에서는 가설을 검증하는 경우가 많다. 그러나 질적 조사에서는 가설을 포함하지 않는 경우가 많다.

⑥ 양적 조사에서는 자료를 수집하기 전에 문헌을 체계적으로 검토한다. 그러나 질적 조사에서는 자료를 수집하기 전에 문헌을 체계적으로 검토하지 않는 경우가 많다.

⑦ 양적 조사에서는 모집단에 일반화할 수 있는 결과를 얻기 위해서, 크기가 큰 표본을 사용하는 경우가 많다. 그러나 질적 조사에서는 작은 표본에서 수집한 풍부한 정보를 살펴보는 데 관심을 가진다.

⑧ 양적 조사에서는 자료는 수집한 후에 분석한다. 그러나 질적 조사에서는 자료는 수집하면서 분석한다.

• 질적 조사가 적절한 상황

질적 조사는 여러 상황에서 적절하게 사용할 수 있다. 질적 조사가 적절한 상황을 몇 가지 제시하면 다음과 같다(Yegidis, Weinbach & Myers, 2018).

① 실제로 알려진 것이 거의 없는 주제나 현상을 살펴보고자 한다.
② 민감하고 정서와 크게 관련되는 것을 조사하고자 한다.
③ 조사대상자의 관점에서 경험을 파악하고자 하고, 이런 경험에서 생기는 의미를 파악하고자 한다.
④ 프로그램이나 개입한 것에 관한 내용을 자세히 파악하고자 한다.
⑤ 양적 조사를 해서 자료를 수집하고 자료를 해석하고 결과를 해석하는 것이 어려우므로, 이를 해결하고자 한다.

POINT

* 질적 조사에서는 사람이 주관적으로 경험한 것을 이해하는 데 주목한다.
* 질적 조사는 연구문제, 가설, 문헌 검토, 표집과 관련해 특징이 있다.
* 질적 조사는 양적 조사와 대조된다.

4. 질적 조사와 조사자

1) 조사자의 특징

질적 조사에서 조사자는 자료를 수집하고 분석하는 주요한 인물이 되고 있다. 그러나 질적 조사의 경우, 조사자가 객관적이고 자신의 가치를 개입시키지 않는 방식으로 자료를 수집할 수 있다고 보고 있지 않다. 그리고 질적 조사에서 조사자는 연구하고 있는 현장을 폭넓게 이해하기 위해서 넓은 관점을 유지하려 하고 있다(Yegidis, Weinbach & Myers, 2018).

2) 조사자의 역할과 조사대상자와의 관계

질적 조사에서는, 조사자는 자신이 관찰자로서 어떤 역할을 할 것인지를 결정하여야 하고, 또한 조사대상자와 어떤 관계를 유지할 것인지를 결정할 필요가 있다.

(1) 조사자의 역할

양적 조사에서와는 다르게, 질적 조사에서는 조사자가 역할을 자유롭게 할 수 있다. 예를 들어, 질적 조사에서 조사자는 완전하게 조사대상자의 역할을 할 수도 있고, 외부에서 조사대상자를 관찰만 하는 역할을 할 수도 있고, 조사대상자의 역할을 하면서 관찰자의 역할을 할 수도 있다(Yegidis, Weinbach & Myers, 2018).

(2) 조사대상자와의 관계

조사자와 조사대상자 사이의 관계는 양적 조사에서보다 질적 조사에서 더 복잡할 수 있다. 그리고 질적 조사에서 조사자는 조사대상자와 친하고 지지하는 관계를 유지하려 하고 있다. 예를 들어 질적 조사에서 면접할 경우, 조사자와 면접 대상자 사이의 관계는 공개적으로 서로 지지하는 관계일 수 있다. 또한 때에 따라서는, 이런 관계는 서로를 치료하는 관계일 수도 있다.

한편, 질적 조사에서 조사자는 집단구성원이 가지는 깊은 의미와 경험을 이해하려 하고 있다. 그러나 때에 따라서는, 조사자는 조사대상자의 관점과는 다른 관점에서 현상을 파악하려 하고 있다(Yegidis, Weinbach & Myers, 2018).

POINT

* 질적 조사에서 조사자는 자료를 수집하고 분석하는 주요한 인물이다.
* 질적 조사에서는 조사자가 역할을 자유롭게 할 수 있다.
* 질적 조사에서 조사자는 조사대상자와 친하고 지지하는 관계를 유지하려 한다.

5. 질적 조사의 주요한 방법

질적 조사를 하는 방법에는 여러 가지가 있다.[124] 질적 조사를 하는 조사자는 자신이 관심을 가지는 이론이나 관점에 근거해서 조사방법을 선택하는 경우가 많다. 그러나 질적 조사에서는 어떤 방법이 다른 방법보다 객관적으로 더 낫다고 보고 있지 않다(Busetto, Wick & Gumbinger, 2020; Members of the Research Methods Seminar, 2023; Rubin & Babbie, 2015).

질적 조사의 주요한 방법으로 심층 면접(in-depth interview), 사례 연구(case study), 근거 이론(grounded theory), 문화기술지(ethnography), 관찰(observation), 초점집단(focus group), 체계적 문헌고찰(systematic literature review)이 있다.[125]

1) 심층 면접

(1) 심층 면접의 정의와 특징

심층 면접은 대부분의 질적 조사에서 중요한 방법에 속하고 있다. 심층 면접

124) 질적 조사의 일부 방법에서는 양적으로 살펴보는 측면도 포함할 수 있다. 예를 들어, 사례 연구에서는 양적 조사방법을 사용할 수도 있다.

125) 물론, 이 외에도 여러 가지 방법이 있다.

은 조사대상자와 직접 교류하면서 자료를 수집하는 것을 말한다(Communications for Research, 2023).

심층 면접의 특징을 몇 가지 제시하면 다음과 같다(Yegidis, Weinbach & Myers, 2018; Busetto, Wick & Gumbinger, 2020).

① 심층 면접의 주요한 목적은, 조사대상자가 인식하는 바와 조사대상자가 가지는 주관적 의미를 파악하는 데 있다.

② 심층 면접에서는 복잡한 문제나 상황을 더 잘 이해하는 데 구체적으로 관심을 가진다.

③ 심층 면접은 자료를 수집하는 주요한 방법이거나 유일한 방법인 경우가 많다.

④ 심층 면접에서는 감정적으로 표현하는 것을 장려하고 지지한다.

⑤ 심층 면접에서는 형식이 정해져 있지 않은 경우가 많다. 이에 따라서, 심층 면접에서는 면접하는 형식을 바꿀 수 있다

- **면접의 형태**

면접은 틀이 제한되는 정도에 따라서 구조화 면접, 비구조화 면접, 반구조화 면접으로 분류할 수 있다. 이때, 구조화 면접의 예로 설문지를 사용하는 면접이 있고, 비구조화 면접의 예로 조사대상자와 자유롭게 대화하는 면접이 있다.

반구조화 면접은 개방형 질문으로 구성되어 있고, 면접 지침을 사용하고 있다. 면접 지침에서는 조사대상자에게 질문할 폭넓은 주제를 제시하고 있다(Busetto, Wick & Gumbinger, 2020).

(2) 심층 면접의 장점과 단점

심층 면접은 나름의 장점을 지니고 있다. 심층 면접의 장점을 몇 가지 제시하면 다음과 같다(Communications for Research, 2023; Busetto, Wick & Gumbinger, 2020; Taylor, 2023).

① 심층 면접에서 조사자는 조사대상자와 친밀한 관계를 형성할 수 있다.

② 심층 면접에서는 미심쩍은 것은 다시 질문해서 추가로 정보를 얻을 수 있다. 그리고 이에 따라서, 심층 면접에서는 많은 양의 정보를 수집할 수 있다.

③ 심층 면접에서는 조사대상자의 목소리나 행동이 변하는 것을 살펴봄으로써, 조사대상자를 더 잘 이해할 수 있다.
④ 심층 면접에서 조사자는 조사대상자와 교류함으로써, 조사자가 예상하지 못하였던 주제를 새롭게 살펴볼 수 있다.

그러나 심층 면접은 단점도 지니고 있다. 심층 면접의 단점을 몇 가지 제시하면 다음과 같다(Communications for Research, 2023).

① 심층 면접은 시간이 오래 걸릴 수 있다. 왜냐하면 면접한 내용을 글로 옮기고 정리하고 분석하여야 하기 때문이다.
② 면접하는 사람이 면접 기법을 잘 알지 못하고 면접 경험이 많지 않을 경우, 심층 면접의 전체 과정을 진행하는 데 어려움을 겪을 수 있다.
③ 다른 조사방법에 비해서, 심층 면접은 비용이 더 들 수 있다.

2) 사례 연구

(1) 사례 연구의 정의와 특징

사례 연구가 무엇인지에 관해서는 의견이 통일되어 있지 않다. 그러나 일반적으로 사례 연구는 어느 사례에 관한 다양한 증거 자료를 사용해서 조사하는 것을 말한다. 이 경우, 사례의 예로 개인, 가족, 집단, 조직, 지역사회, 사회가 있다(Becker et., 2023; Crowe, Cresswell, Robertson, Huby, Avery & Sheikh, 2011; Green & Thorogood, 2009; Heale & Twycross, 2018; Rubin & Babbie, 2015).

사례 연구에서는 한 사람이나 하나의 사례를 깊이 있게 분석하고 기술하고 있다. 특히, 가능하면 사건이나 상황을 완전하게 이해하기 위해서, 사례 연구에서는 모든 변수가 서로 영향을 미치는 측면을 살펴보는 경우가 많다. 이와 더불어 사례 연구의 경우, 조사자는 한 사람이나 한 집단이나 한 현상을 선정한 후에, 여기에 나타나는 상황을 살펴보며 기록하고 있다. 예를 들어, 사례 연구에서는 조사대상자가 어떤 태도를 보이고 어떻게 인식하는지를 관찰하면서, 행동도 함께 관찰할 수 있다.

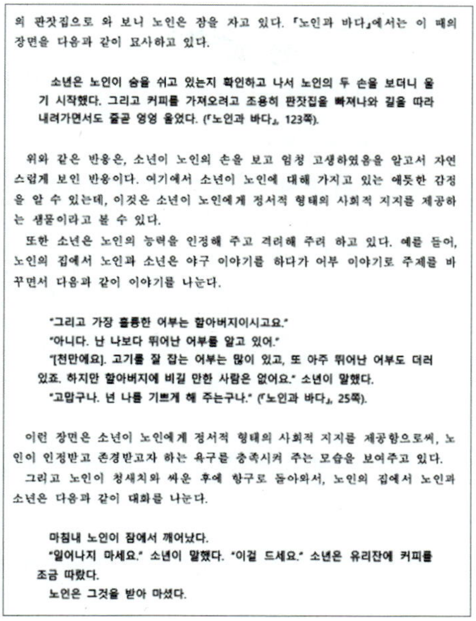

의 판잣집으로 와 보니 노인은 잠을 자고 있다. 『노인과 바다』에서는 이 때의 장면을 다음과 같이 묘사하고 있다.

> 소년은 노인이 숨을 쉬고 있는지 확인하고 나서 노인의 두 손을 보더니 울기 시작했다. 그리고 커피를 가져오려고 조용히 판잣집을 빠져나와 길을 따라 내려가면서도 줄곧 엉엉 울었다. (『노인과 바다』, 123쪽).

위와 같은 반응은, 소년이 노인의 손을 보고 엄청 고생하였음을 알고서 자연스럽게 보인 반응이다. 여기에서 소년이 노인에 대해 가지고 있는 애뜻한 감정을 알 수 있는데, 이것은 소년이 노인에게 정서적 형태의 사회적 지지를 제공하는 생물이라고 볼 수 있다.

또한 소년은 노인의 능력을 인정해 주고 격려해 주려 하고 있다. 예를 들어, 노인의 집에서 노인과 소년은 야구 이야기를 하다가 어부 이야기로 주제를 바꾸면서 다음과 같이 이야기를 나눈다.

> "그리고 가장 훌륭한 어부는 할아버지이시고요."
> "아니다. 난 나보다 뛰어난 어부를 알고 있어."
> "[천만에요]. 고기를 잘 잡는 어부는 많이 있고, 또 아주 뛰어난 어부도 더러 있죠. 하지만 할아버지에 비길 만한 사람은 없어요." 소년이 말했다.
> "고맙구나. 넌 나를 기쁘게 해 주는구나." (『노인과 바다』, 25쪽).

이런 장면은 소년이 노인에게 정서적 형태의 사회적 지지를 제공함으로써, 노인이 인정받고 존경받고자 하는 욕구를 충족시켜 주는 모습을 보여주고 있다.

그리고 노인이 청새치와 싸운 후에 항구로 돌아와서, 노인의 집에서 노인과 소년은 다음과 같이 대화를 나눈다.

> 마침내 노인이 잠에서 깨어났다.
> "일어나지 마세요." 소년이 말했다. "이걸 드세요." 소년은 유리잔에 커피를 조금 따랐다.
> 노인은 그것을 받아 마셨다.

소설의 사례를 중심으로 고기 잡는 노인의 사회적 지지를 분석한 논문(일부)

사례 연구에서는 하나의 사례를 깊이 있게 분석한다. [출처 : 노병일(2020c)]

사례 연구에서는 여러 가지 방법을 사용해서 조사대상자에 관한 자료를 수집할 수 있다. 이때 사용하는 방법의 예로 관찰하는 것, 면접하는 것, 기록물을 검토하는 것이 있다. 따라서 사례 연구는 질적 조사의 성격을 지니는 경우가 많다(Price et al., 2017; Becker et al., 2023; Rubin & Babbie, 2015; Yegidis, Weinbach & Myers, 2018).

• 사례 연구가 적절한 상황

사례 연구를 하기에 적절한 주제에는 여러 가지가 있다. 사례 연구가 적절한 상황을 구체적으로 제시하면 다음과 같다(Yegidis, Weinbach & Myers, 2018).

① 조사하는 영역에 관해 알려진 것이 거의 없다. 관련된 지식이 이미 상당히 존재하는 주제에 관해서는 사례 연구가 아닌 다른 조사방법을 사용하는 것이 더 좋다.

② 조사대상자를 대표하는 표본을 선정할 수 없다.

(2) 사례 연구의 장점과 단점

사례 연구는 나름의 장점을 지니고 있다. 사례 연구의 장점을 몇 가지 제시하면 다음과 같다(Yegidis, Weinbach & Myers, 2018).

① 사례 연구는 조사자가 새롭게 관심을 가지는 영역에 관한 정보를 수집하는 데 크게 도움을 줄 수 있다.

② 사례 연구에서 얻어진 결과는 다른 형태의 조사를 시작하기 위한 자료로 사용할 수 있다.

그러나 사례 연구는 단점도 지니고 있다. 사례 연구의 단점을 몇 가지 제시하면 다음과 같다(Yegidis, Weinbach & Myers, 2018).

① 사례 연구에서는 확실한 지식을 제공할 수 없는 경우가 많다. 따라서 사례 연구에서 얻어진 결론은 조심스럽게 해석할 필요가 있다.

② 사례 연구에 참여한 대상자의 수는 적고, 이런 대상자들은 모집단을 대표한다고 볼 수 없다. 따라서 사례 연구에서는 결론을 내리기가 어렵다.

3) 근거 이론

(1) 근거 이론의 정의와 특징

근거 이론은 질적 조사에서 잘 알려진 방법에 속하고 있다. 근거 이론은 관찰해서 유형이나 주제나 공통적인 범주를 찾는 접근방식을 말한다.

근거 이론에서는 관찰한 결과를 계속 비교함으로써, 가설이나 이론을 개발하려고 하고 있다. 따라서 근거 이론의 목적은 가설이나 이론을 개발하는 데 있다. 이런 탓에, 근거 이론은 가설 검증과는 매우 다르다. 가설 검증의 경우, 관찰을 통해 검증할 가설을 만들기 위해 이론을 사용하고 있다(Rubin & Babbie, 2015; Babbie 2020; Yegidis, Weinbach & Myers, 2018).

근거 이론을 처음으로 만든 글래이져(Glaser)
(글래이져는 스트라우스(Strauss)와 함께 근거 이론을 처음으로 만든 학자임)
근거 이론에서는 가설이나 이론을 개발하고자 한다. [출처 : 위키피디어(public domain)]

근거 이론은 상징적 상호작용 이론에 크게 근거하고 있다. 상징적 상호작용 이론의 경우, 인간은 자신이 다른 사람과 교류하는 것에 근거해서, 사건이 자신에게 어떤 의미가 있는지를 파악한다고 주장하고 있다. 따라서 근거 이론을 따르는 조사는 사회복지사가 필요한 형태의 지식을 얻는 데 특히 적절할 수 있다(Yegidis, Weinbach & Myers, 2018).

(2) 근거 이론의 장점과 단점

근거 이론은 이전의 조사에서 주목한 적이 거의 없는 사회적 과정을 살펴보는 데 적절하다는 장점을 지니고 있다. 그러나 근거 이론은 단점도 지니고 있다. 근거 이론의 단점을 몇 가지 제시하면 다음과 같다(University Libraries of Temple University, 2023).

① 근거 이론에서는 많은 자료를 수집하게 되어서 관리하기 어려운 경우가 많다.

② 근거 이론에서는 조사자가 근거 이론 기법을 잘 알고 있어야 한다.

4) 문화기술지[126)]

(1) 문화기술지의 정의와 특징

문화기술지는 조사자의 관점보다는 내부 사람의 관점에서 문화를 자세하고 정확하게 살펴보는 것을 말한다. 문화기술지의 목적은 문화를 이해하는 데 있다. 그리고 문화기술지는 문화의 다양성에 근거하고 있다.

문화기술지는 일반적으로 기술적 조사의 성격을 지니고 있다. 문화기술지에서 자료를 얻는 주요한 출처는 면접과 관찰이다(Khan, 2018; Rubin & Babbie, 2015; Yegidis, Weinbach & Myers, 2018).

주요한 정보제공자는 문화기술지 조사를 하는 데 매우 도움이 되는 경우가 많다. 주요한 정보제공자는 일반적으로 지역사회나 집단의 구성원이다. 그러나 주요한 정보제공자는 이런 지역사회나 집단의 지도자인 경우가 많다. 때에 따라서는 주요한 정보제공자는 집단에 관해 특히 잘 알고 있는 '외부 사람'일 수도 있다. 이런 외부 사람은 조사자가 모르는 정보를 제공할 수 있다(Yegidis, Weinbach & Myers, 2018).

(2) 문화기술지의 장점과 단점

문화기술지는 나름의 장점을 지니고 있다. 문화기술지의 장점을 몇 가지 제시하면 다음과 같다(Khan, 2018).

① 문화기술지에서 조사대상자는 매우 자연스럽게 자신의 활동을 한다. 따라서 문화기술지에서는 관찰을 매우 정확하게 할 수 있다.

② 문화기술지에서 참여 관찰 형식으로 조사하면서, 조사자는 자신이 전혀 인식하지 못하였던 결과를 얻을 수 있다.

126) '문화기술지'는 '민속지'라고 번역하기도 한다.

민속 공연을 하는 사람들

문화기술지에서는 관찰을 정확히 할 수 있다. [출처 : 말레이시아에서 저자 촬영]

그러나 문화기술지는 단점도 지니고 있다. 문화기술지의 단점을 몇 가지 제시하면 다음과 같다(Khan, 2018).

① 문화기술지에서 참여자 역할과 조사자 역할을 모두 하게 되면, 조사자가 객관적이지 못할 수 있다.

② 문화기술지 조사를 하는 데에는 시간이 많이 필요하다.

③ 문화기술지에서는 조사대상자의 개인생활에 대한 비밀을 보장해 주기 어려울 수 있다.

5) 관 찰

(1) 관찰의 정의와 특징

관찰은 행동을 체계적으로 살펴보면서 기록하는 것을 말한다. 관찰에서는 조사대상자나 상황을 실제로 직접 살펴보고 있다. 관찰하는 동안에, 관찰자는 벌어지고 있는 모든 것을 기록할 수도 있고, 미리 정한 일부 부분만을 기록할 수도 있다. 일부만 기록하는 예로 사회복지사와 아동 사이에 대화하는 것만 기록하는 것이 있다. 그러고 나서 이렇게 기록한 것은 정한 기준에 따라서 정리하고 있다(Price et al., 2017; Busetto, Wick & Gumbinger, 2020).

> **• 관찰의 형태**
>
> 질적 조사에서 하는 관찰의 경우, 조사자는 참여하면서 관찰할 수도 있고 참여하지 않으면서 관찰할 수도 있다. 이때, 참여하면서 관찰하는 것은 참여 관찰(participant observation)이라고 부르고 있고, 참여하지 않으면서 관찰하는 것은 비참여 관찰(non-participant observation)이라고 부르고 있다.
>
> 참여 관찰의 경우, 관찰자는 관찰하는 상황의 한 부분이 되고 있다. 참여 관찰의 예로 사회복지사가 학대를 겪은 아동에게 서비스를 제공하면서 관찰하는 것이 있다.
>
> 비참여 관찰의 경우, 관찰자는 상황의 밖에 있다. 즉, 관찰자는 사건이나 사례가 발생하는 상황 속에 있지 않다. 이 경우, 관찰자는 자신의 존재가 상황에 영향을 미치지 않으려 하고 있다(Busetto, Wick & Gumbinger, 2020).

(2) 관찰의 장점과 단점

관찰은 나름의 장점을 지니고 있다. 관찰의 장점을 몇 가지 제시하면 다음과 같다(Busetto, Wick & Gumbinger, 2020).

① 관찰자는 조사대상자를 가까이에서 살펴볼 수 있다.

② 조사자는 관련된다고 생각하지 못하였던 주제를 발견할 수 있다.

③ 조사하는 주제의 실제 상황을 더 깊게 이해할 수 있다.

그러나 일부 형태의 관찰에서는 조사대상자가 조사자의 존재를 의식해서 자신의 행동을 바꿀 가능성이 있다. 이런 점은 관찰의 주요한 단점에 속하고 있다.

6) 초점집단

(1) 초점집단의 정의와 특징

초점집단은 몇 사람이 함께 모여 집단을 구성한 후에 특정한 주제에 관해 토론하는 것을 말한다. 어떤 면에서, 초점집단은 참여자의 전문성과 경험을 자세히 살펴보는 집단 면접을 말한다. 초점집단에서는 경험이 많은 사람이 사회를 보는 경우가 많다(Rubin & Babbie, 2015; Busetto, Wick & Gumbinger, 2020).

아동복지와 관련된 초점집단 모임

초점집단을 통한 조사는 몇 사람이 모여 집단을 구성한 후에 특정한 주제에 관해 토론하는 것이다. [출처 : 저자 촬영]

(2) 초점집단의 장점과 단점

초점집단은 나름의 장점을 지니고 있다. 초점집단의 장점을 몇 가지 제시하면 다음과 같다(Busetto, Wick & Gumbinger, 2020).

① 초점집단에서는 해당 주제와 관련해 전문성과 경험이 비슷한 사람들이 모여서 정보를 교류할 수 있다.

② 초점집단에서는 관련된 정보를 비교적 쉽고 빠르고 적은 비용으로 수집할 수 있다.

그러나 초점집단은 단점도 지니고 있다. 초점집단의 단점을 몇 가지 제시하면 다음과 같다(Busetto, Wick & Gumbinger, 2020).

① 초점집단에서는 과정을 잘 통제하지 못할 수 있다.
② 초점집단의 각 구성원이 참여하는 정도가 서로 다를 수 있다.
③ 참여자가 집단으로 모인 자리에서 드러내기를 꺼릴 수 있는 민감한 주제를 다룰 경우, 초점집단은 적절하지 않을 수 있다.
④ 초점집단의 구성원은 집단의 입장에서 생각할 수 있고, 집단이 결정에 영향을 미칠 수 있다.

7) 체계적 문헌고찰

(1) 체계적 문헌고찰의 정의와 특징

체계적 문헌고찰은 이미 실시한 조사에서 나타난 결과를 더 폭넓게 살펴보기 위해 최근에 등장한 방법이다. 체계적 문헌고찰은 1970년대 말에 의학 분야에서 처음 등장한 것으로 알려져 있다. 일반적으로 체계적 문헌고찰은 특정한 주제에 관해서 이전에 조사한 것을 체계적이고 폭넓게 살펴보는 것을 말한다. 따라서 체계적 문헌고찰에서는 이전에 조사한 결과를 파악하고, 비판적으로 평가하고, 종합해 제시하고 있다(Owens, 2021; Yegidis, Weinbach & Myers, 2018).

(2) 체계적 문헌고찰의 장점과 단점

체계적 문헌고찰은 나름의 장점을 지니고 있다. 체계적 문헌고찰의 장점을 몇 가지 제시하면 다음과 같다(Owens, 2021).

① 체계적 문헌고찰에서는 많은 양의 정보를 효율적으로 평가할 수 있다. 따라서 체계적 문헌고찰은 정책 및 서비스와 관련된 영역에서 결정을 내리는 데 도움을 줄 수 있다.
② 체계적 문헌고찰은 주제에 관해 현재까지 알려진 바와 알려지지 않은 바를 파악하는 데 도움을 줄 수 있다.

그러나 체계적 문헌고찰을 하기 위해서는 수많은 문헌을 검토하여야 한다. 따라서 체계적 문헌고찰은 자원이 많이 필요하다는 단점을 지니고 있다.

POINT

* 심층 면접은 조사대상자와 직접 교류하면서 자료를 수집하는 것이다.
* 사례 연구는 어느 사례에 관한 다양한 증거 자료를 사용해서 조사하는 것이다.
* 근거 이론은 관찰해서 유형이나 주제나 공통적 범주를 찾는 것이다.
* 문화기술지는 내부 사람의 관점에서 문화를 자세하고 정확하게 살펴보는 것이다.
* 관찰은 행동을 체계적으로 살펴보면서 기록하는 것이다.
* 초점집단은 집단을 구성한 후에 특정한 주제에 관해 토론하는 것이다.
* 체계적 문헌고찰은 특정한 주제에 관해서 이전에 조사한 것을 체계적이고 폭넓게 살펴보는 것이다.

6. 질적 조사의 단점

질적 조사는 많은 장점을 지니고 있지만 단점도 지니고 있다. 질적 조사의 단점은 질적 조사의 특징과 직접 관련되고 있다. 질적 조사가 지니는 일반적 단점으로 반응성과 관련된 문제와 일반화와 관련된 문제를 꼽을 수 있다.

1) 반응성과 관련된 문제

질적 조사에서 조사자가 존재하는 것은 조사대상자의 태도나 행동에 영향을 미칠 수 있다.[127] 이런 상황은 조사대상자가 조사자를 의식하기 때문에 나타나고 있다.

무엇보다도, 질적 조사에서 조사자가 조사대상자와 함께 있는 것은 조사 결과에 영향을 미칠 수 있다. 예를 들어, 질적 조사에서 조사대상자는 사회적으로 바람직한 답만 할 수 있다. 이렇게 될 경우, 조사자는 잘못된 결론을 내리게 된다(Yegidis, Weinbach & Myers, 2018).

127) 이것을 '반응성'이라고 부르고 있다. 반응성에 관해서는 외적 타당도를 다루는 장(제7장)에서 이미 설명한 바 있다.

2) 일반화와 관련된 문제

질적 조사는 소규모로 실시하는 경우가 많다. 따라서 질적 조사의 결과는 일반화할 수 없는 경우가 많다. 이런 탓에, 질적 조사는 외적 타당도에서 불리하다.

그러나 대부분의 질적 조사에서는 조사 결과를 다른 상황에도 적용하려고 하지 않고 있다. 따라서 대부분의 질적 조사에서 외적 타당도는 크게 문제가 되지 않을 수도 있다(Members of the Research Methods Seminar, 2023; Yegidis, Weinbach & Myers, 2018).

POINT

* 질적 조사는 반응성 및 일반화와 관련해 문제가 될 수 있다.

7. 혼합방법

1) 혼합방법의 등장 배경과 정의

과거에 사회복지 조사자들은 양적 조사의 장점과 질적 조사의 장점에 관해 크게 논쟁하였다. 그러나 양적 조사가 질적 조사보다 본래부터 더 우수한 것도 아니고, 또한 질적 조사가 양적 조사보다 본래부터 더 우수한 것도 아니다. 사실, 양적 조사와 질적 조사 모두는 지식을 얻는 데 크게 이바지하고 있다. 따라서 양적 조사와 질적 조사 모두는 사회복지사가 서비스와 관련해 더 잘 결정하는 데 도움을 주고 있다(Yegidis, Weinbach & Myers, 2018; Busetto, Wick & Gumbinger, 2020).

특히, 앞에서 보듯이, 양적 조사와 질적 조사는 서로 대조되는 측면이 많다. 따라서 양적 조사의 결과와 질적 조사의 결과는 서로를 보완하는 경우가 많다. 이런 탓에, 오늘날에는 많은 문제나 현상을 제대로 이해하기 위해서는 양적 조사와 질적 조사가 모두 필요하다는 점을 인정하고 있다. 그 결과, 일부 조사에서는 양적 조사방법과 질적 조사방법을 함께 사용하고 있다. 이렇게 하는 것을 혼합방법(mixed method)이라고 부르고 있다.[128)]

일반적으로 혼합방법은 한 연구에서 두 가지 이상의 서로 다른 방법을 사용하는 것을 말한다. 혼합 방법을 사용하는 예로, 어떤 형태의 자료를 수집하고 분석할 때는 질적 조사를 하고, 다른 형태의 자료를 수집하고 분석할 때는 양적 조사를 하는 것이 있다.

2) 혼합방법의 장점

혼합방법은 나름의 장점을 지니고 있다. 혼합방법을 사용할 경우의 장점을 구체적으로 제시하면 다음과 같다(Busetto, Wick & Gumbinger, 2020).

① 한 가지 조사방법을 사용해 얻은 결과를 다른 조사방법을 사용해 얻은 결과로 보완할 수 있다.

② 한 가지 조사방법의 단점을 다른 조사방법의 장점으로 보완할 수 있다.

결국, 양적 조사 외에 질적 조사도 함께 할 경우, 조사하는 주제를 더 잘 이해할 수 있게 된다.

3) 전망과 고려할 점

앞으로 혼합방법을 사용할 가능성은 더 커지고 있다. 따라서 앞으로 '순수한' 형태의 양적 조사나 '순수한' 형태의 질적 조사를 찾기가 더 어려울 수도 있다(Yegidis, Weinbach & Myers, 2018).

그러나 혼합방법을 사용하는 조사가 한 가지 방법만 사용하는 조사보다 원래부터 더 낫다고 판단할 수 없을 경우, 질적 조사를 양적 조사와 함께 사용할 필요가 없다.

128) 혼합방법에 관해서는 조사의 형태를 다루는 장(제3장)에서 이미 설명한 바 있다.

한편, 혼합방법과 관련되는 것으로 삼각측정(triangulation)이 있다. 삼각측정은 조사하고 있는 현상을 더 폭넓게 이해하기 위해서 서로 다른 관점에서 다양하게 측정하는 것을 말한다. 구체적으로 삼각측정은 자료수집 방법을 두 가지 이상 사용하는 것을 말한다(Busetto, Wick & Gumbinger, 2020; Rubin & Babbie, 2015).

POINT

* 혼합방법은 한 연구에서 두 가지 이상의 방법을 사용하는 것이다.

PART

05

조사보고서

제13장 조사보고서

CHAPTER 13

조사보고서

차례 CONTENTS

1. 조사보고서의 정의와 배경

조사(연구)보고서(research report)는 조사한 내용이나 어떤 주제에 관해 과학적으로 살펴본 내용을 보고하는 자료를 말한다(Wikipedia, 2023). 한 마디로, 조사보고서는 조사와 관련된 내용과 결과를 담은 자료라고 볼 수 있다.

사회복지조사를 하는 주요한 이유는 사회복지와 관련된 지식을 얻는 데 이바지하고자 하기 때문이다. 이렇게 하기 위해서는, 조사 결과를 분석하고 요약해서 보고서를 작성한 다음에, 관련 분야에서 관심이 있는 사람에게 전달할 필요가 있다(Yegidis, Weinbach & Myers, 2018).

이런 탓에, 사회복지조사를 마치면, 조사자는 조사보고서를 작성하게 된다.

POINT

* 조사보고서는 조사와 관련된 내용과 결과를 담은 자료를 말한다.
* 사회복지조사를 마치면, 조사자는 조사보고서를 작성한다.

2. 조사보고서의 목적과 중요성

조사보고서에서 우선적으로 추구하는 목적은 조사 결과를 조사에 관심을 가진 사람들에게 전달하는 데 있다. 그리고 조사보고서는 조사 결과를 공개해서 조사 결과를 검증하고자 하는 목적도 지니고 있다.

다문화가족 조사보고서(표지, 저자도 참여함)

조사보고서의 목적은 조사 결과를 관련자에게 전달하는 데 있다.
[출처 : 저자 촬영]

조사하면서 얻은 결과를 조사보고서 형태로 발표하는 것은 중요하다. 조사보고서가 중요한 이유는, 조사보고서를 통해서 다음과 같이 할 수 있기 때문이다(Monette, Sullivan & Dejung, 2002).

① 조사 결과를 관련되는 분야에 적용한다.
② 조사에서 잘못된 부분과 옳지 않은 부분을 살펴본다.

특히, 조사보고서를 읽는 독자는 조사자가 사용한 방법을 따져보면서 조사 결과가 신뢰할 만한지를 비판적으로 평가할 수 있다. 따라서 조사보고서는 중요하다(DeCarlo, 2018; Yegidis, Weinbach & Myers, 2018).

POINT

* 조사보고서의 목적은 조사 결과를 전달하고 검증하는 것이다.
* 조사보고서를 통해서 조사 결과를 적용하고 비판적으로 평가할 수 있기에, 조사보고서는 중요하다.

3. 조사보고서의 형태와 문체

1) 조사보고서의 형태

조사보고서의 형태는 조사의 목적과 내용에 따라서 차이가 날 수 있다. 또한 조사보고서의 형태는 독자에 따라서 차이가 날 수 있다.

조사보고서의 내용을 널리 알릴 수 있는 방법에는 여러 가지가 있다. 조사보고서의 내용을 널리 알릴 수 있는 방법의 예로 인터넷에 발표하는 방법, 학술적 성격을 가진 회의에서 발표하는 방법, 전문 학술지에 발표하는 방법, 책으로 발표하는 방법, 학위(석사나 박사) 논문으로 발표하는 방법이 있다(Yegidis, Weinbach & Myers, 2018; DeCarlo, 2018). 따라서 조사보고서의 형태는 다양하다.

2) 조사보고서의 문체

재미있고 읽기 쉽고 부드럽게 표현해 제시한 조사보고서는, 그렇지 않은 조사보고서보다 독자에게 조사 결과를 더 잘 전달할 수 있다(Monette, Sullivan & Dejung, 2002). 따라서 조사보고서에서 문체는 매우 중요하다.

조사보고서의 문체와 관련된 지침을 몇 가지 제시하면 다음과 같다(Mark, 1996).

① 조사보고서의 문장은 문법적으로 옳아야 한다. 이것은 너무 당연하다고 볼 수 있다.

② 조사보고서의 내용을 분명하게 써야 한다. 즉, 조사보고서의 내용을 모호하게 표현하지 말아야 한다.

③ 조사보고서의 목적을 이룰 수만 있다면, 조사보고서는 짧게 쓰는 것이 좋다. 따라서 조사보고서에서는 군더더기 표현을 피하여야 한다.

조사보고서를 읽을 것으로 예상하는 독자는, 조사보고서의 문체를 선택할 때 가장 중요한 요소에 속하고 있다. 따라서 조사보고서의 문체는 조사보고서를 읽을 것으로 예상하는 독자에게 적절하여야 한다. 이런 탓에, 조사보고서를 작성하기 전에, 조사보고서를 읽을 독자가 누구인지를 중요하게 고려하여야 한다. 즉, 조사보고서를 가장 효과적으로 작성하기 위해서는, 조사보고서를 읽을 독자의 눈높이에 맞추어야 한다. 그리고 조사보고서를 수정할 경우, 조사보고서를 읽을 것으로 예상하는 독자의 입장에서 조사보고서의 문체를 살펴볼 필요가 있다.

조사보고서를 읽고 있는 사람

조사보고서의 문체를 선택할 때 가장 중요하게 고려하여야 할 것은 예상하는 독자이다. [출처 : 저자 촬영]

조사보고서를 읽는 독자는 여러 가지로 구분할 수 있다. 그러나 독자를 구분하는 가장 중요한 방법의 하나는 독자를 전문가와 일반 사람으로 구분하는 것이다(Babbie, 2020; Monette, Sullivan & Dejung, 2002).

조사보고서의 독자가 사회복지가 아닌 분야의 전문가일 경우, 다음과 같이 하면서 조사보고서를 작성할 필요가 있다(Monette, Sullivan & Dejung, 2002).

① 해당 전문가가 사회복지 분야의 기본적 용어를 잘 알고 있는지를 고려한다.

② 해당 전문가가 통계 분석과 관련된 일반 용어를 잘 알고 있는지를 고려한다.

조사보고서를 읽을 독자가 관련 내용을 잘 알지 못하는 사람일 경우, 다음과 같이 하면서 조사보고서를 작성할 필요가 있다(Monette, Sullivan & Dejung, 2002).

① 가능하다면 전문 용어를 적게 사용한다. 왜냐하면 해당 독자에게는 이런 전문 용어가 의미가 없거나 잘못 전달될 가능성이 있기 때문이다. 그

러나 때에 따라서는 전문 용어를 사용하여야만 할 수 있다. 이때에는 용어를 해당 독자에게 조심스럽게 설명하여야 한다.

② 가능하다면 자료를 간단하게 해서 제시한다. 이때에는 다음과 같은 점을 고려할 필요가 있다.

㉠ 조사자가 전달하고자 하는 것을 독자에게 잘 전달하기 위해서, 그림과 표를 사용해 시각적(visual) 효과를 높인다.

㉡ 통계를 사용한 이유와 조사 결과가 의미하는 바를 잘 설명한다.

한편, 동사와 관련해서는 조사보고서에서 시제를 적절하게 사용하여야 한다. 일반적으로 조사보고서에서는 현재 시제와 과거 시제로 표현하는 경우가 많다.

조사보고서에서 사용하는 동사의 시제를 구성(부분) 별로 나누어 제시하면 다음과 같다(이종승, 2009; Mark, 1996).[129)]

① 이미 실시한 연구에 관한 부분과 조사방법에 관한 부분에서는 과거나 현재 시제를 사용한다.

② 조사 결과를 설명하는 부분에서는 과거 시제를 사용한다.

③ 조사 결과에 관해 논의하는 부분에서는 현재 시제를 사용한다.

④ 제언 부분에서는 미래 시제를 사용할 수도 있다.

POINT

* 조사보고서의 형태는 조사의 목적 · 내용과 독자에 따라 차이가 날 수 있다.
* 조사보고서의 문체를 선택할 때 가장 중요한 요소는 조사보고서를 읽을 것으로 예상하는 독자이다.
* 조사보고서에서는 시제를 적절하게 사용하여야 한다.

129) 조사보고서의 구성(부분)에 관해서는 아래에서 자세히 설명한다.

4. 조사보고서의 구성과 내용

1) 조사보고서의 구성

조사보고서의 구성에 관해서는 모든 사람의 의견이 일치하지 않고 있다. 그러나 일반적으로 조사보고서는 앞 부분, 본문(서론, 본론, 결론 부분), 참고 부분으로 크게 나눌 수 있다(이종승, 2009). 그리고 각 부분은 다시 몇 개의 장(chapter)으로 나누는 경우가 많다.

조사보고서의 앞 부분은 조사보고서의 제목, 요약, 조사보고서의 내용에 대한 목차, 표와 그림에 대한 목차 등으로 구성되어 있다. 조사보고서의 본문은 조사보고서에서 중심이 되는 부분이다. 조사보고서의 참고 부분은 조사보고서의 마지막에 제시하고 있다. 일반적으로 조사보고서의 참고 부분은 참고문헌의 목록과 부록을 포함하고 있다.

조사보고서는 <표 13－1>과 같이 구성하는 경우가 많다.[130)]

〈표 13-1〉 **조사보고서의 일반적 구성**

- 제목
- 요약
- 서론 : 조사의 배경(필요성), 조사의 목적, 연구문제 등
- 본론 : 문헌 검토(이론적 배경), 조사방법, 조사 결과 등
- 결론 : 조사 결과의 요약, 논의, 시사점(함의), 제한점, 향후 연구 방향 등
- 참고문헌
- 부록 : 설문지 등

한편, 조사보고서를 읽을 독자가 조사의 이론적 부분과 실제적 부분을 잘 이해할 수 있게 하기 위해서, 조사보고서의 각 부분(또는 장)을 논리적으로 배치하여야 한다. 또한 조사보고서의 내용은 한 단계에서 다음 단계로 논리적이고 적절하게 제시하여야 한다(Mark, 1996).

130) 각 구성에 관해서는 아래에서 자세히 설명한다.

그리고 조사보고서에서는 표와 그림을 잘 구성해 제시하여야 한다. 이때에는 다음과 같은 점을 고려할 필요가 있다(Mark, 1996).

① 표와 그림은 본문을 참고하지 않고서도 이해할 수 있어야 한다.

② 본문에서는 표와 그림에 있는 정보를 반복하기보다는 보완하는 식으로 제시하여야 한다.

2) 조사보고서의 내용[131)]

(1) 제목

제목은 조사보고서에서 중요한 부분이다. 왜냐하면 제목을 통해서 독자는 조사보고서의 내용을 알게 되기 때문이다. 사실, 제목은 독자가 조사보고서에서 맨 처음에 보는 부분이기 때문에도 중요하다. 예를 들어, 독자는 조사보고서의 제목을 통해서 조사대상자와 주요한 변수들을 알게 된다. 그리고 때에 따라서는 제목을 통해서, 독자는 주요한 조사 결과를 알게 된다. 따라서 조사보고서의 제목을 보고서, 독자는 조사보고서를 더 읽을 것인지를 결정할 수 있게 된다(Yegidis, Weinbach & Myers, 2018; Monette, Sullivan & Dejung, 2002; Mark, 1996).

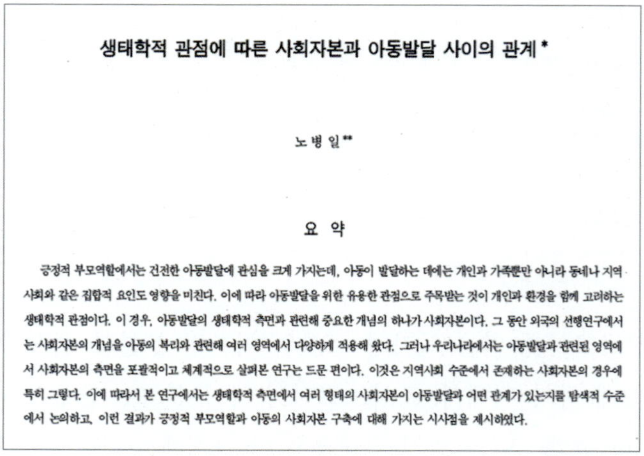
생태학적 관점에 따른 사회자본과 아동발달 사이의 관계 *

노 병 일**

요 약

긍정적 부모역할에서는 건전한 아동발달에 관심을 크게 가지는데, 아동이 발달하는 데에는 개인과 가족뿐만 아니라 동네나 지역사회와 같은 집합적 요인도 영향을 미친다. 이에 따라 아동발달을 위한 유용한 관점으로 주목받는 것이 개인과 환경을 함께 고려하는 생태학적 관점이다. 이 경우, 아동발달의 생태학적 측면과 관련해 중요한 개념의 하나가 사회자본이다. 그 동안 외국의 선행연구에서는 사회자본의 개념을 아동의 복리와 관련해 여러 영역에서 다양하게 적용해 왔다. 그러나 우리나라에서는 아동발달과 관련된 영역에서 사회자본의 측면을 포괄적이고 체계적으로 살펴본 연구는 드문 편이다. 이것은 지역사회 수준에서 존재하는 사회자본의 경우에 특히 그렇다. 이에 따라서 본 연구에서는 생태학적 측면에서 여러 형태의 사회자본이 아동발달과 어떤 관계가 있는지를 탐색적 수준에서 논의하고, 이런 결과가 긍정적 부모역할과 아동의 사회자본 구축에 대해 가지는 시사점을 제시하였다.

사회자본과 아동발달 사이의 관계를 살펴본 논문의 처음 부분

조사보고서의 처음 부분에서는 제목과 요약을 제시한다. [출처 : 노병일(2015)]

131) 여기에서는 <표 13-1>에서 제시한 조사보고서의 일반적 구성에 근거해서 조사보고서의 내용을 설명한다.

이런 탓에, 조사보고서를 여러 사람이 읽을 수 있게 하기 위해서, 조사보고서의 제목은 조사의 내용을 간단하게 잘 설명하는 식으로 정할 필요가 있다.

한편, 제목은 부제목(subtitle)을 포함할 수도 있다. 부제목을 통해서, 독자는 조사보고서가 자신에게 관심이 있는지를 더 잘 판단할 수 있게 된다(Yegidis, Weinbach & Myers, 2018).

(2) 요약

대부분의 조사보고서는 요약(abstract)을 포함하고 있다. 요약은 조사한 내용을 간단히 정리해 놓은 것을 말한다. 조사보고서의 제목 부분 못지않게 조사보고서의 요약 부분도 중요하다. 왜냐하면 요약 부분은 가장 중요한 조사 내용을 제시하는 부분이기 때문이다. 이런 탓에, 독자는 요약 부분을 본 후에 조사보고서의 전체를 읽을 것인지를 결정하는 경우가 많다(Yegidis, Weinbach & Myers, 2018; Monette, Sullivan & Dejung, 2002).

조사보고서의 요약 부분은 분량이 적다. 그리고 어쩌면 조사보고서의 전체 내용보다도 조사보고서의 요약 부분이 훨씬 더 자주 읽힐 수도 있다. 따라서 조사보고서의 요약 부분은 조심스럽게 작성하여야 한다.

요약 부분에서 일반적으로 포함하는 내용을 구체적으로 제시하면 다음과 같다(Yegidis, Weinbach & Myers, 2018).

① 조사한 문제나 주제가 있다.

② 조사대상자에 관한 정보가 있다.

③ 조사방법, 사용한 프로그램, 측정도구가 있다.

④ 조사 결과가 있다.

⑤ 결론과 사회복지 현장에 적용할 수 있는 것과 관련된 제언이 있다.

(3) 서론

조사보고서의 서론 부분에서는 조사의 배경과 목적을 제시하고 있다. 그리고 때에 따라서 연구문제도 제시하고 있다.

(가) 조사의 배경

조사보고서의 서론 부분에서는 조사를 실시하게 된 역사적 배경과 조사자가 주제에 관심을 가지게 된 배경을 제시하고 있다. 특히, 서론 부분에서는 이런 주제가 중요한 배경과 이런 주제와 관련된 상황이 심각한 정도를 제시하고 있다(Yegidis, Weinbach & Myers, 2018).

(나) 조사의 목적

조사보고서의 서론 부분에서는 조사의 목적을 제시하고 있다. 이 경우, 조사의 목적을 분명하게 제시하여야 한다. 그리고 조사의 목적이 의미 있다는 점을 제시하여야 한다. 무엇보다도 조사보고서에서는 다른 사람들이 이전에 실시한 조사와 비교할 때, 이번 조사의 목적이 의미가 있다는 점을 제시하여야 한다(DeCarlo, 2018; Mark, 1996).

(다) 연구문제

조사보고서의 서론 부분에서는 연구문제를 제시할 필요가 있다. 이때 연구문제는 의문문 형태로 제시하여야 한다.[132] 그러나 어느 경우에는 연구문제를 생략하거나 넣지 않을 수도 있다. 예를 들어, 탐색적 목적을 지니는 조사나 측정도구나 프로그램을 개발하는 조사에서는 연구문제를 제시하지 않을 수도 있다.

(라) 고려할 점

조사에서 사용하는 용어가 특별한 의미를 지니거나 일반적으로 알려진 것과는 다른 의미를 지닐 경우, 조사보고서의 서론 부분에서 이런 용어를 정의하여야 한다. 그러나 서론 부분에서는 용어를 필요 이상으로 많이 정의하거나 복잡하게 정의하지 말아야 한다.

그리고 조사보고서의 서론 부분은 짧게 하여야 한다. 또한 조사보고서의 서론 부분은 분명하게 제시하여야 한다(이종승, 2009; Monette, Sullivan & Dejung, 2002; DeCarlo, 2018).

132) 이에 관해서는 연구문제를 다루는 장(제3장)에서 이미 설명한 바 있다.

(4) 본론

조사보고서의 본론 부분에서는 문헌 검토(이론적 배경), 조사방법, 조사 결과 등을 제시하고 있다.

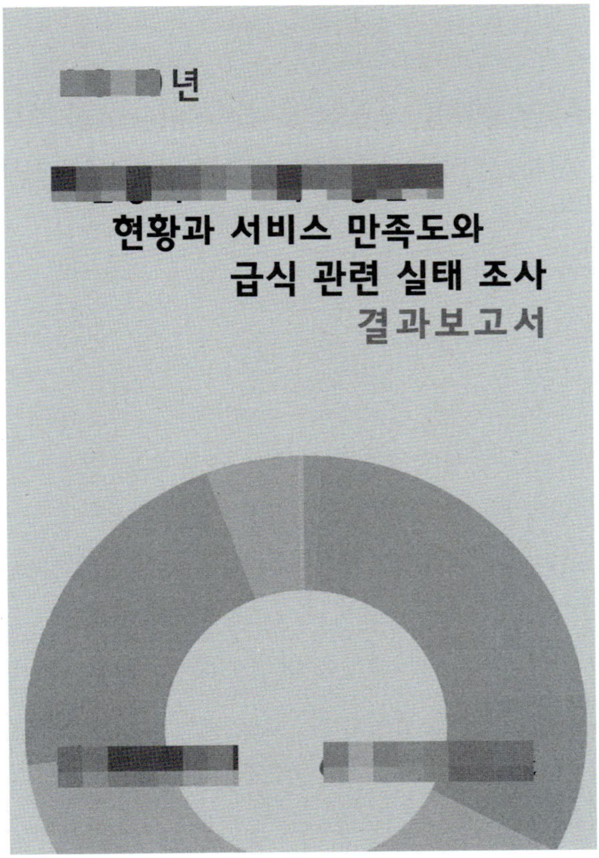

어느 조사보고서(표지, 저자도 조사에 참여함)

일반적으로 조사보고서의 본론 부분에서는 문헌 검토, 조사방법, 조사 결과 등을 제시한다. [출처 : 저자 촬영]

(가) 문헌 검토

대부분의 조사는 해당 학문 분야의 여러 사람이 이전에 조사한 결과를 바탕으로 삼고 있다. 따라서 조사보고서의 본론 부분에서는 이전에 여러 사람이 조사한 결과를 적절히 요약해 제시하고 있다. 이것을 문헌 검토(이론적 배경, 이론적 고찰)라고 부르고 있다.

문헌 검토 부분에서는 연구문제와 관련된 문헌을 요약해서 정리하고 있다. 문헌 검토 부분에서는 연구문제와 일반적으로 관련된 주제를 먼저 다루고, 그 다음에 연구문제와 가장 밀접하게 관련된 주제를 다루는 식으로 진행하는 경우가 많다.

문헌 검토 부분을 통해서, 조사보고서의 독자는 현재의 조사가 그동안 실시한 조사에 어떻게 근거하는지를 알게 된다.[133] 또한 문헌 검토 부분을 통해서, 조사보고서의 독자는 조사에서 검증하려는 가설이 나온 배경을 이해하게 된다(Yegidis, Weinbach & Myers, 2018; Monette, Sullivan & Dejung, 2002; Institute of Education Sciences, 2023).

(나) 조사방법

조사보고서의 본론 부분에서는 조사방법을 자세히 제시하고 있다. 조사방법을 자세히 설명하는 것은 조사보고서에서 매우 중요하다. 조사방법을 설명한 부분이 중요한 이유를 구체적으로 제시하면 다음과 같다(Monette, Sullivan & Dejung, 2002).

① 조사방법 부분은 결론이 제대로 된 것인지를 판단하고, 또한 결론을 일반화시킬 수 있는지를 판단할 수 있는 근거를 제공하기 때문이다.

② 조사방법 부분은 나중에 조사를 반복할 때 사용할 수 있기 때문이다.[134]

일반적으로 조사방법 부분에서는 다음과 같이 하고 있다(Yegidis, Weinbach & Myers, 2018; Monette, Sullivan & Dejung, 2002).

① 조사대상자에 관한 부분에서는 표본의 크기와 특징을 제시한다. 더불어, 표본을 선정하기 위해 사용한 방법과 이 방법을 사용한 근거를 제시한다.

133) 이에 관해서는 문헌 검토를 다루는 장(제3장)에서 이미 설명한 바 있다.

134) 조사를 반복하는 것을 '재현'이라고 부르고 있다. 재현에 관해서는 과학적 방법의 특징을 다루는 장(제1장)에서 이미 설명한 바 있다.

② 자료수집에 관한 부분에서는 주요한 변수를 측정하기 해서 사용한 방법을 제시한다. 더불어, 사용한 측정도구를 선정하거나 개발한 것에 관해 설명한다. 그리고 다른 사람이 이미 개발한 측정도구를 사용한 경우, 타당도나 신뢰도와 같은 것에 관한 정보를 담은 참고자료를 제시한다.

③ 자료를 분석하는 데 사용한 방법을 제시한다.

한편, 조사방법 부분을 통해서, 조사보고서의 독자는 사용한 조사방법을 평가할 수 있게 되고, 또한 조사 결과가 어느 정도 신뢰할 만한지를 평가할 수 있게 된다. 그리고 조사보고서의 독자는 조사를 자신이 반복해 볼 수 있게 된다(Yegidis, Weinbach & Myers, 2018).

(다) 조사 결과

조사보고서의 본론 부분에서는 조사 결과를 제시하고 있다. 조사 결과 부분은 조사보고서에서 매우 중요한 부분에 속하고 있다. 조사 결과 부분에서는 조사의 주요한 결과를 제시하고 있다. 이때에는 표, 그림, 통계자료 등을 사용하기도 한다(Yegidis, Weinbach & Myers, 2018; Monette, Sullivan & Dejung, 2002; Institute of Education Sciences, 2023).

• 양적 조사와 질적 조사에서의 결과 제시

조사 결과 부분에서 제시하는 내용은 양적 조사와 질적 조사 사이에 차이가 있을 수 있다.

양적 조사의 보고서에서는 통계를 분석한 결과를 요약해 제시하고 있다. 이때에 표, 그래프, 분석 결과를 요약하는 기타 방법을 사용할 경우, 독자는 조사 결과를 시각적으로 더 잘 이해할 수 있게 된다.

그러나 질적 조사의 보고서에서는 조사대상자가 말한 것을 그대로 옮긴 것과 조사자가 관찰한 내용을 제시하는 경우가 많다(Yegidis, Weinbach & Myers, 2018).

(5) 결론

조사보고서의 결론 부분에서는 조사 결과의 요약, 논의, 시사점(함의), 제한점, 향후 연구 방향 등을 제시하고 있다.

(가) 조사 결과의 요약

일반적으로 조사보고서의 결론 부분에서는 조사 과정에서 얻어진 중요한 결과를 요약해서 제시하고 있다. 이런 요약을 통해서, 독자는 조사에서 중요한 결과를 정리할 수 있게 된다.

(나) 논의

조사보고서의 결론 부분에서는 조사 결과에 관해 논의하고 있다. 이것을 논의(discussion)라고 부르고 있다. 논의 부분에서는 조사 결과를 연구문제 및 가설과 관련해 살펴보고 있다. 그리고 가능한 경우, 가설을 지지하거나 지지하지 않는 증거도 제시하고 있다. 또한 조사 결과를 문헌 검토에서 제시한 다른 사람의 조사 결과와 관련시키면서 해석하고 있다(Yegidis, Weinbach & Myers, 2018; Monette, Sullivan & Dejung, 2002; Institute of Education Sciences, 2023).

(다) 시사점

조사보고서의 결론 부분에서는, 조사 결과를 학문적·정책적으로 폭넓게 활용할 수 있는 측면과 실제 현장에 적용할 수 있는 측면을 제시하고 있다. 이것을 시사점(함의, implication)이라고 부르고 있다.

일반적으로 시사점 부분에서는, 조사 결과가 클라이언트에게 서비스를 더 잘 제공하는 데 도움이 될 수 있는 측면에 관해 구체적으로 제언하고 있다. 예를 들어, 시사점 부분에서는 조사 결과가 현장에서 제공하는 사회복지 프로그램이나 정책에 긍정적으로 이바지하는 측면을 제시하고 있다(Institute of Education Sciences, 2023; Yegidis, Weinbach & Myers, 2018). 따라서 시사점 부분은 현실적으로도 매우 중요하다.

(라) 제한점과 향후 연구를 위한 제언

조사보고서의 결론 부분에서는 조사 결과에서 문제가 되는 점이나 부족한 점을 제시하고 있다. 일반적으로 이것을 제한점(한계점, limitation)이라고 부르고 있다.

그리고 조사 결과 때문에 새로운 의문이 생기는 경우도 많다. 따라서 조사보고서의 결론 부분에서는 향후 연구와 관련해 제언하는 경우가 많다. 예를 들어 결론 부분에서는, 현재의 조사 결과와 제한점을 고려하면서 나중에 추가로 조사할 필요가 있는 주제를 제시하는 경우가 많다(Yegidis, Weinbach & Myers, 2018; Monette, Sullivan & Dejung, 2002; Institute of Education Sciences, 2023).

(6) 참고문헌

조사보고서의 참고문헌(reference) 부분에서는, 조사보고서를 작성하면서 인용한 모든 자료의 목록을 제시하고 있다. 따라서 참고문헌 부분에 있는 모든 문헌은 조사보고서의 본문에서 적어도 한 번은 제시하여야 한다(Yegidis, Weinbach & Myers, 2018). 참고문헌은 독자가 조사보고서의 내용이나 기타 관련 내용에 관해 더 자세히 알고자 할 때 도움을 주고 있다.

조사보고서에서 참고문헌을 제시하는 방식에는 여러 가지가 있다. 모든 학술지에서는 참고문헌을 제시하는 방법에 관한 규정을 제시하고 있다. 따라서 조사자가 학술지에 조사 결과를 발표하고자 할 경우, 발표하려는 학술지에서 제시하는 지침에 맞추어서 참고문헌 목록을 제시하여야 한다.

(7) 부록

조사보고서는 부록(appendix)을 포함할 수 있다. 부록은 일부 독자만 관심을 가지는 내용을 담을 수 있다.

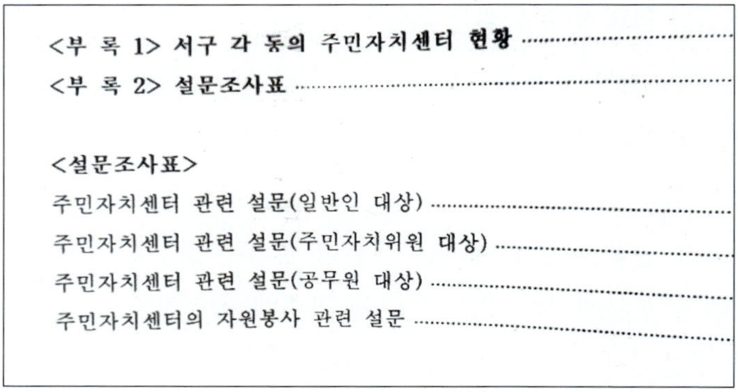
<부 록 1> 서구 각 동의 주민자치센터 현황 ....
<부 록 2> 설문조사표 ....

<설문조사표>
주민자치센터 관련 설문(일반인 대상) ....
주민자치센터 관련 설문(주민자치위원 대상) ....
주민자치센터 관련 설문(공무원 대상) ....
주민자치센터의 자원봉사 관련 설문 ....

어느 조사보고서의 부록 부분(저자도 조사에 참여함)
부록은 일부 독자만 관심을 가지는 내용을 담을 수 있다. [출처 : 저자 촬영]

조사보고서의 부록은 조사보고서에서 맨 마지막에 제시하고 있다. 조사보고서의 경우, 내용이나 분량이나 형식 등의 측면에서 조사보고서의 본문에 넣기에 적절하지 못한 것은 부록 부분에 넣을 수 있다(이종승, 2009; Yegidis, Weinbach & Myers, 2018). 이런 예로 조사에서 사용한 설문지, 기타 측정도구, 통계자료가 있다.

POINT

* 조사보고서는 앞 부분, 본문(서론, 본론, 결론), 참고 부분으로 크게 나눌 수 있다. 조사보고서의 각 부분(또는 장)은 논리적으로 배치하여야 한다.
* 조사보고서의 제목은 조사 내용을 간단하게 잘 설명하는 식으로 정할 필요가 있다. 조사보고서의 요약 부분은 중요하다.
* 조사보고서의 서론 부분에서는 조사의 배경과 목적, 연구문제를 제시한다. 본론 부분에서는 문헌 검토, 조사방법, 조사 결과 등을 제시한다. 결론 부분에서는 조사 결과의 요약, 논의, 시사점(함의), 제한점, 향후 연구 방향 등을 제시한다.

5. 질적 조사의 보고서

1) 일반적 특징

질적 조사의 보고서에서도 앞에서 제시한 일반적인 형식을 사용할 수 있다. 그러나 질적 조사의 보고서는 양적 조사의 보고서보다 더 긴 경우가 많다. 왜냐하면 질적 조사에서는 더 깊이 있게 이해하는 데 주목하기 때문이다(Busetto, Wick & Gumbinger, 2020).

이 외에도, 질적 조사의 보고서와 양적 조사의 보고서 사이에는 몇 가지 중요한 점에서 차이가 있을 수 있다. 양적 조사의 보고서에 비해서, 질적 조사의 보고서가 지니는 특징을 몇 가지 제시하면 다음과 같다(Yegidis, Weinbach & Myers, 2018; Busetto, Wick & Gumbinger, 2020).

① 서론 부분은 더 짧을 가능성이 있고, 사실과 숫자를 더 적게 포함할 가능성이 있다.

② 문헌 검토 부분은 더 짧을 가능성이 있다. 이렇게 되는 이유를 구체적으로 제시하면 다음과 같다.

㉠ 질적 조사에서는 조사하는 주제에 관해 알려지지 않은 경우가 많기 때문이다.

㉡ 자료를 수집하고 해석하는 데 있어 편견을 가지지 않기 위해서, 자료를 수집하기 전에는 문헌을 덜 철저하게 검토할 수 있기 때문이다.

③ 조사방법 부분은 더 짧을 가능성이 있다. 질적 조사를 그대로 반복하는 상황은 없을 가능성이 크다. 따라서 질적 조사에서는 조사방법에 관한 내용을 매우 자세하게 제시할 필요가 더 적은 경우가 많다.[135)]

④ 결과 부분은 매우 길 수 있다. 결과 부분에서는 사례를 자세히 제시하거나, 또는 조사대상자가 말한 것을 그대로 인용하는 식으로 길게 제시하는 경우가 많다.

135) 다만, 근거 이론을 사용할 때에는 조사방법에 관해 길게 제시할 필요가 있을 수 있다.

⑤ 논의 부분은 매우 길 수 있다. 그리고 조사자가 관찰하고 결론을 내린 것을 조사 주제에 관해 이전에 알려진 것과 비교해 나감에 따라서, 논의 부분에서 여러 참고자료를 제시할 수도 있다.

⑥ 제한점 부분은 더 짧을 수 있다. 그리고 때에 따라서는, 제한점 부분이 없을 수도 있다. 대부분의 질적 조사에서는 객관성이나 표본의 대표성에는 주목하지 않는 경우가 많다. 따라서 질적 조사에서는 이와 관련된 제한점(문제점)을 제시할 필요가 없다.

⑦ 결론과 제언 부분은 더 일시적일 수 있다.

2) 결과 제시와 관련된 특징

양적 조사의 보고서에서는 결과를 표와 그래프를 사용해서 제시하는 경우가 많다. 그리고 양적 조사의 보고서에서는 통계를 분석한 결과를 제시하고 있고, 또한 가설을 지지하는지에 관한 결과를 제시하고 있다.

그러나 질적 조사의 보고서에서는, 조사 결과를 이야기 형식으로 제시하거나 사례 형식으로 제시하는 경우가 더 많다. 질적 조사의 보고서에서는 조사자와 대상자 사이에 교류한 것을 자세히 제시할 수 있다. 이런 예로 대상자가 이야기한 것을 직접 인용해 제시하는 것, 대상자가 단어를 선택한 것이 무엇을 의미하는지에 관해 조사자가 인식한 것을 제시하는 것이 있다(Yegidis, Weinbach & Myers, 2018).

POINT

* 질적 조사의 보고서는 양적 조사의 보고서보다 더 긴 경우가 많다.
* 질적 조사의 보고서와 양적 조사의 보고서 사이에는 몇 가지 점에서 차이가 있다. 질적 조사의 보고서에서는 조사 결과를 이야기 형식이나 사례 형식으로 제시하는 경우가 많다.

참·고·문·헌

국가생명윤리정책원(2023). 기관생명윤리위원회 정보포털. https://irb.or.kr/Main.aspx

김기원(2001). **사회복지조사론**. 서울 : 나눔의 집.

김소영·노병일(2018). 지역사회 의료기관 거주 정신장애인의 삶의 만족도에 영향을 미치는 개인·가족·기관 요인. **지역사회연구**, 26(2), 103-118.

김영종(2007) **사회복지조사론 : 이해와 활용**. 서울 : 학지사.

노병일(2017). **현대 사회복지의 이해**. 경기 파주 : 양서원.

노병일(2020a). **노인복지론**. 서울 : 동문사.

노병일(2020b). **아동복지론**(제4판). 경기 일산 : 공동체.

노병일(2020c). 노년기의 취약에 대한 보호 요인으로서의 사회적 지지와 자기효능감 : 헤밍웨이의 『노인과 바다』를 중심으로, **사회과학논문집**, 39(2), 96-118.

노병일(2021a). **사회복지정책론**(제3판). 경기 일산 : 공동체.

노병일(2021b). **현대 산업복지론**(제3판). 경기 일산 : 공동체.

노병일(2022). **사회문제론**(제2판). 경기 파주 : 양서원.

노병일·곽현근(2003). 지역사회빈곤과 사회적 유대가 도시주민의 우울증에 미치는 영향에 대한 다수준 분석. **정신보건과 사회사업**, 16, 180-209.

노병일·곽현근(2005). 동네의 맥락적 특성이 주민의 정신보건에 미치는 영향 : 동네빈곤, 무질서, 네트워크 형성을 중심으로. **보건과 사회과학**, 17(1), 5-31.

서울대학교병원 의생명연구원(2023). IRB 소개. http://hrpp.snuh.org/irb/introirb/_/singlecont/view.do#

서울대학교 실천사회복지연구회(2007). **실천가와 연구자를 위한 사회복지 척도집**(제2판). 서울 : 나눔의 집.

이종승(2009). **교육·심리·사회 연구방법론**. 경기 파주 : 교육과학사.

전영신·노병일·노대겸(2021). 유리공예 프로그램이 농촌 주민의 자기효능감에 미치는 영향. **사회과학논문집**, 40(1), 3-13.

전영신·노지용(2012). 미술치료 프로그램이 노인의 우울 감소에 미치는 영향. **대한케어복지학**, 17, 37-54.

전향숙·유현숙·노병일(2022). 발달장애인의 직무환경이 생활만족도에 미치는 영향. **인문사회과학논문집**, 1(1), 601-616.

최성재(2005). **사회복지조사방법론**. 서울 : 나남출판.

한국사회복지사협회(2023). 윤리강령. https://www.welfare.net/welfare/cm/cntnts/cntntsView.do?mi=1036&cntntsId=1044

American Psychological Association(2023). Need. APA Dictionary of Psychology. https://dictionary.apa.org/need

Babbie, E.(2020). The Practice of Social Research(15th ed). Belmont, CA : Brooks/Cole Cengage Learning.

Becker, B., Dawson, P., Devine, K., Hannum, C., Hill, S., Leydens, J., Matuskevich, D., Traver, C. and Palmquist, M.(2023). Case studies. https://wac.colostate.edu/repository/resources/writing/guides/casestudies/

Bell, K. ed.(2013). Positivism. In Open Education Sociology Dictionary. https://sociologydictionary.org/positivism/

Bell, S.(2009). Experimental design. International Encyclopedia of Human Geography. https://www.sciencedirect.com/topics/earth-and-planetary-sciences/experimental-design

Bookstaver, M.(2021). Secondary data analysis, In The Encyclopedia of Research Methods in Criminology and Criminal Justice. https://onlinelibrary.wiley.com/doi/abs/10.1002/9781119111931.ch107

Bradshaw, J.([1972] 2013). The taxonomy of social need. In Jonathan Bradshaw on Social Policy : Selected Writings 1972 - 2011, edited by R. Cookson, R. Sainsbury and C. Glendinning. York, UK : York Publishing Services.

Bryman, A.(2016). Social Research Methods(5th ed). New York, NY : Oxford University Press.

Busetto, L., Wick, W. and Gumbinger, C.(2020). How to use and assess qualitative research methods. Neurological Research and Practice, 2(14), https://doi.org/10.1186/s42466-020-00059-z

Centers for Disease Control and Prevention(2013). Community needs assessment. Atlanta, GA : Centers for Disease Control and Prevention.

Centers for Disease Control and Prevention(2021). Cost-benefit analysis. https://www.cdc.gov/policy/polaris/economics/cost-benefit/index.html

Centers for Disease Control and Prevention(2022). The Syphilis study at Tuskegee timeline. https://www.cdc.gov/tuskegee/timeline.htm

Chivaka, C.(2018). Secondary data analysis. https://www.researchgate.net/publication/327060808

Chow, J. C. and Peng, C.(2015). Community-needs assessment. https://www.oxfordbibliographies.com/view/document/obo-9780195389678/

Cleave, P.(2016). 7 tips to help with your questionnaire design. https://www.smartsurvey.co.uk/blog/seven-tips-to-help-with-your-questionnaire-design

Coffee, G.(2011). Single subject research design. In Encyclopedia of Child Behavior and Development, edited by S. Goldstein and J. A. Naglieri. Boston, MA : Springer.

Columbia University(2023). Content analysis. https://www.publichealth.columbia.edu/research/population-health-methods/content-analysis

Communications for Research(2023). In-depth interviews : Data collection advantages and disadvantages. https://www.cfrinc.net/cfrblog/in-depth-interviewing

Corcoran, K. and Fischer, J.(2000). Measures for Clinical Practice : A Sourcebook(3rd ed)(2 Volumes). New York : The Free Press.

Coser, L. A.(2012). Masters of Sociological Thought : Ideas in Historical and Social Context(2nd ed). Rawat Publications.

Crowe, S., Cresswell, K., Robertson, A., Huby, G., Avery, A. and Sheikh, A.(2011). The case study approach. Medical Research Methodology, 11(100). https://bmcmedresmethodol.biomedcentral.com/articles/10.1186/1471-2288-11-100

DeCarlo, M.(2018). Scientific Inquiry in Social Work. Open Social Work Education. https://pressbooks.pub/scientificinquiryinsocialwork/#main

Donnellan, M. B. and Lucas, R. E.(2013). Secondary data analysis. In Volume 2 of The Oxford Handbook of Quantitative Methods in Psychology, edited by T. D. Little. New York : Oxford University Press.

Dunn, S. L., Arslanian-Engoren, C., DeKoekkoek, T., Jadack, R. and Scott, R. D.(2015). Secondary data analysis as an efficient and effective approach to nursing research. Western Journal of Nursing Research, 37(10), 1295-1307.

Editors of Encyclopedia of Britannica(2023). Sampling. https://www.britannica.com/science/sampling-statistics

Eldridge, S.(2022). Milgram experiment. Encyclopedia Britannica. https://www.britannica.com/science/Milgram-experiment

Feigl, H.(2023). Positivism. Encyclopedia Britannica. https://www.britannica.com/topic/positivism

Fry, V.(2023). Idaho 2023 Community Needs Assessment Survey. https://elmorecounty.org/wp-content/uploads/Idaho-Community-Needs-Assessment.pdf

Gheyle, N. and Jacobs, T.(2017). Content analysis : A short overview. https://www.researchgate.net/publication/321977528_Content_Analysis_a_short_overview

Greenwood, J.(2018). How would people behave in Milgram's experiment today? https://behavioralscientist.org/how-would-people-behave-in-milgrams-experiment-today/

Green, J. and Thorogood, N.(2009). Qualitative Methods for Health Research(2nd ed.). Los Angeles, CA : Sage.

Harris, J. and White, V.(2013). A Dictionary of Social Work and Social Care. Oxford, UK : Oxford University Press.

Heale, R. and Twycross, A.(2018). What is a case study? Evidence-Based Nursing, 21(1), 7-8. https://ebn.bmj.com/content/ebnurs/21/1/7.full.pdf

IGI Global(2023). What is social artifacts. https://www.igi-global.com/dictionary/social-artifacts/57713

Institute of Education Sciences(2023). Key components of a research paper. https://ies.ed.gov/ncee/edlabs/infographics/pdf/REL_SE_Key_Components_of_a_Research_Paper.pdf

Jhangiani, R. S., Chiang, I. A., Cuttler, C. and Leighton, D. C.(2020). Research Methods in Psychology(4th ed). Kwantlen Polytechnic University. https://kpu.pressbooks.pub/psychmethods4e/

Jones, T. L., Baxter, M. A. and Khanduja, V.(2013). A quick guide to survey research. Annals of The Royal College of Surgeons of England, 95, 5-7.

Kaluza, J.(2023). What is internal validity? https://dovetail.com/research/internal-validity/

Kellaghan, T.(2010). Evaluation research. In International Encyclopedia of Education(3rd ed). https://www.sciencedirect.com/topics/medicine-and-dentistry/evaluation-research

Khan, M. H.(2018). Ethnography : An analysis of its advantages and disadvantages. https://papers.ssrn.com/sol3/papers.cfm?abstract_id=3276755

Lawrence Berkeley National Laboratory(2023). Basic vs. applied research. http://www.lbl.gov/Education/ELSI/research-main.html

Leviton, L. C.(2001). External validity. International Encyclopedia of the Social & Behavioral Sciences. https://www.sciencedirect.com/topics/computer-science/causal-relationship

Mark, R.(1996). Research Made Simple : A Handbook for Social Workers. Thousand Oaks, CA : Sage.

Mathers, N., Fox, N. and Hunn, A.(2009). Surveys and questionnaires. https://www.rds-yh.nihr.ac.uk/wp-content/uploads/2013/05/12_Surveys_and_Questionnaires_Revision_2009.pdf

McLeod, S.(2021). What is a hypothesis? https://www.simplypsychology.org/what-is-a-hypotheses.html

Members of the Research Methods Seminar(2023). Qualitative and quantitative research : Glossary of key terms. https://writing.colostate.edu/guides/guide.cfm?guideid=90

Miessler, D.(2020). The difference between deductive and inductive reasoning. https://danielmiessler.com/blog/the-difference-between-deductive-and-inductive-reasoning/

Monette, D. R., Sullivan, T. J. and Dejung, C. R.(2002). Applied Social Research : Tool for the Human Services(5th ed). Orlando, FL : Harcourt College Publishers.

National Association of Social Workers(2023). Read the Code of Ethics. https://www.socialworkers.org/About/Ethics/Code-of-Ethics/Code-of-Ethics-English

Ohmer, M. and Underwood, E.(2022). Community needs assessment. Encyclopedia of Social Work. https://oxfordre.com/socialwork/display/10.1093/acrefore/

Owens,. K.(2021). Systematic reviews : Brief overview of methods, limitations, and resources. Nurse Author & Editor, 31(3-4), 69-72.

Patino, C. M. and Ferreira, J. C.(2018). Internal and external validity : Can you apply research study results to your patients? Jornal Brasileiro de Pneumologia, 44(3) : 183-183.

Pittenger, D. J.(2002). Deception in research : distinctions and solutions from the perspective of utilitarianism. Ethics and Behavior, 12(2), 117-142.

Price, P. C., Jhangiani, R. S., Chiang, I. A., Leighton, D. C. and Cuttler, C.(2017). Research Methods in Psychology(3rd ed). https://opentext.wsu.edu/carriecuttler/

Rubin, A.(2017). Social work research methods. https://www.oxfordbibliographies.com/view/document/obo-9780195389678/obo-9780195389678-0008.xml]

Rubin, A. and Babbie, E. R.(2015). Research Methods for Social Work(9th ed). Belmont, CA : Brooks/Cole Cengage Learning.

Sethi, Y.(2021). Basic Sampling concepts and terminology - All that you need to know! https://medium.com/@sethiyash87/basic-sampling-concepts-and-terminology-all-that-you-need-to-know-1da7ab27c46d

Scheuren, F.(2005). What is a survey. http://courses.washington.edu/thesis/what%20is%20a%20survey.pdf

Shorten, A. and Smith, J.(2017). Mixed methods research : expanding the evidence base. Evidence-Based Nursing, 20(3), 74-75.

Siegle, D.(2021). Confidence intervals and levels. https://researchbasics.education.uconn.edu/confidence-intervals-and-levels/

Spicker, P.(2023). Social need. An introduction to Social Policy. http://www.spicker.uk/social-policy/need.htm [2023_0430]

Statistics Canada(2021). Glossary. https://www150.statcan.gc.ca/n1/edu/power-pouvoir/glossary-glossaire/5214842-eng.htm

Taylor, E.(2023). What is Evaluation Research? https://www.driveresearch.com/market-research-company-blog/what-is-evaluation-research/

Truncellito, D. A.(2022). Epistemology. Internet Encyclopedia of Philosophy. https://iep.utm.edu/epistemo/

Tutty, L. M. and Rothery, M. A.(2001). Needs assessments. In The Handbook of Social Work Research Methods, edited by B. A. Thyer. Sage Publications.

UK Faculty of Public Health(2022). Methods of sampling from a population. https://www.healthknowledge.org.uk/public-health-textbook/research-methods/

United Nations Development Program(2023). Human Development Index(HDI). https://hdr.undp.org/data-center/human-development-index#/indicies/HDI

University Libraries of Temple University(2023). Qualitative research : Grounded theory. https://guides.temple.edu/c.php?g=77914&p=505635

University of Maryland(2021). Using the Rosenberg Self-esteem Scale. https://socy.umd.edu/about-us/using-rosenberg-self-esteem-scale

Wikipedia(2023). Research report. https://en.wikipedia.org/wiki/Research_report

World Bank(2023). Experimental methods. https://dimewiki.worldbank.org/Experimental_Methods

Yegidis, B. L., Weinbach, R. W. and Myers, L. L.(2018). Research Methods for Social Workers(8th ed). New York : Pearson.

찾·아·보·기

인 명

내 용

저/자/약/력

■ **노병일(盧炳一)**

대전 출생
서울대학교 졸업(학사)
공주대학교 대학원 졸업(사회복지학 석사)
미국 뉴욕주립대학교 대학원 졸업(사회학 석사, 사회학 박사)
대전대학교 지역협력연구원장 역임
대전대학교 사회복지연구소장, 지역발전연구소장 역임
중앙공무원 사회복지학 시험문제 출제위원, 시험문제 선정위원 역임
전국 종합사회복지관 평가위원, 전국 지역아동센터 평가위원 역임
사회복지공동모금회 대전광역시지부 배분위원 역임
대전광역시 사회복지위원, 건강가정위원 역임
대전대학교 사회복지학과 교수 역임
대전대학교 대학원 외래교수 (현)
유섭사회복지연구회 고문 (현)

[주요한 저서]
『사회문제론』(2022, 제2판)
『빈곤론』(2022, 제2판)
『청소년문제와 보호』(2022)
『사회복지정책론』(2021, 제3판)
『현대 산업복지론』(2021, 제3판)
『아동복지론』(2020, 제4판)
『노인복지론』(2020)
『사회보장론』(2020, 제4판)
『청소년복지론』(2인 공저, 2019)
『아동권리와 복지』(2018)
『가족정책론』(2인 공저, 2017)[대한민국 학술원 우수학술도서 선정]
『현대 사회복지의 이해』(2017)
『학교사회복지론』(2015)
『사회복지조사론』(5인 공저, 2014, 제2판)
『사회복지관련 지역 · 예술자원의 활용과 취약집단』(편저, 2011)
『취약지역의 사회적 배제』(2006)
『East Asian Cooperation in the Glocal Era』(영문 공저, 2006)
『지역 노인의 사회적 지지와 우울』(2인 공저, 2005)
『주거빈곤층의 삶과 터전』(2인 공저, 2004)

[주요한 논문]
"다양한 수준에서의 사회적 지지가 시설 청소년의 학교적응에 미치는 영향"
"요양보호사의 직무만족 결정 요인 : 자아존중감과 사회적 지지를 중심으로"
"다문화가족아동의 학교생활만족도에 영향을 미치는 요인"
"비정규직 근로자의 사회적 배제가 정신건강에 미치는 영향"
"사회적 지지와 지역사회 사회자본이 미취학 아동의 자기효능감에 미치는 영향에 관한 탐색적 연구"
"지역사회 의료기관 거주 정신장애인의 삶의 만족도에 영향을 미치는 개인 · 가족 · 기관 요인"
"지역사회빈곤과 사회적 유대가 도시주민의 우울증에 미치는 영향에 대한 다수준 분석"
"도시노숙자의 삶의 질 예측 요인"
"사회적 지지의 수준과 차원이 노인 우울에 미치는 영향"
"The Development and Prospect of East Asian Welfare System"

사회복지조사론

|저자| 노병일

|1판 1쇄| 발행 2023년 8월 10일

|발행인| 김 동 훈
|발행처| 공 동 체

|주소| 경기도 고양시 일산동구 호수로 358-39
동문타워 I 905호(백석동)
|전화| 031) 814-3000(대표)
|팩스| 031) 814-3100
|홈페이지| http://www.compub.co.kr
|전자우편| compub@naver.com
|출판등록| 2005년 10월 6일
|등록번호| 제396-2005-36호

|ISBN| 979-11-6725-435-1
정가 21,000원

memo.

memo.

memo.